RE
PENSAR

LA ESCATOLOGÍA

REVISIÓN CRÍTICA Y PROPUESTA

Rigoberto Gálvez

Editorial CLIE
www.clie.es

EDITORIAL CLIE
C/ Ferrocarril, 8
08232 VILADECAVALLS
(Barcelona) ESPAÑA
E-mail: clie@clie.es
http://www.clie.es

REPENSAR LA ESCATOLOGÍA
ISBN: 978-84-19055-16-3
Depósito Legal: B 23535-2022
Escatología
REL085000

Impreso en Estados Unidos de América / *Printed in the United States of America*

Datos biográficos

El doctor RIGOBERTO M. GÁLVEZ es guatemalteco, casado, pastor y teólogo. Posee los siguientes grados académicos: licenciatura en Teología por la Universidad Mariano Gálvez de Guatemala, maestría en Ciencias de la Comunicación (MSc), doctorado en Teología (ThD, PhD) otorgados por la Universidad Panamericana de Guatemala. Ha sido catedrático en el área de Teología Sistemática e Historia del cristianismo y ha formado parte de ternas examinadoras en las áreas de teología y humanidades en distintas universidades de Guatemala; asesor y revisor de varias tesis de licenciatura, maestría y doctorado. Se desempeña como rector del Seminario Bíblico Teológico de Guatemala –SETEGUA- desde 1992 a la fecha; forma parte del consejo doctoral del Consorcio de Seminarios de Latinoamérica –CONSELA-. En el ministerio pastoral sirve a tiempo completo desde 1987 al presente. Es copastor general de Iglesia de Jesucristo La Familia de Dios desde el año 1990 a la fecha. Es autor de varios libros y artículos publicados en España, Inglaterra, Argentina, México y Guatemala, entre otros: Teología de la comunicación, un acercamiento bíblico a los medios masivos de comunicación, publicado por la Editorial CLIE, Barcelona, 2001; Unidad y diversidad del protestantismo latinoamericano, junto a José Míguez Bonino y Juan Sepúlveda, publicado por la Editorial Kairós, Argentina, 2002;

La obediencia de Jesús de Nazaret, modelo para la misión de la Iglesia, Ediciones Fortaleza, Guatemala, 2005; Para entender la teología; una introducción a la teología cristiana, CLIE, Barcelona, 2015; es uno de los varios autores del libro The Reshaping of Mission in Latin American, publicado en inglés por la Editorial Regnum Books International, Oxford, Inglaterra, traducido al portugués, y publicado en español por la Editorial CUPSA, México; Autocrítica a la religiosidad popular evangélica, CLIE, Barcelona, 2018; Cómo preparar y elaborar mejores sermones, CLIE, Barcelona 2020.

ÍNDICE

DEDICATORIA

A mis nietos Nicolás y Rodrigo, con la fe de que conozcan a Jesucristo como su salvador y aprendan a vivir en justicia, amor e integridad en medio de este mundo convulso, poniendo la mirada en la bienaventurada esperanza de la vida eterna y la nueva creación de todas las cosas.

AGRADECIMIENTOS

A: Pr. Mario Portillo, PhD. Julio César De León, MSc. Rony Arro-yave, Mth. Erick Chiapas, ThD. Dimas Jolón por leer el texto, dar-me sugerencias y observaciones oportunas; MBA Gabriela Torres y Mtra. Azulema García por el apoyo en revisar la redacción y puntua-ción respectivamente.

ACLARACIÓN

Si deseamos aprender, es necesario que nos acerquemos a los libros con libertad. Y, hagamos a un lado ideas, estructuras intelectuales, doctrinas, prejuicios, teniendo en mente que es posible que estemos equivocados y que los otros tengan razón. Ello se aplica con mayor propiedad al ámbito de la escatología en la que abundan las discrepancias entre confesiones cristianas, denominaciones, iglesias, teólogos, maestros, predicadores y creyentes.

Este libro lo escribo en el espíritu del dicho: "En lo esencial, unidad; en lo dudoso, libertad; en todo, amor".[1] Me motiva el amor y la verdad que se manifiestan en el evangelio de Jesucristo. No me empuja el tener la razón. Si escribimos por la verdad sin amor caemos en el legalismo, si escribimos por amor sin defender la verdad, caemos en la diplomacia. El legalismo y la diplomacia no encajan en el evangelio.

Rigoberto M. Gálvez

---

[1] *In necesariis unitas, in dubiis libertas; in ómnibus caritas.* Frase atribuida al pastor y teólogo Agustín de Hipona.

PRÓLOGO

Esta obra nace de una preocupación pastoral sobre un tema en el que reina la mayor confusión y arbitrariedad que uno se pueda imaginar. Para atajar ese mal, el autor nos brinda un estudio analítico de lo mucho que se ha escrito sobre escatología, tanto por parte de teólogos académicos como de estudiosos bíblicos de gran popularidad.

Pensando en aquellos que se niegan a prestar atención al estudio de la escatología debido al abuso que se ha hecho de ella, dando lugar más a una teología-ficción que, a una teología propiamente dicha, fundada en la Escritura y articulada con rigor y seriedad intelectual, el Dr. Gálvez defiende que por la culpa de unos cuantos no hay que rechazar el estudio honesto y bíblico de la escatología, al contrario, cual pieza fundamental de la revelación bíblica, hay que "convertirla en el centro de la fe cristiana con una metodología adecuada, con una fuerte estructura, un nutrido contenido, un balance bíblico, teológico, contextual, teniendo en cuenta la escatología cumplida y la que se cumplirá en la nueva creación de todas las cosas". El pastor y Dr. Gálvez, lamenta que ciertos sectores del mundo evangélico se hayan inclinado más por un tipo de escatología en línea de predicciones sobre el futuro, revelaciones y señales del fin de los tiempos, dando lugar a estrepitosos errores y falsas profecías sobre la fecha del retorno de Cristo, sin tener en cuenta que la enseñanza escatológica tiene que ver con la esperanza firme y segura de la venida de Cristo, no con vanas especulaciones que nos alejan de un testimonio cristiano responsable ante las "señales de los tiempos", que no precisamente tienen que ver con un futuro más o menos próximo o lejano, sino con las condiciones sociales, políticas y culturales de nuestra sociedad, que reclama nuestra atención y acción consecuente.

El autor nos advierte que la escatología siempre ha estado expuesta a desconcierto, engaño, mala interpretación, durante todas las épocas de la historia de la Iglesia. Desde la época apostólica, pasando por la época medieval, moderna y contemporánea, ha desfilado la confusión al frente de la Iglesia y de la escatología. Esta es una de las razones por la que el estudio de la escatología apenas se desarrolló durante los primeros dieciocho siglos de la Iglesia cristiana; hubo que esperar hasta el siglo XIX para que se produjera un verdadero renacimiento de la doctrina escatológica relacionada con la Segunda Venida de Cristo, que tuvo mucho éxito a nivel popular. Fue el tiempo de John Nelson Darby y su división de la historia bíblica en múltiples dispensaciones o modos de tratar de Dios con los seres humanos. Este sistema, conocido como *dispensacionalismo*, llegó a convertirse con el paso de los años en el canon o modelo doctrinal ortodoxo aceptado por la mayoría de los evangélicos fundamentalistas y pentecostales. Apartarse de él se consideraba una deserción de la fe y de la sana doctrina, significaba un desvío preocupante de la supuesta enseñanza apostólica.

La certeza de la inmediata venida de Cristo, la "bienaventurada esperanza" (Tito 2:13), era la señal de los verdaderos creyentes. Esta pasó de expectativa gozosa a una obsesión insana sobre las señales de los "tiempos del fin", que dio lugar a diversas sectas de corte milenarista y a especulaciones de carácter apocalíptico que predecían el pronto retorno de Cristo en base a las noticias del momento, llegándose a proponer fechas para el mismo, evidentemente fallidas.

Los estudiosos bíblicos que se mueven en esta línea tienen a mayor honra practicar la interpretación *literal* de la Biblia, lo cual para ellos indica la posesión de una fe indubitable en la inspiración divina de la Biblia en todas y cada una de sus afirmaciones y expresiones verbales, por más que los llamados teólogos liberales y modernistas se empeñen en ocultar estas verdades mediante interpretaciones racionalistas, que revelan un claro escepticismo respecto al retorno de Cristo. Como todos los movimientos de reacción, también la defensa de la interpretación bíblica histórico-gramatical ha llevado a extremos indeseables, derivando en un "literalismo" ingenuo y descontextualizado. Por esta razón, el Dr. Gálvez nos alerta en esta obra sobre una interpretación literal que no tenga en cuenta el contexto, el género literario y las figuras de dicción de la Biblia.

Un criterio sano e imprescindible para todo aquel que se acerca al estudio de la escatología es tener en cuenta que esta "se agrupa y se expande en Cristo quien es el basamento principal, por ello, la escatología es cristología. La muerte y especialmente la resurrección de Cristo son las únicas que le dan sentido y razón de ser a la escatología cristiana". La escatología, nos recuerda el autor, no es para que discurramos solamente sobre los eventos del final de la historia y la gloria futura plena, sino para reforzar la predicación y la evangelización, en un contexto de ética y justicia. Somos llamados a ser hacedores de justicia y del bien. En apoyo de esta afirmación cita al teólogo alemán J. Moltmann cuando dice: "Solo la justicia crea futuro", pues hoy resulta especialmente oportuno y necesario debido a la tensión mundial, la crisis política, las guerras, la amenaza terrorista. La escatología entendida en sentido cristológico es el arma más potente para la liberación de las fuerzas espirituales y morales que superen la hostilidad y pongan fin al odio entre los pueblos, llamados a ser uno por toda la eternidad.

La escatología, pues, tiene una misión que cumplir: "dar esperanza al hombre, a las naciones, al cielo y la tierra, al universo, basada en la muerte, la resurrección de Cristo y su segunda venida. Esa esperanza conduce a la esperanza gozosa de la nueva creación de todas las cosas y la consumación del reino de Dios en Cristo con su pueblo. Como Iglesia, como creyentes, conocedores de la escatología cristiana, llevamos sobre nosotros esa responsabilidad de comunicar las buenas noticias del futuro prometedor, confiados que se realizarán.

Caminamos con justicia y libertad aquí en esta vida terrenal con la mirada puesta en la vida eterna". De todo esto y mucho más nos habla el autor de este interesante y completo análisis de la doctrina escatológica, pasando revista a las teorías de los teólogos académicos más destacados del siglos XX así como a los conceptos más populares sobre el milenio, el arrebatamiento, etcétera, ejerciendo una sana crítica donde la considera necesaria, a fin de evitar que el bosque escatológico nos impida ver el árbol de la Vida, que es Cristo, situado en el mismísimo centro de nuestra fe, "el que es, el que era y el que ha venir" (Ap. 1:8).

Alfonso Ropero
Director editorial de CLIE

INTRODUCCIÓN

La escatología es primordial en la teología cristiana; paradójicamente es donde más confusión hay desde épocas tempranas a semejanza de la torre de Babel. Diversidad de posturas, enfoques, contradicciones, teorías, imaginerías, apabullan a muchos. La resistente oposición dentro de los teólogos de las distintas escuelas convierte el estudio de la escatología en un camino tortuoso que converge en desconcierto, en apatía y hasta en crisis de fe.

Se suman los vientos húmedos de las manifestaciones apocalípticas seculares y judaicas que soplan sobre la escatología. El resultado es que en una buena parte del campo de la predicación y la enseñanza de la escatología la irresponsabilidad ha hecho acto de presencia. El ámbito evangélico es el que más ha creído dichas manifestaciones. Por eso, allí sobra el sensacionalismo, la curiosidad, la mala interpretación y las modernas aficiones de fijar fechas para el rapto y la segunda venida. Algunas posturas son temerarias, otras resbalan en la pura especulación, algunas son cuentos de viejas como dice Pablo. En fin, son enseñanzas enfermizas carentes de exégesis, hermenéutica y una teología sana.

La literatura apocalíptica fundamentalista prolifera como hongos y aborda temas de tercera y cuarta categoría. Ello abre la puerta a creencias estrafalarias que despiertan la curiosidad a los sedientos de oír novedades. Hay muchos cristianos dispuestos a leer y escuchar todo lo que se relacione con señales, catástrofes, números, sellos, símbolos, relacionándolos con la apocalíptica cristiana. Son menos los libros que abordan con seriedad, con herramientas de las ciencias bíblicas y una correcta metodología, los temas fundamentales de la auténtica escatología bíblica y teológica. Por eso los cristianos tenemos una escatología evangélica enana y una abultada apocalíptica.

Durante siglos la escatología en sus intentos de avanzar se quedó en puros tanteos. Fue incapaz de cultivar y podar las escasas formulaciones condicionadas por las distintas épocas. Se negó la oportunidad de que floreciera una escatología más afincada en las Sagradas Escrituras con atención al Nuevo Testamento.

La teología medieval, protestante y evangélica que heredamos, postergó la escatología. Asignó el último lugar a los temas de la escatología en las obras de dogmática. Creyó que el contenido de las cosas últimas y la esperanza cristiana resultaban distantes, ajenas a la vida de la Iglesia en el aquí y ahora. La teología miró lejano el futuro escatológico, por tanto, según ella, tenía muy poco que ver con la historia. Se obsesionó con la idea de que el ámbito de la escatología se situaba en un nivel muy distinto del que se vivía en la tierra. El teólogo liberal Troeltsch describió ingeniosamente el estado de aplazamiento en el que estuvo por siglos la escatología: "Las oficinas de la escatología suelen estar cerradas". Otro teólogo sumó otra metáfora a lo dicho por Troeltsch del despacho cerrado, para indicar que para ponerse al día con las diversas e inacabadas teorías escatológicas, había que trabajar demasiado, hasta en horarios extraordinarios: "... desde ahora se están trabajando allí en horas suplementarias". Con todo, posteriormente otro teólogo expresó el caos de las distintas posturas escatológicas, así: "Ahora de la oficina de la escatología salen toda clase de tormentas teológicas" (Winling, 1987).

Pese a las complejidades, hay que reconocer que en los últimos años se han realizado esfuerzos loables en la escatología. Observo trabajos serios y bien orientados, que comienzan a abrir campo libre al proceso de crecimiento de una escatología madura. Y, es necesario que demos a conocer esos nuevos aires que nos llegan y que trabajemos en aportar nuestros granos de arena sumándonos a esa importante tarea.

He aquí los grandes retos a los que debemos responder los teólogos, pastores, maestros, predicadores evangélicos y protestantes: superar las creencias heredadas de las épocas anteriores, en cuanto que las escatologías antiguas y medievales enseñaron escasamente algunos temas relacionados con la escatología individual y el milenio. Más adelante, las escatologías protestantes y las escatologías modernas avanzaron poco. Ahora que vivimos en las épocas posmodernas e hipermodernas se nos exige que integremos todas las perspectivas escatológicas en su justa dimensión, en la dirección correcta lo más certera posible. Es tarea nuestra ayudar a reconstruir la escatología frágil que heredamos, convertirla en el centro de la fe cristiana, con una metodología adecuada, con una fuerte estructura, un nutrido contenido, un balance bíblico, teológico y contextual, sobre la escatología cumplida y la que se cumplirá en la nueva creación de todas las cosas. Eso sí, para que la Iglesia desarrolle su misión desde una base sólida con el mensaje coherente que necesita escuchar el hombre hundido en el mar de la confusión, para que tenga esperanza real en esta vida rodeada de sufrimiento.

Animo a los que desempeñan labores teológicas, eclesiales y educativas a que evitemos el error de desvincular la misión de la Iglesia de la escatología, porque inherentemente son inseparables. Me sorprende que casi todas las teologías sistemáticas en el área de la escatología y los libros de escatología no incluyan el tema de la relación intrínseca entre la escatología y la misión de la Iglesia.

En medio de ese maremoto apocalíptico intento en este escrito exponer al lector un panorama lo más claro posible de la escatología; mostrarle la importancia que tiene, su propósito y el por qué conocerla a profundidad. Expongo, además, las razones del origen temprano de la confusión en la escatología; el porqué de la apatía de la escatología de parte de la teología y la Iglesia a lo largo de la historia, el peregrinaje impreciso de la escatología; aclaro la naturaleza de la escatología, su esencia, su metodología, sus temas centrales y su misión. Explico en qué consiste la escatología apocalíptica, señalo con prudencia las doctrinas dudosas de la apocalíptica evangélica y fundamentalista que agravan el estado de la escatología; expongo los temas importantes de la escatología; propongo una escatología ecléctica que regresa a las Escrituras, con una relectura sobre todo del Nuevo Testamento; me apoyo en los escritos de los teólogos destacados de distintas épocas, escuelas y trasfondos, que han elaborado escatología con seriedad, esmero, imparcialidad, valentía y humildad, sin perder de vista lo que sucede en los acontecimientos mundiales y los cuestionamientos modernos. Estoy consciente que las propuestas y los puntos de vista que doy no agotan los temas tratados y que este libro contiene una aproximación abarcadora que intenta ser lo más acertada posible. Finalmente, abordo tres temas importantes olvidados por la escatología tradicional: la escatología de la creación, la escatología de la gloria de Dios, la escatología y la relación intrínseca con la misión de la Iglesia.

Por otra parte, intento reorientar lo que se ha llamado escatología evangélica, que por un tiempo la creí y la enseñé, pero que en realidad es una "escatología apocalíptica". Abordo los temas apocalípticos del libro de Daniel y el libro de Apocalipsis en su proporción, como argumentos secundarios, además, los pocos y cortos temas legítimos de la apocalíptica que se encuentran en los evangelios y las cartas del Nuevo Testamento.

He procurado que el contenido resulte apasionante para el lector que quiere contemplar el devenir de la historia y el futuro con auténtica esperanza.

CAPÍTULO 1

Naturaleza de la escatología

1.1 La importancia de la escatología

La escatología cristiana no es un suplemento de la doctrina cristiana, es la piedra angular y la estructura que sostiene a todo el cuerpo doctrinal a semejanza de la estructura ósea del cuerpo humano. Grandes teólogos reconocen esa verdad, cito algunos de ellos:

"La escatología no es solo tema de un capítulo particular de la dogmática, sino que determina la perspectiva para la totalidad de la doctrina cristiana" (Pannenberg, 2007).

"El cristianismo que no sea totalmente y en su integridad escatología, no tiene nada que ver en absoluto con Cristo" (Barth, 1984). Expresó esta misma verdad en otro de sus escritos: "El cristianismo que no es plenamente y sin reservas escatología, no tiene con Cristo, plenamente y sin reservas, nada que ver" (Barth, 1998).

"Más, en realidad, escatología significa doctrina acerca de la esperanza cristiana, la cual abarca tanto lo esperado como el mismo esperar vivificado. En su integridad y no solo en un apéndice, el cristianismo es escatología... Lo escatológico no es algo situado al lado del cristianismo, sino que, sencillamente, el centro de la fe cristiana…"; "La escatología debería ser, no el punto final de la teología, sino su comienzo…" (Moltmann, 1981).

"La escatología no es exclusivamente un tratado teológico individual, o un apartado de la revelación y la fe cristianas. Abarca de manera precisa la totalidad que las agrupa. Por ello, todas las doctrinas de la Iglesia presentan una enérgica impregnación escatológica. Gira sobre ellas el vínculo de los misterios y todas ellas se reflejan entre sí,"[2] (Alviar, 2017).

"La escatología ha dejado de ser el farolillo rojo de la teología para convertirse en horizonte, en categoría innegable. La escatología comienza a impregnar la esencia de la teología. Difícilmente se encontraría hoy una tendencia teológica que no se autodefina como escatológica" (Tamayo, 2017).

La escatología es importante, porque proporciona una correcta visión de la justicia divina y la justicia humana para los vivos y para los muertos: "¿Qué ocurriría si un día los seres humanos no pudieran defenderse de la desgracia existente en el mundo más que con el arma del olvido? si solo pudieran construir su felicidad sobre el despiadado olvido de las víctimas, sobre una cultura de la amnesia según la cual el tiempo, supuestamente, ¿cura todas las heridas? ¿De qué se alimentaría entonces la rebelión contra el sinsentido del sufrimiento injusto e inmerecido que hay en el mundo? ¿De dónde vendría la inspiración para preocuparse por el sufrimiento ajeno y para la visión de una nueva y mayor justicia?" (Metz, *Memoria Passions*, p. 221, 2007).

"El único interés que corresponde a la Palabra Dios, porque es un interés universal, es el hambre y sed de justicia, de la justicia estrictamente universal, de justicia para los vivos y para los muertos, y en este sentido ya no hay que separar la cuestión de Dios y la cuestión de la justicia, la afirmación de Dios y la praxis de la justicia" (Metz, *Por una cultura de la memoria*, p. 105, 1999).

---

[2] Uno de los manuales escatológicos confesionales más representativo es el de Alviar J. José, *Escatología*, EUNSA, Pamplona, 2017.

La escatología es significativa porque da esperanza al ser humano que no terminará en la nada. La injusticia, la maldad, el caos, la destrucción y la muerte no permanecerán para siempre; serán aniquiladas. Porque la escatología cumplida y la escatología por cumplirse están ancladas en Jesucristo, sabemos que el bien triunfará definitivamente sobre el mal. La muerte expiatoria de Cristo anunciada con detalles en el Antiguo Testamento cumplió el requisito para otorgar la salvación, fue el desembolso de nuestra redención. La resurrección de Cristo es un anticipo de la verdad anunciada que se cumplirá a cabalidad en el futuro. El Señor Jesucristo es la esperanza del hombre que cree en sus promesas cumplidas en parte y por cumplirse todavía. La muerte anunciada de Cristo en un tiempo apuntaba hacia un futuro, hoy apunta hacia el pasado. En igual condición la resurrección de Cristo en tiempos del Antiguo Testamento apuntaba hacia el futuro, hoy también apunta al momento histórico realizado. Pero la resurrección es el punto de partida de la esperanza hacia la consumación de la segunda venida. Así, el más alto grado de la fe escatológica se resume en que la centralidad de la salvación se encuentra en Jesús el Cristo. Por esa razón la escatología cristiana da sentido a la vida. El ser humano no es el resultado de la casualidad, sino de un plan maestro en el que tiene una razón de ser y una misión que cumplir. Sabe de dónde vino, dónde está y hacia dónde va.

1.2 El propósito de la escatología

El propósito de la escatología es sostener en esperanza al creyente, a la Iglesia y al ser humano, con la promesa de un nuevo comienzo libre de pecado, dolor, vejez, muerte y lastres de todo tipo. Dar al universo expectativa de liberación de todos los males y esperanza de salvación al hombre desorientado e incapaz de redimirse a sí mismo. Incluso, el libro profético y apocalíptico de Daniel, el libro de Apocalipsis, cuales muestras del género apocalíptico, tienen el propósito central de proveer consuelo, esperanza y fortaleza a los que enfrentan oposición y persecución, no estimular la especulación ociosa sobre el fin de los tiempos que conduce al miedo y la confusión por causa de la exacerbación de lo catastrófico y que mina la esperanza inherente en los seres humanos (Kuzmic, p. 73, 1992).

Y es que en la esencia del hombre subyace la intrínseca necesidad de esperanza. El hombre vive en cuanto tiene esperanza en algo o en alguien. Moltmann convenientemente define al hombre como un "ser escatológico". Toda vez que el hombre tiene el encuentro con Jesucristo, la esperanza de gloria resplandece en él liberándolo del quietismo, incluso del nihilismo.[3]

Otro propósito de la escatología es develarnos la manifestación gloriosa del reino de Dios y su Cristo en todo su esplendor sellando para siempre su victoria definitiva sobre el mal. Al tener comprensión de esa esperanza gloriosa que tiene nombre propio: Jesucristo "nuestra esperanza de gloria" resulta en que nuestra fe se afirme y se trasforme en acciones concretas en nuestra manera de vivir, de ver el mundo y en proclamar el evangelio.

El propósito de la escatología cristiana no se reduce a descubrir los detalles, el significado de todos los acontecimientos catastróficos apocalípticos, personajes y señales previas a dicha manifestación. Eso es apocalíptica pura, distante de la escatología neotestamentaria que sí trata unos pocos acontecimientos previos al suceso de la segunda venida de Cristo. Estos se encuentran registrados en unos pocos pasajes de unos cuantos capítulos de los evangelios. Es claro que son signos que los cristianos necesitamos discernir, pero no deben constituirse en un fin, sino en medios nada más, pues, son pequeños apocalipsis. La escatología que se entretiene poniendo toda su energía sobre las señales apocalípticas y que desea averiguar exhaustivamente sobre los personajes apocalípticos se fija en los árboles, pero pierde de vista el bosque. Otro problema que suma es que descuida la escatología misma, perdiéndose en el laberinto de la apocalíptica.

---

[3] Quietismo: movimiento místico del siglo XVII. Enseña que el propósito es alcanzar la paz interior en el alma por medio de la contemplación, aboliendo la voluntad en absoluta quietud. Rechaza el razonar y el ejercitar las facultades mentales, volitivas, con el propósito de que Dios actúe. Nihilismo: el nihilismo es una doctrina filosófica que considera que al final todo se reduce a nada y, por lo tanto, nada tiene sentido.

Es necesario reorientar la escatología[4] en tres categorías:
La primera, la revelación plena de Dios que ha tenido lugar con la irrupción de Jesús en la historia, "lo último" o "el último".
La segunda, se relaciona con las "cosas últimas", aquello que espera al hombre al final de la historia, pero en su justa dimensión, evitando colocarlo en el centro, como lo ha hecho la apocalíptica evangélica.
La tercera, mantener la esperanza real en base a la crucifixión y la resurrección de Cristo, con la expectación de la segunda venida de Cristo con la cual se inaugura la nueva creación, se consuma el reino de Dios, la unión eterna de Cristo y la Iglesia en la nueva Jerusalén.

1.3 ¿Por qué conocer la escatología?

Porque en esencia el cristianismo es escatología, esperanza cristiana, mirada y orientación hacia adelante. Por lo tanto, es transformación para el presente. Lo escatológico no es algo adicional a ser cristiano, es el centro para el cristiano.

Moltmann ve en la pasión, la muerte y la resurrección de Cristo, la esperanza, el centro de la escatología. Declara que la escatología debería ser no el punto final de la teología, sino su comienzo (Moltmann, Teología de la Esperanza, 1981). Tiene razón, porque la escatología es el hilo conductor de la historia, la salvación y la consumación del reino de Dios. Es claro que la profecía del Antiguo Testamento en general tiene pleno cumplimiento en la venida del Mesías y no tanto en el horizonte del final y la consumación plena del reino de Jesús. Pero este cumplimento le da sustento a la escatología de Jesús y a la escatología de Pablo. Esta profecía anunciada, cumplida y por consumarse son la plataforma para comprender el plan de salvación y la instauración del reino de Dios y Cristo.

Es sabido por los que han profundizado en el estudio de la profecía del Antiguo Testamento que esta se convierte en escatológica en el cumplimiento de estas profecías: el nacimiento del Mesías,

---

[4] Este es uno de los objetivos de este libro, planteado en la introducción.

su vida, su carácter, su enseñanza, su misión, su muerte y su resurrección, la operación del reino con poder y el derramamiento del Espíritu Santo. Los escritores del Nuevo Testamento afirman con puntualidad la realización de lo anunciado por los profetas. Pero es claro que Jesús, los apóstoles y escritores del Nuevo Testamento describen eventos escatológicos que aún no se han llevado a cabo y que esperan un cumplimiento futuro. Veo que no hay lugar para una escatología totalmente realizada, ni para una completamente futurista, sino una escatología justo en el medio que toma en cuenta la escatología cumplida y enseña que hay otra parte escatológica que se cumplirá antes y durante la segunda venida de Cristo.

La escatología permite la comprensión segura y anticipada de los acontecimientos que la humanidad experimentará dentro de los planes de Dios que culminan en la nueva Jerusalén, en la nueva creación en la que ya no habrá muerte, dolor y sufrimientos, sino la fiesta del eterno gozo en Dios y Cristo (Rodríguez-Ferrer, 2010).

La escatología es la expresión del poder divino para la transformación de la creación presente en una plena y eterna nueva creación para dar esperanza al hombre doliente de obtener la realización en el futuro por medio de Jesucristo. La escatología muestra el conocimiento de Dios anticipado sobre todas las cosas. El Señor conoce el principio y el fin de lo creado, de la historia y planeó que su mayor proyecto: el hombre, no fracasará. Esas verdades solo se conocen a través de la escatología.

Así las cosas, la escatología es fuente de esperanza para un mundo convicto por el pecado. Por medio de ella descubrimos a Dios como creador de los tiempos, el que se hace encontradizo frente a nosotros para revelarse a sí mismo con su proyecto de futuro. La escatología produce en el cristiano fe, paz y fortaleza en medio del sufrimiento.

1.4 Preámbulos paganos de la escatología

Las ideas primitivas sobre la vida después de la muerte, las culturas antiguas y sus ideas del más allá, las religiones con sus creencias en lugares de descanso al final de la vida terrenal, son la prueba de que Dios "... ha puesto eternidad en el corazón de ellos, sin que alcance el hombre a entender la obra que ha hecho Dios desde el principio hasta el fin" (Ec. 3:11).

Los teólogos cristianos no caemos en escándalo al leer las particulares creencias en torno a la vida después de la muerte, porque todos tienen la noción de eternidad: muertos sobrevolando a los vivos, adoración de antepasados, transmigración de almas, espíritus que visitan a sus parientes, muertos que son enterrados con sus pertenencias "para usarlas" en el más allá. Son ideas que perviven desde los comienzos de la humanidad.

Hoy tenemos más confusión, entre otras causas, porque la escatología ha bebido de fuentes contaminadas: supersticiones egipcias, griegas, apocalípticas judaicas y seculares, interpretaciones bíblicas erróneas. Por ejemplo: la creencia de la inmortalidad del alma migró a los distintos pensamientos. Del antiguo Egipto[5] pasó al pensamiento griego y judío. Pero fue el pensamiento griego de Platón de la inmortalidad del alma[6] que permeó todo el occidente hasta nuestros días. Otro ejemplo: una leyenda milenaria de Melanesia, enseña que las personas después de la muerte, recobran su juventud, en una existencia dichosa en la que no hay enfermedades, ni espíritus malignos, ni muerte. Se vive en matrimonio y en fecundidad.

---

[5] Egipto es el pueblo que ha mostrado una preocupación más intensa por la muerte, el que más se ha preparado para el arte de morir y el que más ha prestado sostenimiento de los muertos en el más allá. Sus monumentos lujosos funerarios construidos en honor a los muertos y en el culto a estos. Siempre tuvo una preocupación vital por el destino de los muertos (E. Bloch, 1980).

[6] Platón enseñaba que el alma había preexistido como una mente pura (*nous*) y que después se enfrió y se convirtió en el alma (*Psiqué*) cuando, debido a su mundanalidad, dejó de participar del fuego divino, pero continúa existiendo después de la muerte del cuerpo (Greenet, P., *Historia de la filosofía antigua*, Herder, Barcelona, p. 141, 1992). Luego esta idea pasó a los judíos por el pensamiento griego, después a los cristianos del segundo y tercer siglo, a tal grado que ya para el año 200 la Iglesia aceptaba la creencia de la inmortalidad del alma. Ello condujo a controversias en los siglos posteriores. Uno de los padres de la Iglesia que fue contagiado con esa creencia fue el notable exégeta y teólogo Orígenes aceptando la doctrina de Platón (Vilanova, E., *Historia de la teología*, p. 202, 1987).

Las ocupaciones habituales de la vida como construir casas, poner a punto barcas y labrar el campo, continúa igual que antes, pero el mal moral, la enemistad, el robo, han desaparecido junto con los defectos físicos (G. Widengren, 1976).

Por otro lado, abundan las futurologías religiosas. El budismo aspira llegar a su nirvana: su paraíso de bienestar en el que ya no hay sufrimiento. El punto de partida y avance del islam es la promesa de "su cielo sensual". El hinduismo promete "los placenteros campos de cacería" como símbolo de la liberación. Cree que la muerte es el paso de lo irreal a lo real, de la oscuridad a la luz. Así, los muertos disfrutan de la felicidad en una nueva esfera (Berkhof, 1981).

El marxismo empeñó su palabra afirmando que llegaría el tiempo en el cual el proletariado reinaría implementando paz, justicia y pan para todos: "El triunfo del proletariado acabará de hacerlos desaparecer. La acción conjunta de los proletarios, a lo menos en las naciones civilizadas, es una de las condiciones primordiales de su emancipación. En la medida que vaya desapareciendo la explotación de unos individuos por otros, desaparecerá también la explotación de unas naciones por otras" (Marx, 1848).

Con una perspectiva antropocéntrica todas las concepciones escatológicas paganas reducen el más allá a una repetición del presente, pero sin imperfecciones: "Cuando la realidad es aceptada como orden natural-divino, sea en sentido panteísta, como en las religiones de la India, sea en el sentido dualista, como en las religiones griega e islámica, la escatología no es más que la organización de esta misma realidad" (Tamayo, 2017).

Ese pensamiento permeó la antigua escatología con una expectativa de continuación de la vida terrenal después de la muerte, sin dar lugar a la idea de un futuro nuevo. Por el contrario, el texto sagrado habla de "cielos nuevos y tierra nueva" más que la restauración de estos como una mera prolongación con pequeños retoques.

Así, desde las creencias primitivas, las supersticiones paganas, las mitologías de las religiones, hasta las religiones institucionalizadas poseen "su escatología". Y, de alguna manera, han influenciado la escatología protestante y evangélica.

En ese contexto diverso de creencias, personas cultas aseveran sin fluctuaciones, que al morir reencarnarán. Otros se encuentran inmersos en la anticuada idea de que el tiempo es circular, por lo que el ser humano después de la muerte no desaparecerá, sino que retornará una y otra vez a este mundo. Es lo que algunos llaman el tedio del eterno retorno.[7] También están presentes los que encajan dentro del fatalismo, levantando la bandera de la creencia en la aniquilación total.

En el ámbito humanista: futurólogos, sociólogos, guionistas y escritores, explotan el interés de las personas por el futuro; produciendo películas, escribiendo libros, provocando cierta fascinación morbosa, atizando miedos, tomando como base ciertas creencias populares con cierto tinte bíblico sobre el fin del mundo.

Pero la mayoría hoy es cautiva de las modas apocalípticas que conducen a la ciencia ficción y el apogeo del apocalipticismo exacerbado. Y ello ha contagiado al pensamiento evangélico a tal grado que se cree y se enseña más una apocalíptica desproporcionada que la escatología del Nuevo Testamento. Sus contenidos carecen de la escatología de la creación y la escatología de la gloria de Dios, la escatología y la misión de la Iglesia tan evidentes en la Escritura. Por ello, ciertos sectores de la Iglesia evangélica se han inclinado más por las futurologías, revelaciones y señales, que por la fe de la promesa. Y el riesgo es que sean catalogadas como religiones epifánicas más que la auténtica fe cristiana que se basa en la promesa y la esperanza (Pozo, 1992).

1.5 ¿Qué es la escatología cristiana?

Concepto etimológico de la escatología

La palabra escatología procede de las palabras griegas: Éschaton: "lo último"; Éschatos: "el último"; Éschata: "cosas últimas" (Vine, 1984).

---

[7] La idea del eterno retorno forma parte del punto focal de la obra del escritor checo Milan Kundera: *La insoportable levedad del ser*, en la que conecta el concepto de gravedad o pesadez con el eterno retorno (tal como lo hizo Nietzsche), lo cual se encuentra en oposición a la levedad, según el autor, identificada por una condición de frivolidad propia de la posmodernidad (https://www.e-torredebabel.com/Historia-de-la-filosofia/Filosofiacontemporanea/Nietzsche/Nietzsche-EternoRetorno.htm).

Origen del término escatología

Abraham Calov (1612-1686) fue el primer teólogo que utilizó el término "escatología" en una colección de escritos llamados "sistema teológico local" en el siglo XVII. Le llamó "Escatología Sacra". Allí trata los temas de la muerte, la resurrección, el juicio y la consumación del mundo (Tamayo, 1993). Aunque Garrido afirma que el término escatología fue creado por K. G. Bretschneider en 1804 (Garrido, 1984).

Como sea, la palabra escatología resulta de la unión de dos palabras griegas: Éschaton y logos y se entendería como el tratado de "lo último" o el estudio "de lo último".

Hay dos fuentes que vierten perspectivas diferentes del inicio de la evolución de la escatología: la de trasfondo griego y la judeocristiana. La griega centra la atención en las cuestiones últimas: Ta Éschata. Ello conduce a reflexionar sobre los sucesos finales, ubicados más allá de la historia, descuidando los aspectos importantes de la misión de la Iglesia y de la vida cristiana en el más acá. La judeocristiana pone el énfasis en el Éschaton que es Cristo. Este es un punto focal para sobreponer una construcción escatológica equilibrada (Tamayo, 2017).

Así las posturas, lo conveniente es buscar el equilibrio dándole el primer lugar a Jesús el Cristo resucitado, el punto focal de la escatología, luego dar la justa dimensión a los sucesos previos y durante el final de todo lo conocido en esta vida terrenal.

La Escritura provee dos ejemplos respectivamente. En el Salmo 90, Moisés habla del final del hombre en esta vida temporal: "La vida del hombre son 70, los más robustos 80... porque pronto pasan y volamos", "Enséñanos de tal modo a contar nuestros días, que traigamos al corazón sabiduría". En 1Ts. 5:1-11, Pablo se refiere al final de todo lo que es ahora y vemos incluida la creación, el mundo y la humanidad.

La escatología no es ya un simple discurso «sobre el fin» o sobre la clausura de los tiempos, sino que se convierte ahora en un discurso sobre «la apertura de los tiempos»: incluso en Mr. 13, el énfasis no se pone en la catástrofe cósmica, sino en la venida del Hijo del hombre llamada "el día del Señor". Esta no habla sobre el futuro en general, parte de la realidad histórica de Jesús de Nazaret que ha traído la irrupción del reino de Dios y manifiesta el futuro de esta realidad que apunta a la nueva creación de todas las cosas, a la glorificación de Dios y su pueblo entrando en la vida eterna y el gozo sin fin. Comienza con Jesucristo y el futuro de este: "... el fundar en la persona y en la historia de Jesucristo todos sus enunciados acerca del futuro representan la piedra de toque de los espíritus escatológicos y utópicos" (Moltmann, p. 22, 1981).

A diferencia del escenario escatológico judío que sitúa la resurrección de los justos o la de todos los hombres solamente al fin de los tiempos, el resucitado inaugura hoy el tiempo del mañana. Pablo olvidará casi por completo el escenario-catástrofe del fin de los tiempos[8] para proclamar hoy la cruz del resucitado y la resurrección futura de los que creen en Cristo.

Es bueno tener claro que la escatología no es un tratado futurista: "Justamente por eso, además, la escatología no es una futurología". Mientras las futurologías versan *exclusivamente* sobre el *todavía no* (el caso arquetípico sería Bloch), la escatología habla del *ya* y del *todavía no*. Y no tiene más remedio que hacerlo porque, en última instancia, el suyo es un mensaje Cristocéntrico: hay *un ya* escatológico (el reino está ya presente) porque Cristo ha venido; habrá un *todavía no* (el reino será consumado) porque Cristo vendrá (Ruiz de la Peña, 1996).

1.6 Definiciones de escatología

La mayoría de las definiciones de escatología están elaboradas sobre el fundamento de la apocalíptica. Ponen el énfasis en "el fin de las últimas cosas". Entre otras cosas porque arrancan de la etimología de la palabra. La consideran como la doctrina de las últimas cosas.

---

[8] La teología Paulina no aborda para nada los apocalipsis catastróficos que la escatología evangélica coloca en primer lugar. Lo demostraré en el apartado de la Escatología Apocalíptica.

Y la escatología cristiana claro que tiene sus pocas y cortas doctrinas apocalípticas en los capítulos 24 de Mt., 21 de Lc., 13 de Mr., en unos pasajes del libro de Hechos, en una de las cartas de Pedro y en el libro de Apocalipsis, pero son periféricas. Esas definiciones se apartan de lo que es la escatología cristiana como afirma oportunamente Moltmann:

"La escatología cristiana no tiene nada que ver con tales soluciones finales apocalípticas, porque su tema no es en absoluto "el final", sino —muy lejos de eso— la nueva creación de todas las cosas. La escatología cristiana es la esperanza que recuerda la resurrección del Cristo crucificado y por eso habla del nuevo comienzo en medio del final de muerte, el final de Cristo siempre fue su verdadero comienzo" (Moltmann, 2004). De ahí la definición distintiva de escatología cristiana de Moltmann:

"La escatología cristiana habla de Jesucristo y el futuro de este. Conoce la realidad de la resurrección de Jesús y predica el futuro del resucitado. Significa la doctrina acerca de la esperanza, lo cual abarca lo esperado como el mismo esperar vivificado por ella… es esperanza, perspectiva y orientación hacia adelante en el Cristo resucitado no es el logos griego, sino la promesa" (Moltmann, 1981). Esta es una de las mejores definiciones de escatología.

Una vez aclarado el sentido de lo que es la escatología cristiana, veamos otras definiciones:

"Por tal hay que entender aquel sector de la teología al que incumbe reflexionar sobre el futuro de la promesa aguardado por la esperanza cristiana. Su lugar teológico se ubica en la intersección de la antropología, la doctrina de la creación y la cristología" (Ruiz de la Peña, 1996). A mi parecer es una definición equilibrada.

"La escatología es la interpretación de la enseñanza bíblica concerniente a lo que sucederá al final de la historia del mundo" (Layman, 1995). Se queda corta y es más apocalíptica que escatológica.

"Escatología es un término griego que significa tratado de las últimas cosas" (Lacueva, 1990). Es una definición etimológica.

"Escatología: logos o discurso sobre las cosas finales, con signos apocalípticos y/o razonamientos de tipo existencial y moralizante".

Pikassa, afirma que es un término más teológico, de uso moderno, que alude al despliegue y sentido de las realidades últimas o novísimos (muerte, juicio, infierno y gloria), es decir, de la culminación de la vida humana y/o de la historia (Pikassa, 1999). Según mi punto de vista es una definición etimológica, apocalíptica y filosófica.

"Es el estudio sistemático de lo que la Biblia nos ha revelado respecto a nuestro futuro individual, respecto al futuro del mundo y respecto a la humanidad en general" (Hendriksen, 1987). Es una definición con tinte bíblico, pero limitada a la escatología individual y escatología general tradicionales.

"La escatología es la exposición metodológicamente fundamentada de la esperanza cristiana en el futuro definitivo, en el reino de Dios, de nuestra historia (personal, eclesial y universal) y de toda la creación" (Kehl, 1986). Es una definición aceptable con más orientación escatológica que apocalíptica.

"La escatología es el estudio sistemático de los eventos futuros. La palabra se deriva del adjetivo griego *éschatos*, que significa el último. La palabra *éschatos* puede ser usada para referirse a la última cosa en una serie, pero la implicación de la palabra escatología no está limitada a una sola cosa, sino que se refiere a todos los eventos futuros que significan el fin del cosmos" (Buswell, 2005). Es una definición etimológica y apocalíptica.

La escatología viene de dos vocablos griegos: éschatos ("lo último", "lo final") y *logia* (de *logos,* "palabra", "discurso", "tratado"). Luego, "escatología" significa el discurso teológico que trata de las cosas últimas o finales de la historia del hombre y el mundo (Roldán, 2002). Es otra definición etimológica y apocalíptica.

Como se lee, la mayoría de las definiciones parten de lo etimológico y brotan del concepto apocalíptico más que del escatológico.

Mi propuesta de definición de escatología

"La escatología es el estudio ordenado de las profecías que convergen en la crucifixión y la resurrección de Cristo, se expanden hacia la esperanza del comienzo de una vida nueva individual, un pueblo nuevo y la nueva creación de todas las cosas a partir de la segunda venida de Cristo que inaugura la consumación final del reino de Dios" (Gálvez, 2021).

1.7 División de la escatología

La escatología se ha dividido tradicionalmente en escatología individual y escatología general, estas se definen así:

Escatología individual
"... es el nombre que se le da a todo cuanto la Escritura revela concerniente a la condición del individuo entre la muerte y la resurrección general al final de los tiempos" (Hendriksen, 1987).

Escatología general
"Es la que hace referencia a todos los hombres que, aunque mueren individual y separadamente, pero todos resucitarán y juntos serán juzgados... unos irán a condenación eterna y otros entrarán al gozo eterno" (Hendriksen, 1987).

Al leer los temas que tratan en estas dos divisiones los libros de escatología y las teologías sistemáticas, se observa que no abordan los temas de las señales y acontecimientos previos al retorno del Señor. En algunos casos, es por su concepción preterista de dichos eventos. Es raro que, libros, tratados y teologías sistemáticas aborden el tema de la nueva creación, la gloria de Dios y la relación intrínseca de la escatología con la misión de la Iglesia.

Mi propuesta de división de la escatología

Según sus contenidos
Escatología propia
Escatología en la historia
Escatología apocalíptica
Escatología cristiana
Escatología de la creación

Escatología de la gloria divina
Escatología y la misión de la Iglesia

Según sus fuentes
Escatología bíblica
Escatología sistemática
Escatología bíblica teológica

1.8 El método de la escatología

Como en todas las áreas de la teología protestante evangélica, la escatología utiliza varios métodos en la investigación, tales como:

El método histórico crítico

Este método para obtener conocimiento va en busca del documento. Luego pasa el filtro de la crítica de erudición, con atención a la escritura, la lengua, las formas y las fuentes. Con ello se adentra en el documento para encontrar el contenido original y la procedencia del mismo. Después utiliza la crítica histórica con herramientas de la psicología y trata de comprender el comportamiento del autor. Este método procura hallar lo que realmente se ha querido decir de parte del autor y si tiene fundamento para creer lo que ha creído. Finalmente, elabora una síntesis explicativa como lo hacen las ciencias de la naturaleza.

El método histórico crítico tiene muchos opositores. Uno de ellos manifiesta que ese método es perjudicial en la escatología teológica; pues aplicar el método que se usa en las ciencias de la naturaleza, es como tratar de pasar electricidad por un cable uniéndose con madera. Es imposible. De allí el fracaso de la escuela liberal (Cullmann, 1966).

El método teológico

Destacado por Karl Barth en su epístola a los Romanos y en su dogmática de la Iglesia. Conduce a la realidad espiritual que encontramos en las Escrituras. Propone restaurar la fe en la actualidad permanente de la palabra de Dios y actúa en oposición a la acción corrosiva de la escuela liberal.

En su proceso de investigación pone la atención sobre los textos para captar la intención espiritual, la fe y la intención del autor, con el propósito de corroborar si la idea del escritor es verdad en el sentido pleno. El método teológico valora al sujeto y sus virtudes propias, contrario al método histórico crítico que descarta por completo al sujeto de la investigación, yéndose a los aspectos fríos del documento (Cullmann, 1966).

El método histórico cultural contextual

Este nos aproxima a la interpretación correcta entendiendo los relatos proféticos, apocalípticos, escatológicos en el contexto de su historia, su lenguaje, sus costumbres y su cultura (Fanning, 2018).

El método antropológico

Su punto de partida son las situaciones problemáticas y cuestionamientos sobre las realidades últimas, las realidades sociales, políticas y económicas, dando respuestas bíblicas y teológicas al presente y al futuro del hombre (Tamayo, 2017).

El método trascendental[9]

Se conforma de los siguientes pasos: la investigación, la interpretación, la historia e historiadores, la dialéctica, la explicitación de los fundamentos, el establecimiento de las doctrinas, la sistematización y la comunicación (Lonergan, 1988). Este método es válido en todas las partes de la teología sistemática.

El método de extrapolación

Es un método científico lógico que consiste en suponer que el curso de los acontecimientos continuará en el futuro, convirtiéndose en

---

[9] Para profundizar sobre la cuestión metodológica consultar Bernard Lonergan, *Método en teología*, Sígueme, Salamanca, 1988.

las reglas que se utilizarán para llegar a una nueva conclusión... La base para una extrapolación será el conocimiento sobre el reciente desarrollo del fenómeno. (https://www.google.com/search?q=el+metodo+de+la+extrapolaci%C3%B3n+teol%C3%B3gica&rlz.14365j1j7&sourceid=chrome&ie =UTF-8).

El método de la trasposición

Es el método en el que se habla de una trasposición salvífica del modo inicial a modo consumado. Se trata del paso de un inicio en cuanto a la salvación, a un paso de una nueva cualidad. Inicio y consumación no se saturan al mismo nivel, sino que se trata de dos modalidades diferentes (Izquierdo, Art., 1982).

El método de la anticipación o proléptico

Los griegos ya lo conocían como los preconceptos y las imágenes anticipadoras con las que buscaban las ideas verdaderas. En la doctrina de los estoicos lo concebían como la capacidad de una mente anticipada. En el campo filosófico, Kant, Husserl y Heidegger, lo relacionaron con el conocimiento anticipado de algo (Moltmann, El Futuro, p. 67, 1979).

La perspectiva metodológica en la escatología J. Moltmann

Moltmann asevera que no usa un método en particular en la escatología. Es más, no le interesa mucho la cuestión metodológica. Le importa los contenidos teológicos, renovarlos, repensarlos. Si ha de mencionar abiertamente alguno podría ser lo que no se considera como método todavía: la curiosidad, que lo motiva hacia el viaje del descubrimiento. Podría decirse que la forma de elaborar su pensamiento escatológico es experimental, ni más, ni menos, como una aventura fascinante de las ideas que traslada como propuestas (Moltmann, 2004).

Así la cuestión, considero importante el planteamiento que realiza Moltmann sobre el método escatológico, por eso, lo incluyo con más extensión que los anteriores (Moltmann, 1979).

De entrada, Moltmann rechaza el método de la extrapolación. Una de las razones de peso es que ese método entiende el futuro como el presente extrapolado y prolongado, por lo cual destroza el futuro en su condición de tal. Ese dominio del presente sobre el futuro solo interesa a los que poseen y dominan el presente. En cambio, los desposeídos, los que sufren y los endeudados preguntan por un futuro distinto, por el cambio y la liberación. Hendrik Berkhof sugiere el uso del método de extrapolación en la escatología, pero Moltmann lo rechaza, da la siguiente razón: "En el fondo la extrapolación no es en absoluto un conocimiento del futuro, sino la continuación y confirmación del presente dentro del futuro; entiende el futuro como el presente extrapolado y prolongado, con lo cual destroza al futuro en su condición de tal". Moltmann también cuestiona el método de la trasposición porque encuentra una contradicción por el hecho de que el inicio de la salvación es totalmente diferente al de la consumación. Así, el acontecimiento salvífico presente no tiene sustento en cuanto no se promete un inicio y un anticipo del futuro (Moltmann, 1979).

Moltmann deja entrever que, parte del presente salvífico en el que se promete, se inicia y se anticipa este futuro, en cuanto que el futuro escatológico ha penetrado en nuestro presente histórico en Jesús de Nazaret, el Cristo. Así, el presente se convierte en fundamento gnoseológico de este futuro que se concretará en Cristo resucitado. La afirmación *Ein sage*: desde su futuro al interior de nuestro presente, es el fundamento de posibilidad de nuestras afirmaciones *Aus- sage* (Moltmann, El Futuro, 1979), este pensamiento metodológico está conectado con el método proléptico.

Moltmann avala el método proléptico en la escatología. Afirma que se identifica claramente desde el Antiguo Testamento. Cita la historia como la historia de la promesa y cumplimiento y la promesa anticipa el cumplimiento. Este cumplimiento confirma la fidelidad del Dios promitente y, a la vez, se autotrasciende apuntando hacia el futuro superior, el del cumplimiento prometido, "ello es una prolepsis real". Moltmann ve en el Nuevo Testamento esa relación proléptica divina y humana: "Hay que arrepentirse y convertirse al futuro de Dios; la razón de ello está en la historia de Cristo: así como su predicación tiene un carácter proléptico real. Él ha resucitado de entre los muertos y esa resurrección es una prolepsis de la resurrección universal de los muertos por Dios" (Moltmann, El Futuro, 1979).

En uno de sus libros recientes, Moltmann afirma que le interesan tres aspectos en la cuestión metodológica. Primero, que el método se fragua en la dimensión pública, abarca la Iglesia y la totalidad de la realidad. Segundo, que el método tiene una dimensión práctica que incluye, el gozo, la fiesta, el juego y la contemplación. El tercero es la apertura y el diálogo, la teología no puede encerrarse en un sistema porque se abre y dialoga con las distintas teologías y posturas escatológicas. Por ese motivo, le llama experimental, empujado por la curiosidad. Moltmann subraya la provisionalidad de todo trabajo teológico en cuanto que la teología siempre está marcada por la dialéctica de la esperanza escatológica (Moltmann, La Venida, 2004).

Reflexiono que el teólogo que realiza una investigación con análisis crítico, está obligado moral y académicamente a dar propuestas. La razón es que es fácil criticar, pero es difícil proponer.

Mi propuesta del método integrativo

Por mi parte, propongo el *método integrativo*.[10] Se estructura en los cinco pasos siguientes:

---

[10] Para profundizar esta propuesta léase el libro *Para Entender la Teología*, CLIE, 2015. Este método trata de integrar las condiciones previas para utilizar los recursos metodológicos, el método desde la sabiduría, el método de investigación, el método comunicativo y finalmente, el método vivencial que es la aplicación del conocimiento, para suplir las necesidades espirituales, intelectuales, físicas y materiales, en las realidades concretas de la vida de las personas y de la Iglesia con una expectación del futuro.

a. *El encuentro con Dios*. Es necesario que el escatólogo tenga un encuentro real, espiritual, con Cristo el Señor para que reciba un conocimiento revelado en misterio y produzca en él una sabiduría desde Dios y un degustar espiritual de las señales de la llegada del reino de Dios, del "ya pero todavía". Me refiero al nuevo nacimiento que ocurre cuando Dios se revela en Jesucristo al hombre perdido y este da una respuesta de fe recibiendo la justificación y la salvación que lo transforman en una nueva criatura. Ello lo capacita para iniciar el camino del conocimiento espiritual. Así, la escatología cobra gran importancia para aquel que ha tenido un encuentro con Jesucristo, experimentando paz, gozo en el Espíritu Santo, como un saboreo anticipado del deguste definitivo que disfrutará en el reino de Dios.

Dicho encuentro con Dios acontece por:
Iniciativa divina: Dios busca al hombre por medio de Jesucristo; el Espíritu ilumina la Escritura y por la respuesta humana: oír – creer - invocar – confesar.

b. *Conocimiento revelado no normativo*. Este conocimiento está en la Escritura. Es posible recibirlo por la iluminación del Espíritu en respuesta a nuestra fe, oración, meditación y estudio devocional. Este viene de manera dialéctica[11] por medio de paradojas. Dios está oculto a los sabios de este mundo, pero se hace visible a los ignorantes; Dios viene a buscarnos en forma de hombre; Dios es santo, pero viene a buscar a los pecadores; nos da vida por medio de la muerte de cruz; somos libres, pero esclavos por amor; somos santos, pero todavía pecadores. Este conocimiento resulta en degustar en medio del sufrimiento, una sabiduría divina oculta para los modos de conocer humanos. Ello nos da la certeza del cumplimiento pleno de la promesa en el futuro prometido.

Este conocimiento paradójico revelado en misterio acontece más o menos en este orden: preámbulo de la fe - Escritura - Cristo crucificado - Espíritu – iluminación – fe – oración – meditación

---

[11] Es la dialéctica de opuestos que popularizó Martin Lutero. Es diferente de la dialéctica hegeliana.

– sufrimiento - conocimiento espiritual – sabiduría – saboreo. Con ello es posible tener una mejor perspectiva de la escatología por cumplirse en cuanto que ya hemos saboreado aquí y ahora, en el presente, lo que ocurrirá en el futuro a plenitud.

c. *Conocimiento investigado.*[12] Toda vez que alguien nace de nuevo, adquiere un conocimiento fundamental que viene por iluminación a través de la vida devocional y el estudio personal, puede pasar a la etapa de la investigación en fondos bibliográficos. En esta etapa se usa el método científico de investigación. Este capacita al creyente, al estudiante y al teólogo para que profundicen de manera sistemática sobre el conocimiento de la escatología.

d. *Conocimiento anticipado.* La Iglesia posee ya la vida eterna, ha probado las bendiciones espirituales. Ello se convierte en un conocimiento anticipado certero que impulsa con fuerza a la Iglesia para que realice la misión aquí, en el individuo, la familia, la comunidad, la sociedad, la nación y el mundo habitado, con la esperanza de la recompensa y vida eterna que obtendrá en la consumación del reino de Dios.

---

[12]   Con sus pasos respectivos en los escritos bíblicos, en la bibliografía relacionada con la historia de la Iglesia, en la bibliografía escrita por los teólogos: obras generales, monografías, revistas especializadas, artículos y sitios específicos en la Web. Se sacan conclusiones sobre el tema bíblico-teológico investigado, luego se dan recomendaciones. PRIMERA ETAPA: *Diálogo bíblico*, método inductivo: elección del tema, recopilación del material, unificación de materiales relacionados, lectura tomando en cuenta contexto, ambiente histórico, idioma original, pasando por los siguientes pasos: análisis, interpretación, identificación esencial de doctrina, teología bíblica y aplicación. SEGUNDA ETAPA: *Diálogo teológico*, método deductivo, paradójico, dialéctico de opuestos. Este implica los pasos siguientes: la observación, la deducción y la comparación de la doctrina bíblica con los teólogos y las teologías, tales como la teología histórica, teología dogmática, teología reformada, teología sistemática, teologías actuales. TERCERA ETAPA: *Diálogo cultura y sociedad*, método analítico y mediación hermenéutica. Aquí se toman en cuenta los aspectos culturales y sociales en la interpretación y la aplicación al contexto. CUARTA ETAPA: *Diálogo y comunicación,* método comunicativo. Explicación, comunicación y divulgación. En esta etapa se explica y se divulga el resultado del conocimiento obtenido, usando el proceso de comunicación: Emisor: quien envía el mensaje. Contexto: lugar donde se lleva a cabo el proceso comunicativo. Canal: por donde se envía el mensaje oral o escrito. Código: conjunto de signos que forman el mensaje. Mensaje: lo que se quiere comunicar. Receptor: quien recibe el mensaje.

e. *Conocimiento proyectado*. Se transforma en una situación vital e impacto social, es el método vivencial que acontece por medio de:

Compromiso: de la proclamación, evangelización y enseñanza-discipulado.

Testimonio: que se relaciona con la integridad ante Dios, ante sí mismo, ante la Iglesia, ante el mundo. Incluye el servicio en la Iglesia local y a la comunidad de acuerdo a los dones recibidos.

Amor: consideración, valoración, justicia y respeto al prójimo.

Misericordia: ayuda social a los pobres, a los huérfanos, a las viudas, con apoyo a programas de seguridad alimentaria, de alfabetización y de educación. Asistencia, acompañamiento y orientación a las víctimas de violencia intrafamiliar; a los privados de libertad y en su reinserción a la sociedad; a los que sufren desintegración familiar por diversas causas: alcoholismo, drogadicción, infidelidad y otros; a los niños, los adolescentes y a los jóvenes atrapados en la problemática de las pandillas y la inmigración (Gálvez, 2001).

Este método lleva al convencimiento de que la escatología tiene revelación en la historia, se apropia por la fe y el conocimiento espiritual. También posee implicaciones éticas, morales y de misericordia; porque se espera en el futuro una evolución de la conducta del cristiano con una consciente expectativa de que todo lo que haga tendrá recompensa o pérdida. El pasaje de Mt. 25:42-46 es contundente: "... porque tuve hambre y no me disteis de comer; tuve sed y no me disteis de beber, [43] fui forastero y no me recogisteis; estuve desnudo y no me cubristeis; enfermo y en la cárcel y no me visitasteis. [44] entonces también ellos le responderán diciendo: Señor, ¿cuándo te vimos hambriento, sediento, forastero, desnudo, enfermo, o en la cárcel y no te servimos? [45] entonces les responderá diciendo: De cierto os digo que en cuanto no lo hicisteis a uno de estos más pequeños, tampoco a mí lo hicisteis. [46] E irán estos al castigo eterno y los justos a la vida eterna" (Gálvez, 2015).

1.9 Características de la escatología

Características que debiera agrupar la escatología evangélica:

46

Teológica

La escatología es conocimiento de Dios, tiene su origen en la teología propia. El Dios eterno hizo simultáneamente el tiempo y la creación; antes de esas dos creaciones solo era la eternidad. Dentro de la creación su proyecto supremo es el hombre, luego de pensarlo, diseñarlo, lo creó y lo hizo un ser viviente, un ser humano. Después de darle vida el Señor se le presentó, se le reveló, lo sustentó, lo cuidó amorosamente y decidió vivir en comunión con él, eso es algo inexplicable, pues Dios es Dios sin otros seres creados; sigue siendo un Dios auténtico, autosuficiente, feliz, aún en solitario, pero él quiso ser Dios con nosotros, con el hombre. Dios les dijo a Adán y Eva de que en su obediencia al único mandamiento que les dio en el huerto del Edén, vivirían, podrían tomar del árbol de la vida y trascenderían el tiempo. La desobediencia de Adán trajo la muerte, la maldición a todos los seres humanos y a la creación, pero Dios lo buscó, lo perdonó, eso sí, por su transgresión lo sacó del huerto para que siendo pecador no tomara del árbol de la vida y trascendiera en maldad. Pero en su bondad le dio la promesa en Gn. 3:15 que tendría victoria por medio de la simiente de la mujer sobre quien lo tentó y lo derrotó.

Dios continúo revelándose a las siguientes generaciones, le dio promesas a Israel el pueblo que escogió para sí. En esas promesas iba la semilla del mensaje de trascendencia que se cumpliría en la vida y la obra de Jesucristo. Dios anunció la victoria del hombre por medio de sus profetas y los relatos escritos en el pacto con Abraham, Isaac y Jacob. Y Jesús reveló la interpretación de la trascendencia del hombre después de la muerte, precisamente en la frase que se repite en todo el Antiguo Testamento: *El Dios de Abraham, Isaac y Jacob*: Mt. 22:31-32: "Pero en cuanto a la resurrección de los muertos, ¿acaso no han leído ustedes lo que Dios les dijo? Porque él dijo: *Yo soy el Dios de Abraham, el Dios de Isaac y el Dios de Jacob*. Así que Dios no es un Dios de muertos, sino de los que viven". El acto escatológico de la resurrección de los muertos fue anunciado por el Dios creador, por eso la escatología es teología propia también.

Bíblica

La Biblia es por excelencia la fuente del conocimiento teológico y, por lo tanto, escatológico. Es la norma suprema de la verdad cristiana y la autoridad de la fe. Es la que contiene de forma suficiente el mensaje divino a los hombres. Suficiencia, evidencia y autoridad de la Sagrada Escritura se implican mutuamente, pues, solo por medio de ella se llega al conocimiento de la profecía y su cumplimiento en Cristo el Mesías, el crucificado, resucitado y el que ha de venir. Es el único documento que lleva a los testimonios de la revelación de Dios en el Antiguo y Nuevo Testamentos. En ella, se conjugan la revelación, la fe, la esperanza, el testimonio de Jesucristo, los apóstoles y los profetas (Gómez-Heras, 1972). Así, la escatología debe extraer de la Biblia las verdades sobre los eventos anunciados y cumplidos, como los que han de cumplirse en el "gran día del Señor".

El escatólogo obtiene las verdades y pensamientos de la Escritura como el que extrae oro de la mina. No las busca en las tradiciones, en los documentos paganos, ni en la especulación filosófica, en las futurologías, ni las apocalípticas seculares. Se aferra al texto bíblico como el bastión de la revelación, la teología y la profecía (Hoff, 2005). De manera ineludible la escatología tiene que erigirse sobre el conocimiento de la Biblia en su carácter normativo.

Profética

La materia prima de la escatología es la profecía de las Sagradas Escrituras. "Una escatología de mérito debe abarcar toda predicción cumplida o no en cualquier punto de tiempo. En otras palabras, una verdadera escatología intenta informar sobre todas las profecías presentadas en la Biblia. El descuido de los teólogos acerca de las Escrituras proféticas es casi total" (Chafer, 1986). Le doy la razón, porque desde los primeros capítulos de Génesis hasta los últimos de Apocalipsis, hay profecías cumplidas y otras por cumplirse. Un ejemplo, en Gn. 3:15: "Pondré enemistad entre tú y la mujer y entre tu simiente y la de ella; su simiente te aplastará la cabeza, pero tú le morderás el talón". Es una promesa que anuncia proféticamente el nacimiento de

Cristo como simiente de la mujer, los sufrimientos que dan lugar a la victoria sobre el mal. Y se cumplió a cabalidad como escribe el apóstol Pablo: "En primer lugar, les he enseñado lo mismo que yo recibí: que, conforme a las Escrituras, Cristo murió por nuestros pecados; que también, conforme a las Escrituras, fue sepultado y resucitó al tercer día" (1Co. 15:4-5). Un ejemplo en Apocalipsis de una profecía no cumplida: "Vi entonces un cielo nuevo y una tierra nueva, porque el primer cielo y la primera tierra habían dejado de existir y el mar tampoco existía ya" (Ap. 21:1). Hermosa profecía. Esa es la esperanza cristiana que no avergüenza.

Es comprensible, además, que la escatología destaque los caminos principales de la profecía concernientes al Señor Jesucristo, en su primera venida y los relacionados a su segunda venida, la resurrección del cuerpo, el destino final de los hombres, los juicios de Dios, la manifestación gloriosa de los hijos de Dios, la consumación del reino de Dios, el fin del mundo antiguo, la nueva creación de todas las cosas y la glorificación eterna de Dios.

Teocéntrica

Si la escatología es la rama principal de la teología, entonces el centro del mensaje gira en torno al único *Theos*, el Dios trino verdadero, el YO SOY EL QUE SOY, que se revela en la historia sagrada y del cual da testimonio la Escritura. Lo contiguo como la fe, el hombre, la sociedad y la cultura, le acompañan, pero son secundarios "… Dios se halla en el centro y el hombre en la circunferencia, hacia donde irradia la gracia divina. Hay interacción entre Dios y el hombre en el plano de la gracia, pero Dios no abandona el lugar que le corresponde como Soberano sobre toda la creación" (Núñez, 2018).

Las soluciones que pueda aportar la escatología en las relaciones Dios-hombre y Dios-mundo, deben ser desde la perspectiva teocéntrica. Este celo motiva a la protesta contra todo factor que no sea divino como hombre, mundo, cultura, sociedad, filosofía e historia y que reclame para sí un valor absoluto en la autorrealización de sí mismo. La escatología teocéntrica deja que Dios sea Dios y se opone a cualquier actitud humana que sea un impedimento para el libre actuar de Dios. Está contra todo suplemento mundano que influya la soberanía de Dios en relación a la profecía y el cumplimiento de esta (Gómez-Heras, 1972).

Pneumatológica

La dimensión pneumatológica es sorprendentemente escasa en los libros y tratados de escatología. Muy poco se ha escrito sobre la misión del Espíritu en la escatología, pese a que su acción está presente en toda la Escritura y participa en los eventos escatológicos.[13] En las teologías sistemáticas y los libros la Pneumatología no se encuentra una exposición sobre la misión del Espíritu pese a que es clara, por cuanto Cristo mismo anuncia: "Pero el Consolador, el Espíritu Santo que el Padre enviará en mi nombre, él les enseñará todas las cosas y les hará recordar todo lo que yo les he dicho" (Jn. 14:26), esa declaración resalta la misión del Espíritu. Y hay otros varios pasajes relacionados con dicha misión: Lc. 4:18, Jn. 14:16-17, 15:26, 16:7-8, 11, 13, 14, Hch. 1:5, 8. La obra y el poder del Espíritu en la consumación escatológica de cada creyente y de la creación misma es testificada en la enseñanza de Pablo: Ro. 7:6, 8:2, 1Co. 2:10, 6:19, 12:7, 11, 2Co. 3:13, 17, Gá. 5:16, 22-23, 2Ts. 3:13. Y, en general, la Pneumatología está ausente en la mayoría de los escritos escatológicos, si acaso está, es corta y tímidamente abordada (Gálvez, 2009).

El Espíritu está presente y activo desde la creación de los cielos y la tierra. Participa en la historia narrada en el Antiguo Testamento, en el engendramiento de Cristo, el ungimiento de Jesús para el ministerio, la resurrección de Cristo. Tendrá parte en la vivificación de los creyentes y en la transformación del universo, participará de manera activa en la nueva Jerusalén y los cielos nuevos (Alviar, 1998).

La Escritura da suficiente información acerca de Dios, de la profecía, de Cristo, del hombre, del evangelio y otras doctrinas capitales de la revelación. Pero estas no cobrarían plena vida sin la fuerza y

---

[13] Para profundizar sobre la misión del Espíritu Santo, léase *El Espíritu del Señor está sobre mí, un estudio sobre la misión del Espíritu en el creyente*, Gálvez, Rigoberto, Ediciones Fortaleza, Guatemala, 2009.

poder del Espíritu. La Escritura y la profecía serán un cúmulo de información escrita y la escatología una mera historia de la profecía a menos que la convicción y la guía del Espíritu trabajen para que resulte en una palabra viva y un conocimiento iluminador: "No hay hombre alguno, a no ser que el Espíritu Santo le haya instruido interiormente, que descanse de veras en la Escritura; y, aunque ella lleva consigo el crédito que se le debe para ser admitida sin objeción alguna y no esté sujeta a pruebas y argumentos, no obstante, alcanza la certidumbre que merece por el testimonio del Espíritu Santo... de momento contentémonos con saber que no hay más fe verdadera que la que el Espíritu Santo imprime en nuestro corazón, todo hombre dócil y modesto se contentará con esto" (Calvino, 1986).

Es necesario que la escatología cristiana se atenga al aspecto cognitivo de los preceptos bíblicos, pero con el resultado de una relación y comunión íntimas con el que ha inspirado la Escritura. Los textos sin la iluminación del Espíritu, que todo lo escudriña, parecerán ambiguos. El conocimiento es una respuesta vivencial que procede de la relación estrecha con el Espíritu Santo, no una simple aceptación intelectualista de la Escritura.

La Escritura testifica de la importante función escatológica del Espíritu Santo. Es esencial. Se derramó sobre los ciento veinte discípulos en el aposento alto, cumpliendo la profecía de Joel 2; resucitó a Jesús de Nazaret; también participará directamente en la resurrección de los cuerpos de los cristianos: su intervención vivificadora es clara en Ro. 8:11: "Pero si el Espíritu de Aquel que resucitó a Jesús de entre los muertos habita en ustedes, el mismo que resucitó a Cristo Jesús de entre los muertos, también dará vida a sus cuerpos mortales por medio de su Espíritu que habita en ustedes".

Grau expresa esa misma verdad: "Lo que cuenta es la posición del Espíritu Santo que Dios da a todos cuantos se abren a la acción del Evangelio. Vivir en Cristo, ser habitado por Él, servir de templo a su Espíritu, es lo que constituye la garantía, más aún, las arras o primicias... de la posesión final de un cuerpo de gloria resucitado. Y ya aquí y ahora, es factible saborear la vida eterna, así como después de la muerte, puesto que, en la situación de los que duermen junto a Cristo, nos acercamos igualmente al gran día de la renovación de todas las cosas... en el poder de su Espíritu" (Grau, 1990).

Pannenberg destaca la dimensión pneumatológica en la escatología: "La importancia del Espíritu Santo en el acontecimiento de la consumación final no resalta en los testimonios del cristianismo primitivo tan patentemente como la función del don del Espíritu en la anticipación de la salvación escatológica. Pero sería un error inferir de ahí que el Espíritu mismo no tendría función decisiva alguna en la consumación escatológica" (Pannenberg, 2007).

Afirma que "la acción del Espíritu es determinante en el magno evento escatológico proléptico de la resurrección de Cristo, que anticipa el futuro del mundo en el propósito de Dios. También la consumación escatológica debe entenderse como una manifestación del Espíritu, quien en el futuro vivificará los acontecimientos escatológicos esperados: la transformación en la resurrección de los muertos; la transformación de esta creación por la nueva creación de todas las cosas; la inseparable relación del Espíritu de Dios con la escatología cumplida y la que está por cumplirse. El Espíritu, quien como un don del tiempo final ya gobierna el presente histórico de los creyentes —lo cual es una manifestación proléptica del Espíritu, quien en el futuro escatológico transformará a los creyentes y con ellos a toda la creación, para la participación de la gloria de Dios" (Pannenberg, p. 353ss, 1974).

Resumo. El Espíritu Santo es el Espíritu de santidad, de poder, de verdad, que escudriña, dirige, guía a toda verdad. Una escatología que no resalta el elemento pneumatológico unido a la Escritura, es débil, fría y vulnerable. Sin el Espíritu Santo la escatología abre sus puertas a cualquier otro espíritu perturbador. Solo el Espíritu puede salvar de graves desvíos a la escatología.

Cristológica

Sin Jesucristo no habría escatología, él es el *Éschaton*. No existe asidero alguno que le dé sentido a la profecía cristiana y a la existencia humana sin Cristo, quien es "el único mediador entre Dios y los hombres", por ser el Dios hecho hombre. Él es el actor principal en el escenario de la salvación presente y eterna, a través de su muerte y resurrección. Cristo es el punto focal de la máxima revelación de Dios, el logos divino y "la humanidad de Dios". Es el multimodelo donde convergen y se difunden los presupuestos cardinales de la teología, la escatología y la fe cristiana. Él es el modelo de obediencia para la misión de la Iglesia y la consumación del conocimiento de Dios, por ello, la escatología es cristología aplicada. El principio constitutivo y diferenciador de la escatología cristiana es la identificación de Dios con Cristo. Jesucristo es la encarnación de Dios entre los hombres, es el revelador del Padre, Él es "el camino, la verdad y la vida" en el plan de salvación, Él es el alfa y la omega, Él es el centro de la profecía.[14] Por su sacrificio perfecto, es quien hace posible la reconciliación, la redención, la santificación, la transformación y la glorificación. Con su segunda venida acontecerá el nuevo comienzo, la nueva creación de todas las cosas, la glorificación de Dios y su Iglesia en unión eterna en gozo y deleite sin fin (Gálvez, Para comprender, 2015).

Trinitaria

Al aseverar que la escatología es teocéntrica, cristocéntrica y pneumatológica estoy señalando categóricamente que la escatología es trinitaria. En esa línea, afirma Moltmann que la doctrina trinitaria tiene su origen en la predicación cristiana. Para entender el testimonio del Nuevo Testamento sobre la historia de Jesucristo, la teología recurrió a la noción trinitaria de Dios. La historia de Jesús solo puede concebirse como historia del Padre, del Hijo y del Espíritu Santo. Después de revisar las distintas formas de abordar y definir la trinidad, acertadas, menos acertadas y no acertadas, Moltmann realza que la Biblia es para nosotros el testimonio de la historia de

---

[14] Rigoberto Gálvez, *La obediencia de Jesús de Nazaret, modelo para la misión de la Iglesia*, Fortaleza, Guatemala, 2005. He recogido en este libro treinta instrucciones específicas que Jesús de Nazaret, el Cristo, vino a cumplir la profecía mesiánica en el plan de salvación de Dios a los hombres y el modelo para la misión de su Iglesia, reafirmando así, la importancia de la cristología en la teología, la escatología y la misión.

las relaciones comunitarias de la trinidad en su revelación al hombre y al mundo (Moltmann, Trinidad, 1986).

Lacueva ve también la trinidad desde una perspectiva bíblica en la que el Padre, Hijo y el Espíritu Santo no trabajan independientemente del plan del Padre, la obra del Hijo y la acción del Espíritu: "Esto nos proporciona la evidencia de la interrelación y la intercomunicación Trinitaria" (Lacueva, Curso, 1998). Explica cómo en la consumación del reino, Dios seguirá interrelacionándose de manera trinitaria. En el cielo ya no será necesaria la mediación funcional de Cristo, pero si la mediación real de Cristo como el Dios-Hombre con un cuerpo glorificado eternamente. Sin la humanidad de Cristo no es posible la visión de Dios. En el nuevo cielo el Cordero es la lumbrera y el río del agua viva de la nueva Jerusalén celestial representa al Espíritu Santo como la fuente, pero este sale del trono de Dios el Padre. Es innegable la interrelación trinitaria escatológica en la salvación y en la glorificación eterna (Lacueva, Espiritualidad Trinitaria, 1990).

La historia de la salvación en la Biblia desvela la acción de la trinidad. La teología debe ser trinitaria. Le suma peso a esta característica de la teología el hecho que toda la exposición sistemática de la teología y la escatología de uno de los grandes teólogos, Pannenberg, es desarrollada en la idea trinitaria de Dios (Pannenberg, 1993).

Pese a las diversas opiniones y tratamientos de la trinidad tales como una sustancia y tres personas, un sujeto y tres modos de ser, además, de las desviaciones que se han dado a lo largo de la historia, como el unitarismo, el monoteísmo rígido, el triteísmo y recientemente la secta "solo Jesús", no podemos más que reiterar que en una auténtica escatología teológica está presente el Dios trino como Dios creador, Dios salvador y Dios santificador (Lacueva, Curso, 1998).

Antropológica

La escatología con todos sus temas es para la gloria de Dios en Jesucristo, pero en función antropológica. Esa es la grandeza de nuestro Dios y Padre, que, siendo omnipotente, omnisciente, omnipresente, omniabarcante, omnividente y omniescuchante;[15] se humilló, tomó forma de esclavo y se hizo encontradizo para realizar una alianza de amor incondicional con su criatura, limitada, finita, pequeña, pecadora y frágil. Es inexplicable que Dios se hiciera hombre para venir a buscar y a salvar a los perdidos. Es incomprensible que su amor llegue al sacrificio extremo de la encarnación, la humillación, haciéndose semejante a los hombres y morir sustitutivamente en la muerte de cruz. El Dios trino es Dios sin nosotros, pero él quiere ser "Dios con nosotros", creándonos, perdonándonos, salvándonos, acompañándonos y compartiendo su reino con nosotros. "Oh profundidad de las riquezas de Dios", "Cuán insondables son sus juicios e inescrutables sus caminos".

La escatología cristiana aborda los aspectos antropológicos trascendentales: la vida física, la justicia, el cuerpo humano, la muerte, la vida después de la muerte, la resurrección de los muertos, el juicio, las recompensas, la vida eterna, los cielos nuevos y tierra nueva, todo ello en función antropológica y para la gloria de Dios.

Soteriológica

El mensaje central de la escatología es la buena noticia del triunfo total y definitivo del bien, sobre el mal que proviene del Diablo, el pecado y el mundo. Ello implica la salvación irrebatible del creyente de la condenación eterna, del dominio satánico, del sistema del mundo y de la muerte física por medio de Jesucristo. Es maravillo saber que no todo terminará con la muerte; que lo mejor, lo bello, permanente, santo, justo y perfecto está por venir no solo en la vida del cristiano, en la iglesia como nuevo pueblo, sino también en la vieja creación que se transformará en nuevos cielos y nueva tierra.

Los pasajes escatológicos que afirman el inicio de la consumación plena de la salvación son 1Ts. 4:16-18: "El Señor mismo descenderá del cielo con voz de mando, con voz de arcángel y con trompeta de

---

[15] He pensado que estos tres últimos atributos son reales, por ello, los he sumado a los atributos conocidos tradicionalmente.

Dios, y los muertos en Cristo resucitarán primero. Luego los que estemos vivos, los que hayamos quedado, seremos arrebatados junto con ellos en las nubes para encontrarnos con el Señor en el aire. Y así estaremos con el Señor para siempre. Por lo tanto, anímense unos a otros con estas palabras"; 1Co. 15:51-52: "Fíjense bien en el misterio que les voy a revelar: No todos moriremos, pero todos seremos transformados, en un instante, en un abrir y cerrar de ojos, al toque final de la trompeta. Pues sonará la trompeta y los muertos resucitarán con un cuerpo incorruptible, y nosotros seremos transformados". En estos pasajes se encuentra lo que teológicamente se le conoce como el instante escatológico en el que los creyentes y la creación misma pasan a la dimensión de la salvación iniciada aquí en la tierra hacia la vida eterna. Y el pasaje que describe de manera sublime la salvación del hombre, la iglesia y la creación, de una vez por todas es el siguiente: Ap. 21:1-5a: "Después vi un cielo nuevo y una tierra nueva, porque el primer cielo y la primera tierra habían dejado de existir, lo mismo que el mar. [2] Vi además la ciudad santa, la nueva Jerusalén, que bajaba del cielo, procedente de Dios, preparada como una novia hermosamente vestida para su prometido. [3] Oí una potente voz que provenía del trono y decía: «¡Aquí, entre los seres humanos, está la morada de Dios! Él acampará en medio de ellos, y ellos serán su pueblo; Dios mismo estará con ellos y será su Dios. [4] Él les enjugará toda lágrima de los ojos. Ya no habrá muerte, ni llanto, ni lamento ni dolor, porque las primeras cosas han dejado de existir». [5] El que estaba sentado en el trono dijo: «¡Yo hago nuevas todas las cosas!»".

Los alcances soteriológicos revelados en los pasajes escatológicos son extraordinarios. La revelación plena de Jesucristo y su reinado sin fin junto con su iglesia en la Nueva Jerusalén es bellamente explicada con palabras armoniosas, metáforas excelsas, con detalles exquisitos, que traen paz, fe, esperanza, gozo, firmeza. Esa es la descripción inefable de la consumación de la salvación plena y eterna.

Eclesiológica

Uno de los teólogos que más ha insistido en que la teología nace, se hace en la Iglesia y desde la Iglesia es Barth. De manera implícita la escatología cristiana no puede ser fraguada fuera de la Iglesia, sino dentro de ella para testimonio al mundo. "Cuando la teología se confronta con la palabra de Dios y con sus testigos descubre que su lugar más propio es la comunidad, y no un lugar determinado en el espacio abstracto. El término comunidad es adecuado ya que desde un punto de vista teológico resulta conveniente evitar en la medida de lo posible, por no decir totalmente, el término iglesia. En todo caso, este último término, oscuro y sobrecargado de sentidos, debe ser interpretado de manera inmediata y consecuente por el término comunidad" (Barth, Ensayos, 1978).

Otros teólogos de gran talla como E. Brunner, W. Trillhaas y H. Fritzsche coinciden en que la teología es esencialmente función de la Iglesia y que el teólogo la practica únicamente así: "Como miembro de la Iglesia, con la conciencia de una tarea de la Iglesia y de un servicio a la Iglesia". Moltmann va en la línea de que la teología debe ser eclesiología, pero hace la salvedad que tampoco debe quedar sujeta a fuerzas singulares o grupos de poder dentro de la misma Iglesia: "La teología es tarea de toda la cristiandad y no solamente una tarea reservada a unos especialistas… pero ello no quiere decir que deba estar sometida a ciertas fuerzas predominantes de la Iglesia. La teología cristiana conlleva una responsabilidad para con los hombres dentro del mundo" (Moltmann, ¿Qué es teología? 1992). La escatología por extensión debe ser eclesiológica en cuanto que allí se forja, se enseña, se vive, se da testimonio y se anuncia.

Racional

He afirmado, hasta la saciedad, en otros escritos,[16] que el punto de partida de la teología es la revelación de Dios en la historia del pueblo de Israel, Jesucristo y la Escritura. El hombre da una respuesta de fe que luego explica por medio de la razón. Lo mismo acontece

---

[16] Escritos de mi autoría: *Teología de la Comunicación*, Clie 2001; *Para Entender la Teología*, Clie, 2015; *Autocrítica de la Religiosidad Popular*, Clie, 2018; *El Espíritu del Señor está sobre mí*, Fortaleza, 2009, Guatemala.

con la escatología. Dicha revelación se aprehende por medio de la fe y no por la razón. En ese sentido, la fe tiene la primacía respecto de la racionalidad. Pero la racionalidad no deja de ser necesaria para explicar lo creído. Así la teología y la escatología apelan al espíritu y también al intelecto. Resulta en una piadosa erudición. He afirmado que la racionalidad debe estar subordinada a la Escritura, la fe y a Jesucristo como la máxima revelación de Dios, pero la escatología tiene una fase en la cual se investiga, se piensa, se analiza, se infiere, se armoniza, se comprende, para luego dar cuenta y razón de sus contenidos. Sin saber, ni entender con la razón, los contenidos de la escatología degenerarían en pura credulidad y superstición. Así la escatología es la doctrina que busca entender para luego explicar.

Por lo expuesto en cada una de las características de la escatología, afirmo que la escatología está presente en todas las áreas de la teología bíblica y sistemática engarzadas en la vida y la obra de nuestro precioso Señor y Dios salvador Jesucristo, el Rey de reyes y Señor de señores.

CAPÍTULO 2

Historia de la escatología

2.1 Confusión en la escatología desde épocas bíblicas tempranas

Sacerdotes, reyes, profetas, escribas, fariseos, saduceos y otros religiosos conocedores del texto sagrado no discernieron el cumplimiento de la profecía de la primera venida del Mesías. Fallaron, pese al conocimiento detallado que poseían de las Escrituras. Conocían muchos pasajes que se referían a la venida del Mesías y los enseñaban. Tenían la certeza de que pertenecería a la tribu de Judá (Gn. 49:10); nacería de una doncella (Is. 7:14), gobernaría a Israel (Mi. 5:2) y muchos otros detalles. Cuando preguntaron a los escribas dónde habría de nacer el Mesías ellos respondieron al instante: "... En Belén de Judea, porque así está escrito por el profeta" (Mt. 2:5b).

Pero cuando los eruditos y religiosos vieron a Jesús de Nazaret, no pudieron reconocerlo como el Mesías esperado. Lo consideraron un embaucador, comilón y bebedor, hijo de fornicación y samaritano. ¡Qué tragedia! En contraste, gente sin erudición comprendió que

Jesús de Nazaret era el Mesías. Los evangelios relatan que los de la ciudad de Jerusalén que vieron y escucharon a Jesús de Nazaret dijeron: "Hemos hallado al Mesías". Aun la mujer samaritana tenía nociones de que vendría el Mesías y aclararía todas las cosas. Vivían en expectación de cuándo sería el cumplimiento del tiempo de su liberación. Ellos tenían conocimiento de la venida del Mesías por la enseñanza transmitida por los mismos eruditos que no reconocieron al Mesías en su primera venida.

Confusión en la escatología hoy

Algunos eruditos, ministros y una buena parte de cristianos podríamos estar casi en las mismas condiciones de los doctos y religiosos del tiempo de Jesús. A ellos les cubría un velo que les impedía reconocer al Mesías cuando lo tuvieron enfrente. Me temo que los cristianos no estamos entendiendo las Escrituras y tampoco estamos discerniendo las señales de los tiempos. No sería algo extraño, si recordamos que en algunas de las primeras iglesias hubo confusión escatológica, como en la Iglesia de Tesalónica, por ejemplo, que mal interpretó la segunda venida del Señor.

La escatología ha estado expuesta a desconcierto, engaño, mala interpretación, durante todas las épocas de la historia de la Iglesia. Desde la época apostólica, pasando por la época medieval, moderna y contemporánea, ha desfilado la confusión al frente de la Iglesia y de la escatología. Una de las razones es que la escatología no se desarrolló durante los primeros dieciocho siglos. Todavía en el siglo XIX y principios del siglo XX, la escatología no poseía rasgos definidos. Hay pocos escritos que abarcan la escatología con propiedad, contenido, estructura y sistema sólido. En las obras de dogmática no aparece a la altura de las otras secciones, sino como un suplemento. Hasta hoy es la disciplina que menos se ha desarrollado de todas las otras áreas de la teología sistemática. Suma el agravante de la desorientación hacia el individualismo como lo extracta Moltmann: "La teología ha perdido íntegramente su sentido como meta de la historia y es concebida en el fondo como meta del ser individual".

También explica la causa de la desorientación temprana de la escatología: "Cuando la Iglesia institucionalizada comenzó a retardar todos los eventos de la doctrina de las últimas cosas" para un tiempo futuro perdió pie y cayó en el desaliento y no vio una esperanza y una sana crítica para sí misma, por tanto, dejó de ser esperanza para el hombre y para ella misma. El resultado fue el tedio y la cobardía para vivir dignamente todos los días de la vida que el hombre pasa aquí en la tierra (Moltmann, Teología de la Esperanza, 1981).

Muchos cristianos viven aturdidos ante tantas posturas contradictorias sobre la doctrina de los últimos tiempos que se decantan por la evitación defensiva. Prefieren no abordar la cuestión escatológica. Otros están decepcionados por las enseñanzas equivocadas del fin, cayendo en los brazos de la indiferencia. No es de extrañarse que pastores, teólogos, maestros, escritores y creyentes se encuentran divididos en tres grupos: el primero, se desentiende del tema, no lo estudia y no lo enseña; el segundo, se atreve a enseñarlo sin entenderlo bien, metiéndose en tierras movedizas y; el tercero, es el que lo estudia de manera seria y profunda. Cada vez hay más creyentes, estudiantes, pastores, profesores y teólogos sumándose al estudio de la escatología. De cualquier manera, todavía no se logra levantarla al nivel de las otras áreas de la teología sistemática.

Otras causas de ese caos escatológico son: el miedo, la indiferencia, el menosprecio y la falta de amor por la verdad. Se agrega la complejidad de la literatura apocalíptica que da soporte a la escatología y que, en el caso de la escatología evangélica, ha tomado la primacía. Hay muchos detalles escatológicos en la Biblia para trabajar y armonizar. Entonces, hay mucho trabajo por hacer en esta área. Además, cuando vemos a hombres piadosos que no están de acuerdo en cuestiones proféticas, puede ser desalentador. Otra razón podría ser que algunos no quieren vincularse con quienes han atropellado la escatología. Hay quienes se han obsesionado con el fin de los tiempos al ofrecer una fecha para el regreso de Jesús, o tratar muchos eventos actuales como el cumplimiento de la profecía bíblica. A la sazón, algunas personas se han alejado del abuso de la escatología. Han perdido el interés (Vlach, 2018).

En el campo conceptual la confusión también hizo acto de presencia. Uno de los errores graves fue reducir el concepto de la escatología al futuro: "La confusión más funesta se produjo al identificar escatología con futuro, olvidando que *Éschata* indica lo último, siendo necesario precisar vez por vez cuál es el punto de referencia para declarar último a algo o alguien. Ya con una escatología identificada con futuro y con fin del mundo, se hacen aplicaciones totalmente desmedidas a la soberanía de Dios" (Garrido, 1982). Todo esto provocó la merma del sentido crítico y el abandono de que la escatología es una concepción teológica. Esa es otra razón por la cual los padres de la Iglesia hasta los teólogos del siglo XIX, no percibieran la necesidad de recurrir a este concepto.

2.2 El subdesarrollo de la escatología a lo largo de la historia

La historia de la escatología transcurre con pocos avances durante diecinueve siglos. De los últimos años del siglo XX al presente evoluciona lentamente; ha sobrevivido con atrofias en su estructura, desarrollo y extensión. Temas relevantes han sido relegados y paradójicamente temas irrelevantes han tomado la delantera. Se observa también cómo la escatología se ha movido al ritmo del péndulo de las creencias inciertas, yendo y viniendo de un extremo al otro con posturas escatológicas desequilibradas. Expongo a continuación el recorrido histórico de esta desafortunada realidad.

En la época antigua

La apatía hacia la escatología se presenta desde los primeros padres de la Iglesia. En sus reflexiones la ausencia del tema escatológico es evidente. Lo que sí aparece es el *quilianismo*[1] que alcanza cierta tem-

---

[1] Quilianismo es el nombre del milenarismo. Es la doctrina que enseña el retorno de Cristo para reinar sobre la tierra durante mil años, antes del último combate contra

peratura en los dos primeros siglos en el pensamiento cristiano, pero luego se enfría. Según Moltmann son dos las razones: a) "El conocido rechazo de la esperanza histórica milenarista por parte de las grandes iglesias, lo que produce una conformista contemplación de la perspectiva de la eternidad solamente; b) la Iglesia imperial rechaza la doctrina milenarista puesto que ella identifica el dominio del Imperio romano cristiano con el reino milenial" (Moltmann, La venida, 2004). Así, la escatología universal quedó reducida a la consumación individual en la muerte. Rodó en la ladera del individualismo simplista.

En la época de la patrística

Ireneo y Clemente apuntan de lejos a unos cuantos temas escatológicos: el reino de Dios como arribo de la salvación, no como la venida de Cristo en majestad para reinar en el futuro, la muerte y el juicio final. El pensamiento de Juan Damasceno y Pedro Lombardo se vinculan con la resurrección de los muertos y el juicio final. San Agustín elabora estudios sobre pocos temas escatológicos. Uno de los destacados es el reino de Dios, pero lo identifica con el Imperio romano (Agustín, Ciudad de Dios, 2006) y es en la Jerarquía de la Iglesia que se hace visible el reinado de Cristo. Agustín es responsable de configurar ese enfoque que dominó toda la época medieval y que permanece hasta hoy en la dogmática de la Iglesia Católica Romana (Grau, 1990).

En la época medieval

En la escatología de la alta escolástica, estas doctrinas se amplían con la suma de la doctrina de la aniquilación futura del mundo. Rara vez se menciona con detalles el tema de la segunda venida de Cristo. Afloran creencias generales: la vida después de la muerte, resurrección de los muertos, el juicio final y el reino de gloria, pero no se profundiza en ellos. En cambio, prosperan las enseñanzas del purga-

---

el mal y la condena del diablo, que dejan de tener toda su influencia para la eternidad y el juicio universal.

torio, el culto a María, la intercesión santoral, pese a que no tienen un fundamento sólido bíblico y teológico (Berkhof, 1981).

En la época de la reforma

La teología de los reformadores ignora los temas de la escatología. Se interesa por la cuestión de la justificación por la fe y los asuntos relacionados directa e indirectamente con esta. Por eso se le llama la época de la Fe. La escatología de la Reforma es enjuta, apenas trata algunos temas secundarios desde una perspectiva antimedieval. Espiritualizan el reino, ponen énfasis en el libre examen en contra de la jerarquía que "representaba" la parte visible del reino. Se enfocan en la enseñanza, predicación y evangelización como parte esencial de la misión de la Iglesia, olvidándose de la importancia de los temas centrales de la escatología (Grau, 1990). La reforma aborda los temas de la escatología desde el ángulo de la salvación. Los luteranos dogmáticos son los que más apoyan esa perspectiva, mientras que los reformados ponen el énfasis en la transformación futura del mundo y terminan influenciando a la dogmática luterana. Hasta el siglo XVII la escatología camina bajo zonas de luz y penumbra (Pannenberg, 2007).

Algunos estudiosos ven los siglos XVI y XVII como una época saturada de milenarismo y profetismo. Las desgracias que se habían amontonado: la peste bubónica, hambrunas, guerras y terrores, succionan el interés por el estudio profundo de la escatología. Para Lutero y sus discípulos estaban viviendo los últimos tiempos. Los demonios y el anticristo que no era otro que el papa, estaban gobernando el mundo, llevándolo a la destrucción inminente (Pérez de Antón, 2017). Los papas de la época eran otras tantas encarnaciones del anticristo... y si el anticristo reinaba en Roma era porque, conforme al Apocalipsis, la historia humana se acercaba a su fin (Delumeau, 1989).

Es verdad que muchos papas y emperadores resultaron ser verdugos para la propia Iglesia de Cristo. Todos los cristianos auténticos que se oponían a los dictámenes de la Iglesia establecida eran perseguidos por los que ostentaban el poder político y religioso. De resultas, por la espada y la tortura contra los cristianos se ganaron merecidamente el adjetivo de anticristos.

Los reformadores vuelven a los temas escatológicos elementales de la Iglesia del principio: el retorno de Cristo, la resurrección, el juicio final, la vida eterna. Pero los líderes de la Reforma radical retoman la figura de los profetas que anuncian los últimos tiempos y el reino de Dios. Recurren a imágenes del milenio y de la nueva Jerusalén. Uno de ellos proclamó a Florencia como la nueva Jerusalén (Rusconi, *La historia del fin*, 2003).

De los reformadores, Juan Calvino, parado en el terreno firme de la Escritura, es el que más trata temas relacionados con la escatología. En el capítulo 25 de su magna obra Institución de la Religión Cristiana trata los temas de la resurrección del cuerpo, objeciones a la doctrina de la resurrección, la vida eterna, aversión a acercamientos especulativos, el debate sobre el estado intermediario, profecía bíblica, el milenio y las señales de los tiempos (Calvino, 1986). Pero hay que decirlo, no es un tratado sobre escatología, es solo una aproximación, buena, modesta, de tan solo 25 páginas. No logra darle confines precisos a su escatología. En conclusión, la Reforma Protestante no trabaja los temas centrales de la escatología. Se ocupa de los temas candentes de la época. Se puede asegurar que las iglesias de la Reforma no aportaron algo sustancial a la escatología.

En tales circunstancias, en los siglos XVII y XVIII la escatología con tal de reanimarse y crecer, comienza a beber de la filosofía de la ilustración, pero lo que consigue es intoxicarse. Queda debilitada. Camina desorientada sobre los caminos de la ética de Jesús sin adentrarse en sus enseñanzas escatológicas. La escatología sigue dando traspiés al reemplazar las bienaventuranzas de la época venidera por la esperanza social del reino de Dios. Se ancla a los aspectos puramente mundanos (Berkhof, 1981).

En la época de la razón

"El racionalismo del siglo XVIII, XIX retuvo de la escatología nada más la idea estéril de una inmortalidad sin color. Una enseñanza simplona de la sobrevivencia del alma después de la muerte. Bajo la influencia de la filosofía de la evolución con su idea de un interminable progreso, la doctrina escatológica, si no se hizo anticuada, cuando menos se encontró decadente" (Berkhof, 1981). En general, la cuestión escatológica se redujo a la moral destacando la justicia, la paz y el amor.

A mediados del siglo XVIII los vientos Kantianos soplaron e impregnaron de moralismos al pensamiento teológico. Solo en ámbitos pietistas se mantuvo cierta expectación de Cristo como el rey que vendría. Como una reacción al pietismo, surge el pensamiento social del reino de Dios que consiste en el desarrollo económico y social sin estorbos, no hay una conexión vertical con el Dios del reino. Su perspectiva es terrenal (Grau, 1990).

En la época del racionalismo del siglo XVIII la escatología es un bonsái, no pasa de sustentar las doctrinas secundarias tales como la inmortalidad, como la mera sobrevivencia del alma después de la muerte y deja de nutrir la raíz principal de la escatología.

La escatología en el siglo XIX

La recuperación de la doctrina de la segunda venida por John Nelson Darby (1800-1882)

Darby tocó la tecla exacta al considerar de suma importancia la doctrina de la segunda venida. Se percató que la Iglesia la había abandonado: "He comenzado esta sesión leyendo Hechos 1, por cuanto la promesa del regreso del Señor nos es presentada como la única esperanza de los discípulos y el primer tema que debía fijar la atención de los mismos... Si estudiamos la historia de la Iglesia, la veremos decaer en precisamente la misma proporción en la que pierde de vista el regreso del Señor y en que la espera del Salvador desaparece de los corazones".[2]

Se apoyó en los versículos que enseñan claramente esa segunda venida: Mt. 24:27-30, 42-51, 25:1-13, Mr. 13; 26-29, Lc. 17:30,

---

[2] Tercera Conferencia (Hechos 1): *La Segunda Venida De Cristo John Nelson Darby, La Esperanza Actual de la Iglesia.* Article #138887Book #5745Collection #22205-

21:27, Jn. 14:2; Hch. 1:11, 3:19-21, Ro. 8:19-22, Fil. 3:20-21, 1Ts. 4:15-17, 1Ti. 6:14-16, Tit. 2:11-13, 2Pe. 1:16-21, 1Jn. 3:2-3.

La ética de los creyentes y su consagración dependen de la importancia que le den a la segunda venida en su vida personal: "La espera del regreso de Cristo es la medida exacta, el termómetro, por así decirlo, de la vida de la Iglesia. Así como el siervo se volvió infiel en el momento en que dijo, «Mi Señor tarda en venir...» aquí tenemos el gran fin de todos los consejos de Dios. Tal como hemos visto antes el secreto de Su voluntad, que Dios reunirá todas las cosas en Cristo, vemos aquí que Él ha hablado de esto mismo, en lo que toca a las cosas terrenales, por boca de sus santos profetas... mejor que esto para mostrarnos cuál debe ser nuestra purificación y para provocarla en nosotros; nada que pueda consolarnos de tal manera y reanimarnos e identificarnos con Aquel que padeció por nosotros, a fin de que los que ahora sufrimos reinemos luego con Él, coherederos en gloria. Es cosa cierta que, si esperáramos al Señor a diario, se daría entre nosotros una renuncia abnegada que no se ve demasiado entre los cristianos actuales. ¡Que nadie diga: «Mi Señor se tarda en venir»!".[3]

A. W. Tozer (1897-1963) fue un teólogo, predicador y escritor que también insistió en la bendita esperanza de la venida del Señor. Enseñó sobre la profecía y el libro de Apocalipsis, poniendo el énfasis en la acción de elevar nuestra vista para fijarla en lo eterno. Escribo una cita en la que se refleja la importancia que dio a la bienaventurada esperanza: "El propósito de la profecía bíblica no es el de alarmarnos, sino el de alertarnos en cuanto a los tiempos venideros para que nos preparemos para el regreso de Jesús. Este es uno de los grandes temas de la Biblia, que ofrece al creyente, consuelo y ánimos; de aquí la expresión *la bendita esperanza*" (A. W. Tozer, p. 11, 2016).

El siglo XIX se consideró como el siglo cristiano
En el siglo XIX la fe avanzó de manera irresistible. La evangelización, la colonización y el milenarismo fueron su fuerza. Rusia, Nor-

---

[3] Ibid.

teamérica y las potencias europeas, establecieron su dominio con una mente mesiánica y con un celo envalentonado de misión. La plataforma histórica de alcance mundial desde la cual se catapultaron fue el milenarismo que sustentó la creencia alegre del progreso. Se pensaba que el reino de Dios estaba tan cerca que configuraría lo que se convertía en el bien supremo de la moral y en el propósito del perfeccionamiento histórico. El milenarismo robustecía el dominio europeo, el ruso y el norteamericano. Así las cosas, el milenarismo llenó con la pasión mesiánica lo histórico, pero sobrevino la tragedia de la aniquiladora primera guerra mundial. Luego tras una aparente época de democracia, de reconstrucción y paz, se precipitó la terrorífica Segunda Guerra Mundial con el sueño del reino milenario una vez más, proponiendo la "solución final" del problema judío. El mundo cristiano del siglo XIX llega a su fin con dos guerras mundiales que demolieron los pilares de todos los proyectos milenaristas y mesiánicos de este siglo (Moltmann, 2004).

El pensamiento escatológico del siglo XX se configuró de manera consciente e inconsciente por las visiones mesiánicas del siglo XIX; por los horrores apocalípticos de la historia del siglo XX que espesan de manera justificada si despertamos de los nuevos mesianismos y resistimos a las angustias apocalípticas (Moltmann, 2004). ¿Qué pasa entonces si la escatología milenarista no provee lo que la misma fe cristiana mal orientada quisiera? Se vuelve a la apocalíptica para atizar los miedos anticipando la destrucción del mundo.

La escatología en el siglo XX

En este siglo reaparece el premilenarismo. Lo hace con imponencia a semejanza de una ola que se levanta, bañando a la teología formal de las iglesias bien organizadas. Sus defensores se decantan por una mezcla agria de filosofía cristiana, fundamentada específicamente sobre estudios del libro de Daniel y el libro de Apocalipsis, poniendo el énfasis una vez más sobre el fin de los tiempos. Continúan con el descuido del mensaje escatológico de Jesús que pasó desapercibido por dieciocho siglos en la teología. Es hasta el siglo XX que ocurre el redescubrimiento de la centralidad de la escatología en el mensaje y la existencia de Jesús. En ese contexto, Jesús ya no aparece como el maestro de moral del sermón de la montaña, sino como un visionario apocalíptico con un mensaje escatológico. Pero hubo ineficiencia de ese descubrimiento, no se aprovechó, dice Moltmann (Moltmann, 1981).

La escatología trascendentalista impidió que se desarrollara la escatología de Cristo por la influencia que recibió de la escolástica y neoescolástica como lo expresa Gaviria: "el excesivo lenguaje meta-histórico propio de la neoescolástica desarticula la Escatología de la realidad, presentándola como un conjunto de verdades abstractas que el creyente profesa sin más. Estas situaciones han hecho que la Escatología no sea comprendida dentro del acontecimiento encarnacionista de Jesús, Hombre en la historia, sino desde la Pascua como punto de llegada y esperanza de un final en otra parte" (Gaviria, 2019).

Algunos eruditos aseguran que, en el siglo XX, la escatología aún no había llegado a la etapa de la madurez, permanecía en la adolescencia. En el año de 1957 Von Balthasar describió en un artículo el estado de la escatología afirmando: "Mientras que el pensador protestante E. Troeltsch había comparado el campo escatológico a finales del siglo XIX y principios del siglo XX con un despacho cerrado, ahora puede designarse como el rincón de donde salen todas las tormentas teológicas". Varios teólogos estuvieron de acuerdo con la observación de Balthasar, lo cual desató una intensa efervescencia teológica en la escatología, originando diversas posturas; algunas de ellas en total contradicción, produciendo una neblina en la que no se distinguía el camino a seguir. Tal estado de crisis, trascendió porque la escatología cristiana en todo el tiempo previo a la mitad y a finales del siglo XX no se desarrolló con salud, su sistema inmune se mantuvo inoperante. Según Alviar esa situación se prolongó; fue entonces que la reflexión escatológica entró en un proceso de crecimiento que se compara a un cuadro de pintura incompleto, donde pueden distinguirse algunos trazos fuertes que producen cierta sensación de unidad, aunque habrá zonas del cuadro inacabadas, tintes y matices por añadir, se pueden identificar algunas líneas básicas (Alviar, 1998).

El menosprecio de la escatología en la teología sistemática

Pese a que toda la teología cristiana es en esencia una teología escatológica que se encamina hacia una meta y avanza en función del anticipo de la resurrección, del Éschaton, de Cristo, no ha sido desarrollada en proporción a su importancia. Entre los primeros apóstoles se enseñaba con claridad las doctrinas de la esperanza cristiana: la llegada del reino, la segunda venida de Cristo, la resurrección de los muertos, la muerte física, el juicio general, los juicios particulares, la consumación del reino de Jesucristo. Claro, estas doctrinas de la escatología no estaban desarrolladas, ni sistematizadas. Se hubiera esperado un avance sostenido en los siglos posteriores como ocurrió con la cristología, por ejemplo, pero la dejaron abandonada.

¡Grande ironía! Pues, la escatología es más importante que muchas de las otras áreas de la teología sistemática, como se ha indicado. Toda teología cristiana es escatología. Esta es la conclusión final de todas ellas: "En la doctrina de Dios la escatología es la responsable de mostrar la manera cómo Dios será glorificado de manera perfecta y definitiva; en la antropología cómo el pecado será vencido de manera completa; en la cristología cómo se consumará la obra de Cristo" y así sucesivamente en las otras áreas de la teología sistemática. La escatología engarza las otras doctrinas esenciales de la fe cristiana (Berkhof, 1981).

En nuestro repaso histórico comprobamos que la doctrina de las últimas cosas no se le ha dado la importancia que la Escritura le da. Todavía en la segunda mitad del siglo XX, a la escatología le cubría el manto de la indiferencia, frecuentando temas secundarios a causa de las taras heredadas. "Cuando Kliefoth trazó su escatología, clamaba que todavía no había aparecido un tratado complaciente y correcto sobre la escatología considerada como un todo. Llama la atención que en obras dogmáticas la escatología aparece como un accesorio fragmentario y no como una de las principales divisiones al lado de las otras" (Berkhof, 1981).

Lo que aconteció en la Reforma y en las épocas anteriores, nos ha sucedido en buena medida a los teólogos del siglo XX, la escatología no ha sido nuestra prioridad. La hemos descuidado. Lo punzante es que personas bien intencionadas, sin conocimiento teológico y sin conocimiento de las ciencias bíblicas son las que han abordado temas escatológicos, ¿cuál es el resultado? enseñanzas enmarañadas.

Hay que reconocer con vergüenza que, durante siglos, la escatología concedió su lugar a la soteriología y a la eclesiología a causa de los intereses de los teólogos y la diplomacia, en la mayoría de los casos, pese a los riesgos que se cernían alrededor por la abundante literatura mediocre: *Mea Culpa*: "Todos hemos sido culpables, de alguna manera, al evadir los temas proféticos. Fuimos muchos los que preferimos enfocarnos en los temas doctrinales, pastorales y evangelísticos mucho más apremiantes" (Grau, 1990).

Para cerrar este recorrido histórico, afirmo que las teologías sistemáticas antiguas y actuales tratan la escatología como un tema adjunto a la salvación y de manera exigua, cito tres ejemplos:[4]

a) La teología sistemática de Millard Erikson, "Christian Theology", de sus 1312 páginas, dedica solamente 84 páginas a la escatología.

b) La clásica teología sistemática de Hodge, que contiene alrededor de 1400 páginas en dos tomos, dedica al apartado de la escatología únicamente 76 páginas en las que desarrolla tres temas básicos: el estado después de la muerte, las resurrecciones y la segunda venida con sus temas secundarios cortos.

c) La teología sistemática de Grudem conformada en 1366 páginas, aborda en el apartado de la escatología solo cuatro temas: el regreso de Cristo, el milenio, el juicio final y el castigo eterno y los cielos nuevos y la tierra nueva en tan solo 69 páginas.

Al poco interés sobre la escatología evidenciado en las teologías sistemáticas yo le llamaría escatofobia o inapetencia de escatología.

---

[4] Mi interés en mencionar a estos autores es ilustrar honestamente la realidad de la inapetencia de la escatología, sin el ánimo de menoscabar a ninguno de ellos, ni a sus obras, pues me llevan mucha ventaja. Ellos tuvieron la valentía y el temple de terminar magnas obras. Lo que vengo señalando es una autocrítica. Todos los teólogos somos culpables y con mayor razón los que no hemos contribuido en algo al desarrollo de la escatología.

2.3 Incipiente rescate de la centralidad de la escatología en los siglos XIX y XX

A finales del siglo XIX y principios del siglo XX el concepto esperanza irrumpió con fuerza en la escatología. Se recuperó el interés de la segunda venida de Cristo, el reino de Dios, la vida eterna y la nueva creación. Se realizaron trabajos escatológicos serios. Unos en el camino de la alta crítica, otros en el campo bíblico y teológico, otros en la exégesis escatológica y la apocalíptica. Los nombres que sobresalen son los de J. Weiss, A. Schweitzer, K. Barth, N. Berdiaev, R. Bultmann, T. de Chardin, J. Ruiz de la Peña, Von Balthasar. La importancia y la centralidad de la escatología recobraron aliento. Los aportes y las nuevas perspectivas de la escatología se dieron en todos los ámbitos teológicos. Para sorpresa de muchos, el interés por la escatología y la confusión se combinaron en los temas escatológicos. Algunos teólogos y exégetas terminaron rechazando la realidad de la segunda venida de Cristo, cayendo en el puro simbolismo, negando los tiempos y la historia de la salvación. El estudio de la escatología resbaló en subjetivismo puro y docetismo escatológico campante. Otros se sumaron al rechazo de dichas posturas: "Al negar el acontecimiento de la venida, estas visiones conducen a negar la venida y junto con ella la expectativa cercana que conlleva. No solo deja en la penumbra la tensión escatológica inherente al pensamiento de Jesucristo, sino que de paso la privan de su dimensión colectiva reiterando una nueva fuga de la historia" (Parra, 2003).

2.4 Respuestas diversas sobre la escatología de la mitad del siglo XX a principios del siglo XXI

A mediados del siglo XX en adelante nos topamos con un panorama heterogéneo de respuestas escatológicas. Tillich, Barth, Bultmann, Cullmann, Dodd, Pannenberg y Moltmann, son los portadores destacados con enfoques creativos, pero con fallas significativas en algunos casos.

Paul Tillich (1886-1965)

Es el ponente más notorio de la escatología simbólica. Da un trato igual a todos los pasajes escatológicos neotestamentarios, interpretándolos de manera figurada. Para Tillich la resurrección de los muertos, la segunda venida, el juicio final, el infierno, el cielo, la vida eterna y los demás temas relevantes son espejismo ingenuo, son meramente símbolos y su función es poner al día al hombre e informarle que no puede encontrar su realización en la historia. La razón es que la vida del hombre está cubierta de oscuras incertidumbres y las ambigüedades morales le son inherentes. Afirma que la segunda venida es alegórica, por tanto, no se debe creer como un acontecimiento real, visible, precedida de señales, en fechas anotadas en la agenda temporal de este mundo. La segunda venida es meramente un recordatorio de la promesa de que nuestra realización plena es fuera de la historia de este mundo temporal. Todas las enseñanzas escatológicas conservadoras las etiqueta como imaginaciones poéticas, dramáticas y artísticas, que han sobreabundado en la literatura apocalíptica, el arte, la religiosidad y la superstición protestante (Tillich, III, 1984).

Una de sus afirmaciones concluyentes en cuanto a los elementos escatológicos simbólicos dice así: "Ya que en una teología los símbolos religiosos pueden ser fácilmente mal entendidos como producto de la imaginación ilusa del hombre. Por tanto, es adecuado emplear los símbolos escatológicos que nos vuelven del hombre a Dios, considerando de esta manera en su significación para la vida divina y su gloria y bienaventuranza eterna. Esto es especialmente verdad de símbolos escatológicos tales como la vida eterna" (Tillich, III, 1984).

La propuesta escatológica de Tillich es creativa, tiene algunos elementos salteados que podrían considerarse certeros; pero resbala en el reduccionismo simbólico escatológico, contradice las reglas esenciales de la hermenéutica y la exégesis bíblica. No discutimos que una parte de la apocalíptica bíblica gire alrededor de lo simbólico, pero si todas las promesas de los evangelios y de las cartas del Nuevo Testamento fueran simbólicas, permaneceríamos en la incertidumbre y la ambigüedad que vivíamos antes del encuentro con el Cristo resucitado. El reduccionismo simbólico también contradice las bases cristológicas de la resurrección de Cristo y su segunda venida tan ampliamente atestiguadas en todo el Nuevo Testamento. Si no hay resurrección de la carne, demostrada en la primicia de la resurrección del cuerpo de Jesús el Cristo, vana sería nuestra fe dice Pablo. Si la segunda venida de Cristo es simbólica impactaría negativamente la ética del creyente; la forma de ver las injusticias sociales, políticas y económicas; la misión de la Iglesia perdería su fuerza; la revelación cristiana sería una promesa simbólica de algo que los escritores del Nuevo Testamento no lograron comunicar claramente. Cuestión que no encuadra en el mensaje escatológico claro y sencillo de Jesús de Nazaret, la teología paulina y los demás escritos neotestamentarios.

Karl Barth (1886-1968)

Karl Barth da en el blanco cuando proclama el elemento escatológico en la revelación divina por medio de Cristo. Este anuncio en esa época fue como un sonido de trompeta que marcó el inicio de una nueva etapa en la escatología. En su prominente comentario de la Carta a los Romanos, lanzó un segundo y contundente informe: "Un anuncio que no sea total y absolutamente escatología no tiene que ver absolutamente nada con Cristo" (Barth, Carta, 1998). En la peregrinación teológica del gran teólogo de Basilea hay diferentes matices y variaciones en su pensamiento teológico. En el comentario a la epístola a los romanos el abordaje escatológico que realiza sacude a toda una generación, es una chispa que enciende la llama, pero queda claro que no es una respuesta definitiva. El resultado fue un avivamiento para revisar la escatología. Sus puntos de vista originales y provocativos atizaron el interés por la cuestión teológica. Su pensamiento era uno cuando escribió su comentario a la Carta a los Romanos y otro cuando escribió sus obras de postrimería. En el campo de la escatología son más comprensibles sus afirmaciones escatológicas en sus primeros escritos, mientras que se tornan complejas en sus declaraciones finales. Incorpora conceptos tales como, ahistórico, transhistórico, sobre histórico y protohistórico: "En la dogmática eclesial de Barth volvió luego a desaparecer el tono anímico escatológico de la interpretación de la carta a los romanos, porque la conversión del juicio en gracia que, aunque parecía dialécticamente sin medición, quedaba ahora suprimida por la orientación cristológica de la unidad de Dios y el hombre Jesucristo" (Pannenberg, 2007).

Pese a todo, su enfoque es novedoso, creativo y atractivo. Cree que las expresiones como "tiempos finales", "fin del tiempo" y "después del tiempo", son meras ayudas para nuestra manera de pensar, que es presa del tiempo cronos. Para Barth la realidad es que la eternidad, en cuanto lo distinto del tiempo, no es comparable con este: es de modo parecido como "pega cada ola del mar del tiempo contra la arena de la eternidad". Ello se traduce en que *esperar la venida* no significa el cálculo de un acontecimiento temporal que alguna vez tendrá lugar, sino que se trata de algo sumamente actual para cada hombre. Significa mirar la frontera que choca con la existencia. Es como tomar la situación en la vida tan en serio como es. Las concepciones de los últimos días representan lo absolutamente último en el sentido metafísico, es decir la trascendencia absoluta de Dios. Es como un acto de decisión, como exponerse a la total alteridad de Dios. Para Barth, lo escatológico ha perdido todo su contenido temporal para convertirse en concepto existencial que considera al cristianismo como un acto de encuentro siempre nuevo (Barth, 1998, p. 240).

Ch. H. Dodd (1884-1973)

Es el representante destacado de la escatología realizada del reino de Dios. El punto central del pensamiento de Dodd es que la vida, muerte y resurrección de Jesucristo significan la realización plena del reino de Dios en la tierra, no un preludio. Explica que el mensaje cristiano primitivo, destaca la presencia de salvación en el Espíritu, en la predicación y en la fe, apartándose de la apocalíptica cristiana primitiva como imagen mítica de la historia de esa época. La predicación de Jesús no se orienta al anuncio de que el final está cerca, sino a la afirmación de que el reino de Dios está ya entre nosotros por medio de sus señales. Y se basa en la misma respuesta que Jesús dio a los discípulos de Juan: "Los ciegos ven, los cojos andan, los leprosos quedan limpios, los sordos oyen, los pobres son evangelizados". Agrega: "En el ministerio de Jesús el poder divino actúa en efectivo conflicto contra el mal: «Si yo expulso demonios por el dedo de Dios, es que el reino de Dios ha llegado a vosotros». Explica que el aporte del evangelio de Juan es determinante: "Cuando el cuarto evangelista presenta las obras de curación como «signos» del advenimiento de la «vida eterna» a los hombres, interpreta correctamente esas palabras de nuestras fuentes más antiguas. La vida eterna, en efecto, es el fin último de la venida del reino de Dios y esta venida se manifiesta en la serie de acontecimientos históricos que tienen lugar en el ministerio de Jesús. Este es el punto del que debe partir nuestra interpretación de la doctrina referente al reino de Dios. En ella, el ministerio de Jesús aparece como «escatología realizada», como el impacto producido sobre este mundo por los «poderes del mundo futuro» en una serie de hechos inéditos e irrepetibles que actúan en el presente" (Dodd, 1974).

Su pensamiento escatológico se extiende hacia las parábolas del reino. Finalmente, se focaliza en ellas ocupando el lugar central. Así, construye sus formulaciones escatológicas en su libro titulado "Las parábolas del reino" destacando que casi todas las parábolas hablan del reino de Dios (Dodd, 1974).

Varios críticos consideran que su proposición escatológica fue una de las más originales de su tiempo. Pero existe la tesis de que su pensamiento se forjó en oposición a la enunciación de la postura escatológica de A. Schweitzer que afirma que el evangelio de Marcos no es histórico y Jesucristo era un fanático equivocado. Dodd quiere recuperar lo histórico de los evangelios, sin echar mano de un escatologismo transcendente. Busca el equilibrio, según él, al concebir el reino de Dios como una utopía terrenal que consumará el proceso evolutivo necesario en la historia. Dicho esto, para Dodd, todo ha sido consumado en la muerte y resurrección de Cristo. Lo que a la Iglesia le incumbe es el anuncio de lo acontecido mediante la cena del Señor. Esa comunión abre la puerta a lo eterno. Lo que Ratzinger llama, en el contexto de la propuesta escatológica de Dodd, "El sacramento de la escatología realizada" (Ratzinger, 2007).

La teología escatológica de Dodd y su propuesta pasaron desapercibidas en su propio ámbito teológico alemán. Aunque ahora es una postura retomada por algunos teólogos, no ha tenido un gran impacto; entre otras razones, por sus obvias deficiencias y sus puntos débiles.

Rudolf Bultmann (1884-1976)

Para este teólogo luterano alemán lo escatológico no se relaciona en nada con lo temporal. Se concentra en Cristo y en la transformación del que cree. Ser cristiano significa avanzar hacia la autenticidad en la fuerza de este acontecimiento del encuentro que ocurre en el kerigma. Esta es la esencia de la escatología. Ello significa salirse del fin del tiempo, pues el creyente ya vive escatológicamente aquí en el mundo, lo describe así: "... la fe es desmundanización, paso a la existencia escatológica. El creyente ha sido sacado de su ser mundano, aun estando en el mundo. Se halla ciertamente todavía en el mundo, pero no es ya del mundo, él ya ha atravesado el juicio y ha pasado a la vida, ha dejado atrás a la muerte, tiene ya la vida... la perspectiva temporal del acontecimiento escatológico no juega papel alguno como consecuencia de la radical actualización del acontecimiento escatológico... la existencia escatológica enmarcada por la esperanza y la alegría que tradicionalmente describen la salvación escatología... Se describe la existencia escatológica al presentar el ser del creyente como un estar en el revelador o, también como un estar del revelador en ellos entre sí y con él forman una unidad" (Bultmann, 1987).

Para el teólogo luterano no hay una segunda venida real, ni física. No hay que esperar el tiempo cronos para ser testigos del final. Lo escatológico ya comenzó desde que el creyente pasó de muerte a vida por la fe en Jesucristo. Todo se condensa en la salvación y la vida que ya disfruta el creyente unido a Jesucristo el Señor.

Ramm resume así el pensamiento escatológico de Bultmann: "La escatología es el acto de la entrega que se da en cada ocasión, pero si este acto adquiere continuada permanencia se convertiría el mismo en tiempo y ya no sería el fin del tiempo. La vida misma es escatología cuando se abre hacia el futuro cuando es vivida en la gracia gratuita de Dios, cuando es amor en obediencia a la Palabra concreta de Dios" (Ramm, 1990).

A mi parecer, la perspectiva bultmaniana tiene parte de razón. Lo que acontecerá en la plena realización escatológica, ciertamente ya se saborea aquí en la tierra, pero falla al reducirlo completamente al ámbito de la salvación existencial en el mundo, al "aquí y ahora" y rechaza una consumación escatológica después de la segunda venida de Cristo.

Oscar Cullmann (1902-1999)

Aunque en los ámbitos teológicos mundiales se reconoce el trabajo académico del exegeta y teólogo suizo Oscar Cullmann, también se cuestiona seriamente algunos de sus planteamientos escatológicos. Su enseñanza escatológica es una de las más difundidas hasta hoy. Es el autor de la aguda y famosa frase "el ya, pero todavía no". En su entendimiento, la escatología ya no se presenta como un relato anticipado de los acontecimientos finales de la historia, sino como el movimiento dialéctico entre el "ahora ya" pero "todavía no". Este *Éschaton* no remite ya a un más allá ultra terreno descarnado, aislado del más acá, sino que irrumpe en la historia, la dirige y la vehicula, sin agotarse en ella. De ahí el carácter dialéctico. Es un movimiento de tensión entre el "ya" y todavía "no". Cristo no remite todo a un más allá, asilado del más acá. Dios en Cristo ha irrumpido en la historia, la dirige y la empuja (Cullmann, 1968).

Cullmann se ha ganado el respeto de teólogos de las distintas ramas del cristianismo por su originalidad, pero no por sus argumentos. No todos están de acuerdo con su pensamiento escatológico, pero es imposible pasarlo por alto. Sus obras son referentes hasta hoy, principalmente Cristo y el Tiempo y Teología del Nuevo Testamento, porque presentan respuestas bien estructuradas, proporcionadas, claras y completas. Elabora una corriente escatológica en la que el tiempo cronos es eterno, concepción opuesta a las de Bultmann y Tillich con sus enfoques simbólicos, existencialistas, de eternidad sin tiempo. Se para firme sobre el terreno teológico escatológico. Edifica sobre los cimientos del realismo bíblico, de lo histórico salvífico, echados por teólogos del siglo XIX. Sostiene que la historia real, llena de contenido y continuidad progresiva es la que nos guía correctamente en el camino del entendimiento de lo escatológico. Cullmann contrapone el concepto bíblico del tiempo lineal al concepto del tiempo cíclico del pensamiento griego. Cree que los tiempos de los distintos eones son irrepetibles históricamente hablando. El tiempo antes de la creación ya pasó, ahora estamos en el tiempo entre la creación y la segunda venida.

Él lo expresa así: "Fundamentándome en los textos del Nuevo Testamento, he declarado, sin equívoco posible, pero no en el sentido de Bultmann o de Schweitzer, sino en el de una perspectiva de historia de la salvación según la cual existe una tensión entre lo *ya cumplido* y lo *todavía inacabado* entre el presente y el futuro" (Cullmann, 1968). De aquí la expresión que se ha hecho famosa y se repite como un estribillo en los ambientes de estudio teológico: "El ya, pero todavía no". Cullmann afirma que ya es el último tiempo, pero todavía no es el final. Ese pensamiento resume la concepción escatológica cullmanniana del tiempo lineal de la historia de la salvación que lo identifica en tres tiempos ascendentes:

a. El tiempo que precede a la creación, en el que la historia de la revelación ya está preparada en el plan divino y en el logos, que está ya al lado de Dios.

b. El que se halla situado entre la creación y el fin del mundo, el *aión* o era presente.

c. El *aión* que viene, en el que se sitúan los acontecimientos finales y la segunda venida, hacia la eternidad considerada como una sucesión de tiempo cronos a perpetuidad.

En la literal a., la creación no existe todavía, sino que solamente se prepara; en la literal c., la primera creación es sustituida por la nueva creación. Esa sucesión no puede efectuarse más que siguiendo el esquema de la línea recta continua del tiempo y no podría concordar con el dualismo del tiempo y de la eternidad intemporal (Cullmann, 1968).

Resumen de los tiempos, eras o *aiones*, como lo describe Cullmann:

Tiempo pasado: de la creación para atrás,
Tiempo presente: de la creación hasta la segunda venida,
Tiempo futuro: de la segunda venida en adelante.

Una de las bases exegéticas sobre la que se apoya para aseverar la forma lineal del tiempo es la palabra griega *aión:* "La mejor prueba es el hecho ya comprobado de que el término *aión* que sirve para expresar la eternidad, es el mismo que el que designa un espacio de tiempo limitado. En otras palabras, la terminología no establece ninguna diferencia entre lo que llamamos la eternidad y lo que llamamos el tiempo; entre el tiempo que dura eternamente y el tiempo finito. La eternidad es la sucesión infinita de los *aiones"* (Cullmann, 1968).

Barth, Bultmann y Tillich, comprimen el contenido del mensaje escatológico a lo individual, existencial y simbólico, perdiéndose en aspectos puramente subjetivos; Cullmann parece ser que tropieza y cae en un reduccionismo cronológico, como lo afirman otros teólogos.

Una de las críticas más incisivas sobre la escatología de la historia de la salvación, la expone Moltmann. Él razona que si el tiempo entre la batalla decisiva y el día de la victoria —Victory Day— es demasiado largo, entonces surgen dudas justificadas sobre si esa batalla ha sido la decisiva. Contradice a Cullmann en relación al origen judío del concepto lineal del tiempo. Moltmann expone que la idea del tiempo lineal no es una noción bíblica, sino una idea tomada de las modernas ciencias naturales, aunque ya se menciona en el libro *La Física* de Aristóteles.[5] Puesto que con esa idea científica se cuan-

---

[5] Hay autores que rechazan la afirmación de Moltmann, en torno a la afirmación de que Aristóteles y las Ciencias Naturales originaron el concepto lineal del tiempo. Los griegos elaboraron su concepción a partir de los astros y sus rotaciones. Su creencia es que el tiempo es cíclico, no lineal. Mientras que para los hebreos el tiempo es una sucesión de hechos que apuntan hacia adelante, hacia un final: "la tradición judeocristiana introdujo en la cultura occidental una visión del tiempo que perdura hasta hoy en día. Los hebreos, a diferencia de los griegos, no derivaron su idea del tiempo

tifican los tiempos, resulta imposible cualificarlos desde el punto de vista de la historia de la salvación. La teología de la historia de la salvación, que se fundamenta en un plan salvífico de Dios y que ha sido programado previamente es teología propia de la ilustración. No es sino un deísmo histórico, a Dios se le convierte en el relojero de la historia del mundo… asimismo, la reducción de la escatología al tiempo —en el marco de la historia de la salvación— suprime en el fondo la escatología y la somete al tiempo *cronos*, al poder de lo transitorio (Moltmann, 2004).

Pero Moltmann propone, no solo critica. Su propuesta bíblica se apoya en Pablo para afirmar que el tiempo *cronos* tiene un final y esto acontece en el "instante escatológico" descrito en 1Co. 15:52: "En un instante, en un abrir y cerrar de ojos, al toque final de la trompeta. Pues sonará la trompeta y los muertos resucitarán con un cuerpo incorruptible y nosotros seremos transformados". Ese último tiempo es a la vez la presencia de la eternidad de todos los tiempos. También se apoya en Ap. 10:6: "Y juró por el que vive para siempre, el que hizo el cielo, la tierra, el mar y todas las cosas que hay en ellos. Dijo: ya no habrá más tiempo".

Teológicamente afirma que el contexto de esos *cronos* es "el tiempo de la historia", significa el tiempo de la creación. Por lo que la temporalidad, el tiempo *cronos*, inicia con la creación y finaliza con el instante teológico de la resurrección de los muertos.

En la propuesta de Cullmann es la eternidad que da un espacio a la temporalidad, el eterno Dios se manifiesta en el tiempo; en la propuesta de Moltmann es la temporalidad la que cede de nuevo ante la era aiónica de la eternidad. Así los planteamientos, la creación temporal será transformada en la nueva creación eterna.

---

de la observación de los astros. Tampoco consideraron lo temporal como una tragedia o desgracia. En el pensar hebreo tenía más importancia el acontecer y los sucesos que se iban dando frente a ellos. Se encontraban frente a una concepción lineal del tiempo y ante un principio y un final" (De León Barbero, Art. *Tiempo circular y tiempo lineal en la civilización occidental*. Conferencia presentada en el Día Mundial de la Filosofía, Departamento de filosofía, Facultad de Humanidades, Universidad de San Carlos de Guatemala, el 16 de noviembre de 2017).

Wolfhart Pannenberg (1928-2014)

Su obra teológica madura de escatología la condensa en el tomo III de su teología sistemática. Los aspectos resaltantes, que en ella recoge, son la identificación de los temas primarios de la escatología, que a su consideración son: la muerte y la resurrección; el reino de Dios y el final del tiempo; el juicio y el retorno de Cristo; la justificación de Dios por el Espíritu (Pannenberg, 2007).

En su recorrido histórico él repasa las distintas perspectivas del pensamiento escatológico. Entra en un diálogo y en una discusión en donde señala los puntos débiles y reconoce las aportaciones de las posturas escatológicas a lo largo de la historia antigua, medieval, moderna y actual. Aborda los temas relevantes desde distintas aristas explicativas: histórica, crítica, ética, filosófica, sociológica, pneumatológica y trinitaria (Pannenberg, 2007).

Su labor es loable y de grandes proporciones. Realiza una escatología acomodaticia a los desafíos de la segunda mitad del siglo XX y los inicios del siglo XXI. Sus grandes esfuerzos resultan en una teología filosófica, pues rescata algunos elementos de grandes filósofos que a su criterio ayudan a conformar algunos puntos de la teología escatológica cristiana. Por tanto, su escatología es una escatología impregnada de filosofía. Las fibras del iluminismo, racionalismo, existencialismo e idealismo se entretejen con sus propias fibras teológicas. Pero hay que reconocer con alta estima la recuperación del Espíritu en su escatología, abandonada casi por completo por la mayoría de las propuestas escatológicas. Reafirma el papel central del Jesús histórico, la historicidad de la resurrección de Jesús de Nazaret con un cuerpo glorificado, pero real, lo que Pablo llama paradójicamente un cuerpo espiritual: *soma pneumatikon* en griego. Y, contrariamente al pensamiento escatológico de Bultmann, Tillich, Pannenberg reafirma la segunda venida de manera real y necesaria para la consumación del reino, con cielos nuevos y tierra nueva.

Discrepo con Pannenberg en algunos puntos mezclados de escatología y filosofía, lo que resulta en una *escatofilosofía*.[6] Es verdad que

---

[6] Acuño este término que resulta de la mezcla de filosofía y la escatología.

conceptos, palabras e imágenes de origen griego ayudan a explicar mejor la doctrina teológica. El problema es cuando definimos filosóficamente aspectos teológicos.

La filosofía y la teología en varios semblantes son totalmente opuestas. Heidegger uno de los más grandes filósofos afirma con honestidad intelectual que el proceder de la ciencia y de la filosofía en contraste con la teología es distinto en cuanto a la forma de obtener conocimiento: "El preguntar es propio de la filosofía y el creer es propio de la teología, estas son dos actitudes irreconciliables que se excluyen mutuamente". La otra afirmación —una piedra fundamental de la razón de ser de la Filosofía— de Heidegger: ¿por qué razón hay algo y no más bien nada? No tiene nada que ver con la razón de ser de la teología, la revelación y la fe, pues el creyente tiene ya la respuesta a tal pregunta (Alfaro, 1985).

Jürgen Moltmann (1926-2021, 95 años al presente)

El pensamiento escatológico del Moltmann es rico, variado y complejo, se configura sobre varias aristas. Comienza con un recomponer el lugar de la escatología, la trae del último lugar y la sienta en primera fila. Luego despega con su escatología con su reconocida teología de la esperanza y de la gloria, que incluye el enfoque escatológico de la misión de la Iglesia.[7] Establece las bases de su escatología con su obra "El Dios crucificado", con su muerte y su resurrección avanza con su enfoque trinitario escatológico;[8] también aborda la escatología política[9] y cósmica;[10] la justicia y la praxis de la liberación unidas al futuro de la creación en el contexto escatológico,[11] incluye un diálogo con la escatología judía.

Afirma que, la solución para que la teología sea bien recibida por el hombre moderno hay que darle a conocer la escatología como una realidad destacada que responde a las necesidades e incertidumbres

---

[7] Desarrollada en su magna obra *Teología de la esperanza,* Sígueme, Salamanca, 1964.
[8] Véase: *Trinidad y reino de Dios, la doctrina sobre Dios,* Sígueme, Salamanca, 1986.
[9] Léase: *Teología política, ética política,* Sígueme, Salamanca, 1987.
[10] Confróntese: *Dios en la creación,* Sígueme, Salamanca, 1987.
[11] Leer: *El futuro de la creación,* Sígueme, Salamanca, 1979.

de los seres humanos. En palabras de Cordovilla: "... Si el mundo moderno tiene una comprensión evolutiva y su experiencia es la de un mundo e historia humana en progreso y en constante cambio, la fe cristiana confiesa a un Dios del futuro que abre a la historia a una perenne novedad. La fe cristiana, en este sentido, no es retrógrada ni tradicional, sino que está comprometida con el trabajo de los hombres en la construcción de una nueva humanidad o una humanidad nueva" (Cordovilla, 2010).

Las obras de Moltmann de corte escatológico son cuatro: Teología de la esperanza, El futuro de la creación, El Dios crucificado y la Venida de Dios. Es en ellas que pone de relieve que toda la teología cristiana tiene una dimensión escatológica.

Al realizar un balance de su escatología encuentro que este teólogo luterano alemán realiza grandes aciertos y pequeños traspiés. Dentro de los aciertos, afirmo que recupera a la escatología del estado de pasividad e inanición en que se encontraba. Desata a la escatología y la saca del laberinto sin vitalidad. La alimenta y la pone al día como una posibilidad atractiva para el mundo moderno. Provee esperanza con su "Teología de la esperanza" al mundo desconsolado, gobernado por la desesperación de la época de la posguerra. Convierte la virtud bíblica y teológica y la centralidad de la revelación cristiana en el punto de concentración y expansión de su teología. Reivindica las doctrinas de la dialéctica de la cruz[12] y la resurrección que nutren su teología de la esperanza.

Conecta su teología escatológica con un compromiso social para la transformación de la situación de opresión de los pobres y los marginados. En ese giro escatológico nace el proyecto de su teología política que conecta con la teología de la liberación y otras similares.

Con su reconfiguración teológica da consuelo para el presente y esperanza para el futuro al identificar el "Dios crucificado" que padeció el dolor de la creación y el mismo sufrimiento de los seres humanos, cargando con los pecados de todos, con el Cristo resucitado

---

[12] Para profundizar sobre el tema de la cruz, léase: *El Dios crucificado*, Sígueme, Salamanca, 1975.

que vendrá a realizar definitivamente la historia en la nueva creación de los nuevos cielos y la nueva tierra que los cristianos anhelamos. El Dios justo y misericordioso que realiza justicia para los que sobrellevan la violencia; es el mismo que ha resucitado al Cristo crucificado y el que da esperanza para los discípulos, los apóstoles, la Iglesia primitiva, la Iglesia que ha vivido en cada época de la historia y a todos los que creemos en Jesucristo y su segunda venida.

Por otra parte, estoy de acuerdo con Roldán, en que Moltmann realiza una escatología ecléctica que procura integrar varios elementos para forjar una teología que responda a un mundo agobiado por los graves problemas de diversa índole, a la espera del retorno del Señor: "Desarrolla una teología integral que responde a los acuciantes problemas de este mundo amenazado, a la espera de la venida gloriosa de Cristo y la plenitud del reino de Dios en cielos nuevos y tierra nueva cuando, según la perspectiva paulina, Dios será todo en todos… Se trata de una escatología comprometida con el mundo y un proyecto serio de la hermenéutica de Jürgen Moltmann: escatología de la esperanza y la gloria" (Roldán, 2020).

Pero la escatología de Moltmann no está exenta de tropezones. Algunos teólogos le achacan el realizar un giro hacia una escatología política que la reduce a un compromiso político intramundano; donde la mezcla de teología y política resulta tóxica, en alguna medida. Creo que hay parte de verdad en ello. Mezclar teología y utopía política en la justa proporción es difícil. El problema es que la esperanza cristiana corre el riesgo de perder su fuerza. Tampoco a la política le conviene impregnarse de teología porque provocaría repulsa por la naturaleza de ambas. Es claro que la teología no puede ignorar algunos aspectos políticos que merecen ser analizados desde la perspectiva escatológica y apocalíptica. El acercamiento sin límites de la escatología a la política y viceversa cae en un concubinato que degenera en cesaropapismo y papocesarismo[13] solapados en algunos

---

[13] El cesaropapismo es el fenómeno en el cual el César, el emperador, domina, dirige y dicta los lineamientos religiosos y doctrinas, que le corresponden autorizar al papa. Papocesarismo es el fenómeno en el que el papa se inmiscuye, dominando, dictando asuntos que le corresponden al emperador (Gálvez, 2017).

casos y abiertos en otros. La historia de la Iglesia y de la teología da testimonio de ellos: "Demos al César lo que es del César y a Dios lo que es de Dios".

Otro punto. En mi opinión, su escatología, posee un ligero rasgo de universalismo. Ello conllevaría a invalidar el ministerio de la proclamación, el evangelismo, el llamado a la conversión, el nacer de nuevo, la enseñanza y el discipulado. Se alejaría de la doctrina de la retribución de los impíos y las recompensas de los fieles. Según Moltmann, la muerte, la crucifixión y la resurrección de Cristo hacen posible que todas las cosas sean hechas nuevas, incluyendo a todos los seres humanos, los seres vivos, sin distingo de nada, participarán de la vida eterna y la gloria de Dios. Pero esa postura no tiene suficiente fundamento en la Escritura.

Tampoco es de rasgarse las vestiduras. Es normal que toda teología y toda escatología sea objeto de crítica. La razón es que toda teología es falible por ser una producción humana que tiene puntos ciegos.[14]

Reitero que Moltmann ha servido un variado, extenso y rico contenido escatológico que ayuda a comprender mejor los rastros de la escatología. Los pequeños desenfoques que otros han señalado, sumados a los que observo, no minan su riqueza escatológica. En mi opinión, es una de las mejores propuestas escatológicas de todos los tiempos.

2.5 Posturas escatológicas históricas en torno al milenio

Existen dos grandes respuestas para explicar las doctrinas del milenio: el milenarismo como tal, con sus varias ramificaciones y el amilenarismo.[15]

---

[14] Es lo que he llamado "La vulnerabilidad de la teología". Lo abordo en el cuarto capítulo de mi libro *Para entender la teología*, CLIE, Barcelona, 2016.

[15] Para profundizar las diversas respuestas sobre la doctrina del milenio, consúltese el libro *¿Qué es el milenio? cuatro enfoques para una respuesta*, CBP, 1997.

Milenarismo o Quiliasmo

Es la doctrina que se fundamenta sobre el pasaje de Ap. 20:2-6 que describe un periodo de mil años antes de la consumación final de los tiempos y del reino de Dios. Los milenaristas, interpretan literalmente el número de mil años.

El milenarismo se divide, a su vez, entre premilenaristas y posmilenaristas. Ambas derivaciones comparten la creencia del milenio literal, pero difieren en cuanto al tiempo en que ocurrirá. Los premilenaristas creen que ocurrirá primero el rapto de la Iglesia, siete años después la segunda venida y luego el milenio. Los posmilenaristas enseñan que ocurrirá primero el milenio, luego sucede la segunda venida y el juicio final.

Es inexplicable que se hayan forjado creencias escatológicas sobre un solo pasaje que describe fugazmente un tema que no tiene relevancia en toda la Escritura: el milenio. Roldán comenta esa inconsistencia y cita a N. Miguez: "asignar una importancia sustancial a este número y lapso de tiempo y además darle un valor descriptivo como si los tiempos de Dios dependieran del calendario solar, ha provocado absurdas discusiones e inútiles temores" (Roldán, 2020). La creencia de un milenio literal tiene varias dificultades: la ubicación del reino en la historia, la ubicación después de la segunda venida de Cristo con su Iglesia y los santos con cuerpos glorificados en unión con el pueblo natural de Israel. En el libro de Apocalipsis los números tienen un simbolismo. Hay que recordar que para el Señor "mil años son como un día y un día como mil años". Más adelante explico que la postura amilenarista que niega un milenio literal, en algunos puntos construye argumentos bíblicos, exegéticos, teológicos, más sólidos que la creencia milenarista.

A continuación, detallo la postura milenarista con sus tres variantes y el amilenarismo. Ambas con sus respectivas gráficas y símbolos que se usan para mostrar gráficamente los diversos enfoques en torno al milenio:

Escatologías Cristianas – Clave

1a. venida	=	1a. venida de Jesucristo
2a. venida	=	2a. venida de Jesucristo
Trib	=	Tribulación
3 ½	=	Cese de sacrificio
70 D.C.	=	Año 70 d.C. Destrucción del Templo de Jerusalén
	=	Descenso del Espíritu Santo en Pentecostés
	=	Muerte de Jesucristo
	=	Resurrección de Jesucristo
C. Señal	=	Cumplimiento de Señales

El Premilenarismo, postribulación, postura histórica

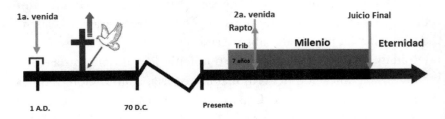

El premilenarismo histórico sitúa la primera venida de Cristo en el 1 a.C. Afirma que Jesús de Nazaret murió y ascendió. Cree en la venida del Espíritu Santo en pentecostés.

Enseña que la Iglesia estaba en la anticipación de la profecía y que la época actual de la gracia se predijo en el Antiguo Testamento. Afirma que habrá un milenio después de la segunda venida de Cristo y no se preocupa con la clasificación de otras épocas de la historia. Su postura respecto de la gran tribulación es postribulacionista: la Iglesia pasará la gran tribulación.

Cree que el anticristo aparecerá en la tierra y será el que inaugure la gran tribulación. Enseña que los siete años de tribulación comenzarán paralelamente al arrebatamiento de la Iglesia hacia las nubes y, al mismo tiempo, Cristo vendrá en su segunda venida. Estos eventos son prácticamente simultáneos. Entonces Jesús y su Iglesia regresarán a la tierra para gobernar durante mil años. Luego acontece el juicio final. Al terminar el milenio, comienza la eternidad del reino de Cristo.

Uno de los premilenaristas históricos más influyentes fue George Eldon Ladd, un erudito evangélico, profesor de exégesis y teología en el seminario teológico Fuller. Fue a través del trabajo de Ladd que el premilenarismo histórico ganó popularidad y respeto académico entre los evangélicos y teólogos reformados del siglo XX.

Entre otros premilenaristas históricos conocidos, se nombran a: Walter Martin, John Warwick Montgomery, J. Barton Payne, Henry Alford, un destacado erudito griego y Theodor Zahn un erudito alemán del Nuevo Testamento. (https://www.gotquestions.org/Espanol/premilenialismo-historico.html).

Fallas del premilenarismo histórico. Yerra al creer en siete años de la gran tribulación fraguada por el anticristo. Más adelante amplío el tema sobre la interpretación de que quien confirma el pacto y cesa los sacrificios es Jesús de Nazaret con su muerte en la cruz. No hay una gran tribulación de siete años entre el arrebatamiento y la segunda venida. Ninguna de estas teorías tiene base bíblica.

Premilenarismo, pretribulación, dispensacional

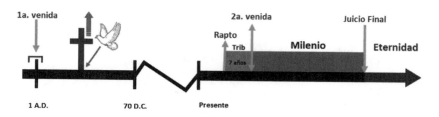

En el siglo XIX surgió la doctrina premilenarista pretribulación. Esta sostiene que Satanás campea a sus anchas en la tierra. Entonces tiene que volver Cristo para sujetarlo durante mil años. La variante más popular del premilenarismo evangélico sostiene, además, que antes de que pueda regresar Cristo para sujetar al diablo, tiene que restablecerse la nación soberana de Israel en sus tierras ancestrales. De ahí su apoyo entusiasta del sionismo del siglo XX hasta hoy.

Esta postura cree en la primera venida de Cristo, en su crucifixión, sepultura, ascensión y resurrección. Enseña que el rapto es inminente y cuando ocurre comienzan a contarse los siete años de la gran tribulación. Los primeros tres años y medio son de aparente paz con el liderazgo del anticristo, pero al final de ese periodo de tiempo de tres años y medio el anticristo se declara abiertamente enemigo de Dios, Israel y la Iglesia. Entonces comienza la tribulación más severa. Al culminar los siete años exactamente sucede la segunda venida de Cristo y se establece el milenio. Al finalizar el milenio coloca el juicio final y luego la eternidad.

Esta variante del milenarismo se identifica con el dispensacionalismo. Sostiene que la época actual fue inesperada en el Antiguo Testamento, por lo tanto, es un "gran paréntesis" que se introdujo en la historia porque los judíos rechazaron el reino.

Declara siete divisiones del tiempo. La época actual es la sexta de las dispensaciones; la última de ellas será la época del milenio después de la segunda venida.

El premilenarismo dispensacional generalmente abarca el punto de vista pretribulacional. Se equivoca al enseñar un rapto inminente, el arrebatamiento de la Iglesia mientras comienza la gran tribulación de siete años, luego la segunda venida, el milenio. Ninguna de esas doctrinas las enseña la Escritura. Son ideas discordantes amarradas a la fuerza.

Premilenarismo, medio tribulación, dispensacional

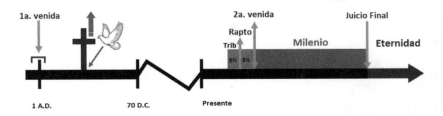

Sitúa la primera venida de Cristo en el 1 a.C. Afirma que Jesús de Nazaret murió y ascendió e intercede por los cristianos. Cree en la venida del Espíritu Santo en pentecostés; cree en la crucifixión, sepultura, ascensión, resurrección de Cristo; cree en los siete años de la gran tribulación.

El premilenarismo dispensacional no cree en la inminencia del arrebatamiento, porque primero tienen que acontecer las señales de principios de dolores que se cumplirá en los primeros tres años y medio.

Enseña que la Iglesia será arrebatada al final de los primeros tres años y medio de la semana setenta de Daniel, que sufrirá los eventos de la primera mitad de la tribulación y luego será arrebatada antes de que comience la segunda mitad de la semana setenta, la cual sí contiene todo el derramamiento de la ira de Dios.

Afirma que la segunda venida acontece exactamente al finalizar los siete años de la tribulación. Y, con la segunda venida se inaugura el milenio literal, luego viene la eternidad.

Las fallas de esta ramificación son casi las mismas de las dos anteriores, con la diferencia de que la Iglesia sufrirá tres años y medio de la gran tribulación y al finalizar esta, ocurrirá inmediatamente el rapto.

Posmilenarismo.

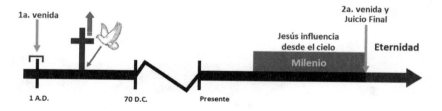

El Posmilenarismo fue la variante más aceptada durante casi toda la historia del cristianismo. Esta entendía que por obra de la evangelización y gracias a la influencia de la Iglesia en la sociedad cristiana, se había entrado en ese período de mil años. El emperador romano había adoptado el cristianismo y la actividad del diablo estaba severamente limitada, así, los cristianos soberanos gobernaban juntamente con

Cristo. Pero cuando estallaban guerras o epidemias, la Iglesia entraba en pánico porque pensaba que se habían agotado los mil años y que Satanás había sido soltado, de modo que se acercaba el fin del mundo.

En el capítulo 20 del libro de Apocalipsis el Posmilenarismo interpreta que la segunda venida de Cristo ocurre después del milenio.

El Posmilenarismo se refiere a la creencia de que Cristo volverá después de un período de tiempo, pero no necesariamente 1000 años, interpretan la profecía cumplida usando un método simbólico. Ellos creen que Ap. 20:1-6, no debería ser tomado literalmente. Los 1000 años allí descritos significan simplemente "un largo período de tiempo".

El prefijo "pos" en "Posmilenarismo" denota la opinión de que Cristo volverá después de que los cristianos hayan establecido el reino sobre esta tierra.

Fallas de la postura posmilenarista

Los que se aferran al Posmilenarismo creen que este mundo va a ir mejorando cada vez más hasta que el mundo entero sea cristianizado finalmente. Esa proposición carece de asidero bíblico. Usan el método alegórico para interpretar la profecía no cumplida, asignando sus propios significados a palabras.

Amilenarismo

El amilenarismo afirma que no habrá un reinado de 1000 años literales de Cristo en la tierra en el futuro, si bien se menciona una sola vez en Ap. 20:1–6, son simbólicos.

El prefijo latino inseparable *a* significa "no" y el término "milenio" es latino para "1000 años". De modo que el amilenarismo literalmente quiere decir "no 1000 años".

Según el amilenarismo, el milenio de Ap. 20:1–6 se cumple espiritualmente en la época presente antes del regreso de Jesucristo. De esta manera, el milenio o reino de Cristo está en existencia ahora. Los amilenaristas afirman que el milenio comenzó con la resurrección y la ascensión de Cristo y será consumado cuando Jesús regrese de nuevo a establecer el reino eterno que es mencionado en Ap. 21–22.

Para los amilenaristas, Satanás está actualmente atado y los cristianos ahora disfrutan los beneficios del milenio que involucra el reinado de los santos que están ahora con Dios. El período de 1000 años que es mencionado en Ap. 20:1–6 se refiere a un largo período de tiempo indefinido entre las dos venidas de Cristo y no es un período literal de 1000 años que sucede después del regreso de Jesús.

Puesto que los amilenaristas creen que Cristo actualmente reina en el milenio, algunos, como Jay Adams, creen que el título "milenarismo realizado" es un título más correcto que "amilenarismo".

Con relación a los tiempos, los amilenaristas afirman los siguientes argumentos:

Cristo ahora gobierna en su reino, mientras que Satanás está atado para no engañar a las naciones.

Que, en la época presente, la tribulación está activa aun cuando Cristo está gobernando.

Que, cuando Jesús regrese a la tierra habrá una resurrección corporal general de todas las personas justas y un juicio general de todos los incrédulos. Luego el reino eterno comenzará.

El enfoque amilenarista, aun con sus deficiencias, es más coherente en la presentación de sus argumentos bíblicos y teológicos que la postura milenarista.

2.6 Las distintas perspectivas de la escatología en la historia

La escatología realizada

El fundador de la escatología realizada es el teólogo liberal C. H. Dodd y la expone en su libro "Las parábolas del reino", publicado en 1935; propuesta que se difundió en sus escritos posteriores. Él expresa que el *Éschaton* final se concretó en Cristo y que no hay una lista futura de eventos pendientes de realizarse; que el reino ya vino y que la consumación escatológica aconteció plenamente con la llegada del reino.

Opina que los pasajes proféticos del Nuevo Testamento, señalan al cumplimiento de la vida, la obra y el ministerio de Jesús. Afirma que el legado indestructible de Cristo a la Iglesia, no se refiere a eventos futuros exorbitantes fatalistas. Interpreta las palabras de Jesús sobre la venida del reino como algo consumado. Cuando Jesús dijo: "El tiempo ha llegado", "El reino de Dios se ha acercado", estaba comunicando que el reino era una realidad presente, experimental, contundente y no un suceso futuro lejano.

Dodd, manifiesta que cuando la Escritura dice que el Mesías vendrá, ello se cumplió cuando Jesús nació en Belén; cuando anuncia que juzgará los pecados del mundo, Dios lo hizo en la crucifixión de su hijo; cuando la Biblia describe que los muertos resucitarán, se cumplió cuando Cristo resucitó a Lázaro y a los otros que resucitaron de las tumbas.

En cuanto a los pasajes que proclaman que Jesús vendrá una segunda vez, responde que todo se cumplió en la resurrección y la ascensión de Jesús. Según su punto de vista, la escatología se ha cumplido de modo completo. Considera, además, que el estudio de la escatología no se refiere al fin del mundo, sino al renacimiento del mundo, en cuanto que Jesús estableció la norma y sus seguidores continúan viviendo sus principios eternos.

Los partidarios de la escatología realizada no esperan un rapto, una segunda venida o un juicio mundial, porque, según ellos, no acontecerán. Se enfocan en lo que Jesús dijo y realizó; todo lo demás es irrelevante.

Las creencias que comparten la escatología realizada con el preterismo completo son: las profecías bíblicas de los últimos tiempos se han cumplido; el reino es ahora y la Iglesia lo ha vivido desde los inicios de la ascensión de Cristo; los creyentes de todas las épocas vivieron el reino y que los creyentes hoy estamos experimentando el reino con todas sus promesas.

Ahora bien, muchos de los que se oponen a los argumentos de la escatología realizada, señalan que, es de talante liberal y dudosa; que ha sucumbido en el preterismo total, es miope y no ve el futuro que está aún por cumplirse, sobre todo, la segunda venida de Cristo, la resurrección de los muertos, la nueva creación de todas las cosas; porque, según los oponentes, esas doctrinas se encuentran suficientemente soportadas en la Escritura. Según ellos, muchos eventos profetizados en la Escritura no han ocurrido. Y, que solo ante el hecho de negar la segunda venida, atestiguada en muchos pasajes del Nuevo Testamento, no debería llamársele "escatología" (Taylor, 1995).

En este apartado traigo a colación la escatología de Bultmann, porque es otra versión de la escatología realizada. Esa postura declara que lo escatológico ocurre en la proclamación del evangelio; que la vida del creyente es en sí escatología, en cuanto que, se abre hacia el futuro, cuando se vive en la gratuidad de la gracia de Dios de manera existencial, cada día y a cada momento. Se expande cuando es amor en obediencia a la Palabra concreta de Dios (Ramm, 1990).

La escatología inaugurada

Geerhardus Vos es el autor del enfoque de la escatología inaugurada.[16] Sus conceptos son expresados en sus obras destacadas: "La enseñanza de Jesús sobre el reino" y "La escatología", escritas en 1910 y 1930 respectivamente. Su doctrina retiene elementos de la escatología realizada y elementos de la escatología futurista. Acepta que la resurrección de Jesucristo inauguró el *Éschaton* y con ello la justificación y la regeneración. Para él, la salvación ha comenzado, pero el retorno de Cristo y la resurrección de los muertos son eventos que han de ocurrir todavía. Por consiguiente, para Vos, hay escatología

---

[16] Para un estudio exhaustivo de la escatología inaugurada léase *La Biblia y el Futuro* de Anthony Hoekema, Ediciones Desafío, 2008.

presente inaugurada y también un futuro de eventos reales en los cuales la historia será concluida y comenzará la eternidad.

Vos, afirma que los últimos tiempos fueron inaugurados en la vida, la muerte y la resurrección de Jesús, pero se espera que todavía se cumplan otros eventos importantes.

Es oportuno aclarar que Cullmann se sirve de los elementos de esta postura teológica para conformar parte de su escatología, que se condensa en la frase "el ya, pero todavía no", pero con la mirada puesta en el Victory Day para enseñar la conexión entre la muerte, la resurrección y la segunda venida de Cristo. (https://www.clir.net/obras-escogidas-de-geerhardus-vos/).

La escatología futurista

Esta ubica todos los eventos apocalípticos y escatológicos en el futuro de la historia. Interpreta literalmente toda la profecía, la escatología y la apocalíptica, aun lo que es simbólico a las claras; pasa por alto el contexto histórico, cultural y literario. Esta escatología es responsable de alinear a base de especulación decenas de creencias en "la semana setenta" a partir del versículo de Dn. 9:27. Hace una separación del rapto y de la segunda venida con un intervalo de 7 años.

El origen de esta creencia proviene del ámbito de la teología católica romana. Lo extraño es que la mayoría de iglesias evangélicas, pentecostales, neopentecostales, bautistas, centroamericanas y otras, creen en la escatología futurista. El origen del contagio de esta doctrina al protestantismo ocurrió con la asimilación del milenarismo judío por el cristiano Justino Mártir; por medio de algunos escritos de Agustín de Hipona y más adelante, por la influencia de las enseñanzas y escritos de Bellarmino y Lacunza (Byers, 1999).

El libro que condensó esta enseñanza se titula "Comentario de Apocalipsis" publicado en 1602, del autor Francisco de Ribera, sacerdote jesuita, cuya intención de escribirlo era quitar la idea de que el papa y la Iglesia Católica Romana, encarnaban al anticristo y la gran ramera, respectivamente. Ello provocó que otros fueran creyendo de manera exponencial los escritos apocalípticos de Ribera. Luego, esta doctrina avanzó por las gestiones del protestante John Nelson Darby. Después, la Iglesia episcopal de Inglaterra aceptó plácidamente dichas creencias. Pero fueron las Asambleas de Hermanos que aceptaron la escatología futurista y la moldearon para formar lo que conocemos hoy como el dispensacionalismo. Ahora bien, fue la publicación de la Biblia anotada de Scofield que se encargó de esparcir a gran escala dichas creencias y terminó anegando las iglesias de los EE.UU., sedientas de conocer más de los eventos del fin. La influencia de dicha Biblia fue tal que impregnó con su doctrina a la Iglesia evangélica latinoamericana. Esta es una de las escatologías apocalípticas más dudosas y confusas que ha crecido como yedra.

Todas las iglesias que creen y enseñan la escatología futurista, apoyan un milenio literal de porte judío, con la perspectiva de los dos planes distintos de Dios para Israel y la Iglesia, característica destacada de las últimas iglesias fundamentalistas carismáticas o neopentecostales y algunas mesiánicas o cristianas sionistas (Byers, 1999).

La escatología consecuente

Albert Schweitzer (1875-1965), es reconocido como el forjador de la escatología consecuente debido a su creativa perspectiva escatológica de Jesús. Uno de sus argumentos céntricos es que Cristo no estaba persuadido del próximo fin del mundo, pero que sus discípulos le imputaron esa convicción. Deduce que sería irrazonable que los discípulos pusieran en labios de Jesús una profecía no cumplida. Schweitzer se preguntaba ¿si la profecía del próximo final del mundo no se había cumplido, entonces por qué los discípulos la relatan en los evangelios? Y él responde: la única razón posible es que es auténtica. Así las presunciones, Jesús estaba convencido de que el mundo iba a terminar pronto. Sobre esa base Schweitzer comienza la reconstrucción de la vida de Jesús en su obra "Historia de la investigación sobre la vida de Jesús" reeditada en 1913. En ella afirma la dificultad de reconstruir la vida histórica de Jesús, pese a todo, intenta reconstruirla de alguna manera.

Los opositores de Schweitzer afirman que él fue voluble con los resultados de su propia investigación. Esto porque, aunque reconoció la influencia escatológica del mensaje neotestamentario, no descubrió allí mismo la clave psicológica para explicar la vida de Cristo. Schweitzer considera a Jesús como un fanático que vivía obsesionado con el final de los tiempos y enfocaba todos los sucesos históricos sobre el eje del próximo fin. Expresa que Cristo se conocía a sí mismo como el "ungido escogido" y que se transformaría en el momento de la Venida en el «hijo del hombre» establecido sobre las nubes del cielo.

Según Schweitzer el gran desengaño de Cristo sería el haber anunciado la venida en la cual puso toda su esperanza y que finalmente no ocurrió. Se apoya equivocadamente en el pasaje de la misión de los discípulos (Mt. 10:23), en la que cree que Cristo esperaba que ellos no volvieran porque habría llegado el fin del mundo. Y así, Schweitzer sigue construyendo argumentos sobre tela de araña al afirmar que Cristo al verse desilusionado en su esperanza tomó la decisión de apresurar su muerte para obligar la venida del reino de Dios. Este último pensamiento está íntimamente ligado a la interpretación que Schweitzer otorga a la moral de Jesús como la piedra angular de la preparación al reino de Dios. Pese a que Jesús testificara que este había de llegar por sí mismo, él erradamente creía que solo entrarían en el reino los que realizaban penitencias alcanzando méritos y que, por eso, Cristo asumió la muerte «representativa» con el fin de suplir la penitencia que faltaba en los demás hombres, forzando así la venida del reino.

Pero la muerte trágica de Cristo en la cruz junto al hecho de que el mundo prosiguiera su curso, ha refutado definitivamente, a juicio de Schweitzer, los sueños escatológicos de Cristo. En el fondo, Schweitzer tampoco se mantiene fiel a su escatologismo radical: en obras posteriores, concede menor importancia a la escatología neotestamentaria y valora positivamente el espíritu de Cristo. Schweitzer comparte concretamente la ética del amor, que en Cristo ha tomado la forma de «respeto a la vida», poniendo como supremo principio moral la obligación de conservar y fomentar la vida conduciéndola hacia sus supremas realizaciones (La mística del apóstol Pablo, 1930).

La escatología consecuente afirma que Jesús fue un predicador del Tiempo-Fin, que él mismo esperaba una incursión temprana y súbita del reino de Dios que terminaría con el orden histórico presente. Además, que la ética que él enseñó es llamada la ética interina porque se aplica a ese breve periodo cuando esperamos el fin de todas las cosas.

En ese sentido, Gabas declara que Jesús fue una figura apocalíptica que anticipó el fin del mundo presente y el arribo del reino escatológico de Dios en un futuro cercano. Esta expectativa condiciona toda la predicación y la concepción de Jesús acerca de su misión. Gabas afirma que la comunidad primitiva continuó la misma esperanza después de la muerte de Jesús, sin embargo, Schweitzer declaró que tanto Jesús como la Iglesia primitiva erraron como lo demostró la historia consecuente (Raúl Gabas, *"Escatología, Escuela protestante"*, en Gran Enciclopedia Rialp, 1991 (https://mercaba.org/Rialp/E/escatologica_escuela_protestante.htm).

Creo que Schweitzer elabora una de las escatologías más extrañas que hay, en la que presenta a un Jesús desquiciado, fanático y obsesionado con el fin de los tiempos, a tal punto que tiene que ser orientado por sus propios discípulos. Lo retrata, además, como un falso profeta que anuncia la venida del reino y no ocurre. Schweitzer asegura que Jesús ante su propia frustración manipula y acelera su muerte en la cruz, para precipitar la venida del reino de Dios. Y el hecho de que el mundo continuó después de la muerte de Jesús, confirma la refutación de los sueños escatológicos frustrados de Jesús.

Me parece que esta es una de las posturas más creativas y al mismo tiempo más desorientadas que existen. Creo que la originalidad de sus ocurrencias y el valor de presentarlas con razonamientos atractivos, pero engañosos, le valió para que pasara a formar parte de las escatologías en la historia.

La escatología simbólica

Ramm afirma que P. Tillich y Niebuhr son los proponentes de la escatología simbólica. Esta postura afirma que todos los pasajes escatológicos del Nuevo Testamento no hay que creerlos literalmente, porque son simbólicos. Lo que se describe como acontecimientos a través de figuras, imágenes, catástrofes, visiones de animales, bestias y otros, se refiere a que la realización del hombre no acontece dentro de la historia, caracterizada por ambigüedades y éticas opacas, sino fuera de ella. Un ejemplo: la segunda venida de Cristo no es un evento real en el "tablero celestial", sino solo un recordatorio y una propuesta a nosotros que nuestra felicidad es más allá del campo histórico. Es claro que en la apocalíptica simbólica todo resulta en algo figurado. El problema es el reduccionismo total de la escatología a lo simbólico (Ramm, 1990).

Opino que esta postura da traspiés al ignorar el cumplimiento concreto de las profecías escatológicas descritas en el Antiguo Testamento en la vida y la obra de Jesús de Nazaret. Y, si estas se concretaron, entonces las que faltan por cumplirse son reales, como la segunda venida de Cristo, por ejemplo.

La escatología axiológica

Escatología axiológica, es el nombre que Paul Althaus designó a la escatología que Karl Barth llamó escatología trascendental de la eternidad. Su escatología axiológica la plasmó en su libro "Las últimas cosas" publicado en 1922, influenciado por el término kantiano de valor axiomático. Althaus lo asocia y explica que esa verdad surge cuando en medio de la vida se encuentra la norma y por cierto la norma absoluta. Entonces sale al encuentro lo eterno como incondicionado en lo condicional y lo que es más allá de la historia en medio de la historia. Para Althaus, el *Éschaton* es la eternidad, la consumación, la venida de Cristo y están más allá del tiempo, no entra en el tiempo. Cree que la resurrección de los muertos, la segunda venida de Cristo y el juicio final, no son eventos que ocurren al fin de la historia, sino suceden concurrentemente en la historia. Así cada generación es confrontada con el cristianismo escatológico, no solo la última generación antes del retorno de Cristo. Otra de sus afirmaciones centrales es que "el fruto de la historia no reside en su estado final temporal, sino que se obtendrá en el más allá de la historia...

las últimas cosas no tienen nada que ver con la última época de la historia. La escatología no se halla interesada en la cuestión de un estado final de la historia", "… Eso quiere decir que, así como todo el tiempo igualmente está cerca del estado original y de la caída en el pecado, así también todo tiempo se halla igualmente inmediato con respecto a la consumación, en ese sentido, cada tiempo es el último tiempo" (Moltmann, La Venida, 2004).

Pienso que esta teología está calada por la filosofía y que el resultado de sus planteamientos es una perspectiva desde el antropologismo filosófico individualista. En esa dirección, las conocidas y anunciadas doctrinas de resurrección de los muertos y la segunda venida de Cristo se reducen a la vida que se vive en cada regeneración, en cada tiempo de manera individual.

Aunque esta postura escatológica tiene algunos elementos de verdad, sus fallos son evidentes.

La escatología existencial

Hay que reconocer que Bultmann es uno de los teólogos que ha contribuido a tener presente la importancia de la escatología, como tema teológico en el siglo XX. Bultmann definió la escatología como "el más allá por oposición al aquí abajo, la eternidad por contraste con el tiempo, el totalmente otro, distinto del mundo y del hombre; en una palabra: Dios mismo y las cosas de Dios". Pero ella, no es verdaderamente tal sino cuando se la piensa en el plano de la historicidad. No designa una trascendencia, que no sería más que una sobrenaturaleza o una sobrehistoria, un Algo de tipo superior. "El Dios escatológico no es el ser invisible y espiritual de que hablan los griegos, ni el Dios de la teología cristiana clásica, ni el de la teología contemporánea, que define su alteridad por la categoría de lo suprahistórico (…) Él debe ser pensado como el Tú. Es el totalmente otro, porque Él es nuestro retorno de la escatología" (Glé, p. 277, 1996).

La escatología existencial se concreta en el acontecimiento Jesucristo. Se realiza continuamente en el hecho de la palabra. No es un suceso que tiene cumplimiento al final de la historia. Se da en

Jesucristo y se vuelve a dar en cada acontecimiento de la Palabra, es un acontecimiento real: "la escatología está ligada visceralmente a la persona y a la predicación de Jesús. Y eso es decisivo para la existencia escatológica. La escatología no se representa en el teatro de la historia del mundo, sino que atañe a la historicidad de la existencia. El mundo no cambia. Por el contrario, la actitud de la humanidad frente al mundo puede cambiar y, de hecho, cambia en la fe. El creyente que pone su fe en Jesucristo se convierte en una nueva creatura" (Glé, p. 278, 1996).

La escatología muestra el camino del sentido de la existencia al hombre que se encuentra desorientado en el sinsentido de su vida y de la historia. La escatología lo guía para que deje de ser un observador pasivo y vuelva su mirada a su propia existencia. La razón es que cada instante, cada minuto, llenan de sentido su historia (Glé, p. 278, 1996).

En ese sentido, el cristiano posee una existencia escatológica por el hecho de ser "nueva criatura" (2Co. 5:17). El tiempo de salvación plena es posesión ya del creyente. La vida futura ha venido a su vida. El encuentro con Cristo le confiere al presente el carácter escatológico, lo que le conduce a estar fuera del dominio del mundo. Así el encuentro total con Cristo en el futuro es ilusión. La realidad de ese encuentro se vive desde que el hombre se apropia de la nueva vida por medio de la fe en Cristo. "La escatología no es en el futuro el fin de la historia, sino que la historia es absorbida por la escatología: en tu propio presente reside el sentido de la historia y tú no puedes contemplarlo como espectador, sino únicamente en tus decisiones responsables. En cada instante dormita la posibilidad de ser el instante escatológico. Tú has de despertarlo. El futuro no importa; lo que cuenta es el momento escatológico ahora" (Graham, 2017).

Bultmann asevera que la esperanza que ofrece el Nuevo Testamento de la venida, el fin del mundo y la resurrección son de procedencia judía, no cristiana; y la creencia que el alma vuelve al cielo en el momento de la muerte proviene del paganismo griego. Dice que estos conceptos son mitológicos y que las promesas de gloria dadas para el cumplimiento futuro son producto de la imaginería y de la mala interpretación. Además, la resurrección del cuerpo, el juicio, la venida y la dicha eterna ocurren ahora y aquí a través de la Palabra y el partimiento del pan. No acontece en lo histórico de la existencia ni en la historia como superación del mundo individual, tampoco como cumplimiento universal (Ramm, 1990).

Moltmann opina que la escatología de Barth, la de Althaus y la escatología de Bultmann en algunos puntos son presentistas: "El sonido de la última trompeta y todos los acontecimientos paralelos y posteriores no sucederá en un último día indefinido que nunca llega, es un fin artificial, suceden ahora, aquí, en el presente cuando la eternidad irrumpe en el tiempo, cuando la predicación de la palabra de Dios exige una decisión, una respuesta de fe que lleva a la vivencia de la vida plena ahora". Ese *Éschaton* del que habla la escatología cristiana no es el final temporal de nuestros días históricos, sino es el presente de la eternidad en cualquier instante (Moltmann, La Venida, 2004).

Desde mi punto de vista, la escatología de Bultmann tiene elementos de verdad, grandes aciertos y aportes significativos; sobre todo hay que reconocer que en el evangelio de Juan hace una buena aproximación usando su método de desmitologización y descubre una escatología existencial en el aquí y ahora de los cristianos, con ciertos límites, tal y como lo expresa Ramos: "La presentación escatológica del cuarto evangelio supone un gran esfuerzo «desmitologizador» en el sentido de haber superado las representaciones apocalípticas y haberlas considerado, por tanto, como no pertenecientes a lo esencial de la fe cristiana. Como toda formulación de la fe cristiana la teología joánica está también condicionada y limitada históricamente. Su formulación sigue siendo válida precisamente por la acentuación del elemento existencial, pero, lo mismo que el cuarto evangelio ha demostrado que la concepción sinóptica no era la única posible, algo parecido deberá afirmarse de la presentación joánica" (Ramos, 1976). Pero somete algunas partes de la escatología a lo simbólico, a la experiencia individual existencial y deja fuera la bienaventurada esperanza de la segunda venida de Cristo y la resurrección de los muertos que son acontecimientos reales de acuerdo a las Escrituras. Esa clase de escatología desmotiva la razón de ser y del quehacer de la misión de la Iglesia.

La escatología del Dios que viene

El autor de la *escatología del Dios que viene* es J. Moltmann. Las raíces de esa perspectiva escatológica yacen en su magna obra "Teología de la esperanza". Se establece sobre la plataforma del concepto del futuro que impide que la historia empape toda escatología y que la eternidad aniquile toda historia. Para Moltmann el *Éschaton* es el futuro y la llegada de Dios, no el futuro del tiempo, tampoco la eternidad sin tiempo.

Desde el punto de vista exegético se apoya en Ap. 1:4a: "Yo, Juan, escribo a las siete iglesias que están en la provincia de Asia: Gracia y paz a ustedes de parte de aquel que *es* y que *era* y que *ha de venir…*".[17]

Él explica este texto así: "Esperaríamos que se dijera y *del que será* porque según el griego la presencia de Dios en los tres modos de tiempo es expresión de su eternidad atemporal y simultánea, pero en el texto citado en vez del futuro del verbo ser se emplea el futuro del verbo venir. El concepto del tiempo lineal se interrumpe en el tercer miembro. Esto tiene considerable importancia para la comprensión de Dios y el tiempo, el futuro de Dios no es que él será al igual que él era y que él es, sino que él está en movimiento y llega al mundo, el ser Dios está en el venir… Dios por medio de sus promesas y de su espíritu que preceden a su venida y la anuncian, sitúa ya ahora el presente y el pasado a la luz de su llegada escatológica que consiste en la instauración de su reino eterno y en su inhabilitación en la creación renovada con este fin. Con la venida de Dios viene un ser que ya no muere y un tiempo que ya no pasa, llegan vida eterna y tiempo eterno" (Moltmann, La Venida, 2004).

Moltmann propone en su *escatología del Dios que viene* el concepto latino del adviento en lugar de concepto latino futuro. La razón es que el adviento refleja el sentido del término griego *parusía* comprendida en la mentalidad de los profetas y los apóstoles que lo asocian con esperanza. Afirma que la expectación de la *parusía* es esperanza de adviento y que en ninguna parte del Nuevo Testamento se entiende la parusía como presencia pasada de Cristo en la carne

---

[17] Las cursivas son mías.

o en la presencia actual de Cristo en la dimensión espiritual. Se entiende la presencia de Cristo como el que viene en gloria. Con estas defensas rechaza la tradición que moldeó la creencia de que había tres parusías: en la carne, en el espíritu y en gloria, con el propósito de abatir el concepto correcto de adviento. Se apoya también en Lutero que tradujo correctamente al escribir: la futura venida de Cristo en lugar de la futura presencia de Cristo, en cuanto que la presencia de Cristo siempre ha estado desde la encarnación, la resurrección (Moltmann, La Venida, 2004).

Así y todo, él afirma que con la venida futura de Dios en Cristo se consumará la vida eterna, los cielos nuevos y tierra nueva, la glorificación plena de Dios con el festejo eterno de los suyos en la nueva Jerusalén.

2.7 Los enfoques escatológicos del preterismo

Preterismo completo o total

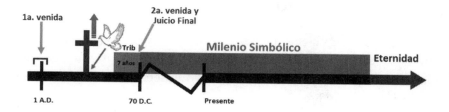

Este enfoque escatológico se inicia y se forja durante los años de 1545 a 1563 durante el largo y espaciado Concilio de Trento. La palabra *preterismo* surge del latín *praeter* y significa "pasado". La doctrina declara que las profecías bíblicas escatológicas y apocalípticas se cumplieron todas en el año 70 d.C. Así, el pacto de Dios con Israel se terminó.

Este enfoque escatológico se introdujo en la Iglesia protestante a través de un libro titulado "La venida" de J. Stuart Russell en el siglo XIX. Los Hermanos Leonard lo promovieron en el año 1996 por medio del libro "La promesa de su venida".

El Preterismo Total o Completo, es también conocido con otros nombres: Preterismo Consistente, Escatología de Pacto, Hiperpreterismo[18] y Pantelismo[19].

Su postura es que todas las profecías fueron cumplidas con la destrucción de Jerusalén, incluyendo la resurrección de los muertos y la segunda venida o venidas de Jesucristo. Sostiene que la segunda venida de Jesús no se interpreta como un regreso corporal aún futuro, sino como una "presencia" manifiesta a través de la destrucción física de Jerusalén y su Templo en el año 70 d.C. por ejércitos extranjeros, así como el Dios del Antiguo Testamento destruye a las naciones en juicio justo.

También sostiene que la resurrección de los muertos significa la resurrección de las almas en "el lugar de los muertos": en el Seol, en el Hades.[20] De modo que, los muertos justos obtienen un cuerpo espiritual, valioso, en los lugares celestiales. Los muertos injustos son lanzados al lago de fuego.

Algunos preteristas totales opinan que este juicio es firme y se concreta durante la muerte de cada individuo. Toman de base Heb. 9:27: "Y así como todos han de morir una sola vez y después vendrá el juicio".

Comparan los cielos nuevos y la tierra nueva con el cumplimiento de la ley en el año 70 d.C., por lo que deben ser interpretados del mismo modo en que un cristiano es considerado como una "nueva creación" cuando cree en Cristo.

Ante esta postura es imposible demostrar bíblica y teológicamente que todas las profecías se cumplieron en el año 70 d.C. El punto ciego más grande de esta postura es negar el cumplimiento futuro de la segunda venida de Cristo, la resurrección de los muertos; la consumación final del reino de Dios y la nueva creación.

---

[18] Es un término usado por los oponentes de la postura Preterista Total. Considerado por Preteristas Totales como despectivo.

[19] El término "Pantelismo" es un término de origen griego. Significa "todas las cosas han sido cumplidas".

[20] Seol en hebreo y Hades en griego.

Preterismo parcial

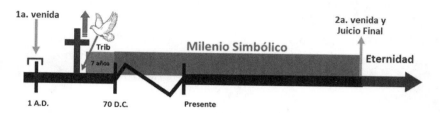

El Preterismo Parcial, es el más antiguo de las dos posturas. Mantiene que las profecías de la destrucción de Jerusalén, el anticristo, la gran tribulación y el advenimiento del Día del Señor como una "venida en juicio" de Cristo, fueron cumplidos en el año 70 d.C., cuando el general Tito del Imperio romano saqueó a Jerusalén y destruyó el templo judío, provocando una cesación permanente al sacrificio diario de animales. Identifica a Babilonia la grande de Ap. 17-18, con la antigua ciudad pagana de Roma.

El Preterismo Parcial se conoce con otros nombres: Preterismo ortodoxo, Preterismo histórico, Hypopreterismo y Preterismo moderado.

Todos los preteristas parciales igualmente creen que el término *Últimos Días* no se refiere a los últimos días del planeta tierra, ni a los últimos días de la humanidad, sino a los últimos días del pacto mosaico que Dios estableció exclusivamente con la nación de Israel, https://es.wikipedia.org/wiki/Israel hasta el año 70 d.C. Así como Dios venía en juicio sobre varias naciones en el Antiguo Testamento, Cristo también vino en juicio contra aquellos que maltrataron a Israel.

Afirman que el último día es aún futuro, incluye la segunda venida de Jesús, la resurrección de los muertos justos e injustos, el juicio final y la creación de un nuevo cielo y una nueva tierra, pero el milenio es simbólico.

Aceptan los credos histórico ecuménicos de la Iglesia. Articulan la doctrina de la resurrección, sostienen que el Nuevo Testamento predice y señala muchas "venidas" de Cristo. Rechazan la frase "segunda venida" porque la Escritura registra, otras venidas antes de la venida en juicio del año 70 d.C., de ser así, se eliminaría el cumplimiento del año 70 d.C.

Profesan que la nueva creación viene en una progresión redentora, mientras que Cristo reine en su trono celestial sometiendo a sus enemigos. Eventualmente culminará en la destrucción de la muerte física, el "último enemigo" (1Co. 15:20-24).

La grieta doctrinal evidente del Preterismo Parcial es la creencia equivocada de la tribulación continua de siete años que, como demostramos, no existe ninguna base bíblica.

2.8 Mi propuesta de escatología en la historia

Pretérita futura postribulación

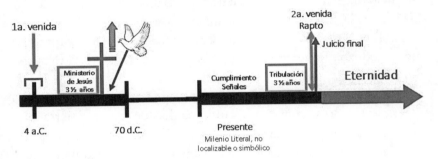

Después de exponer las diversas propuestas de escatología presento la siguiente propuesta escatológica ecléctica. Tomo las bases bíblicas en las que encuentro soporte para enseñar que ya se cumplió parte de la escatología en el ministerio y obra de Cristo que culminó con la resurrección; parte de la profecía que se cumplió en el año 70 d.C. Y la parte de la escatología que se cumplirá en el futuro que incluye la gran tribulación final de tres años y medio para el pueblo de Israel, tiempo en el que la Iglesia terminará de predicar el evangelio a todo el mundo, mientras que el resto de los habitantes vivirán como en los tiempos de Noé; luego acontecerá la bienaventurada segunda venida del Señor, en un abrir y cerrar de ojos, por cuya causa los cristianos vivos y los cristianos muertos resucitados entraremos a la eternidad.

Les comparto el resumen de mi propuesta, que amplío en otros apartados:

Sugiero que la fecha de la primera venida del Mesías, es decir, su nacimiento, ocurrió en el año 4 a.C.,[21] en cumplimiento de las profecías mesiánicas escatológicas conocidas del Antiguo Testamento y en base a estudios serios realizados con el fin de aproximarse a la fecha más probable del nacimiento de Cristo.

El cumplimiento de los tres años y medio de la semana setenta que describe Dn. 9:27, se concretó en el ministerio terrenal de Jesús de Nazaret, el Cristo, que duró tres años y medio. Inició con el anuncio de Jesús de la llegada del reino y terminó con su muerte en la cruz. Y por la muerte Cristo, cual sacrificio de sangre, único, perfecto para el perdón de los pecados, cesó los sacrificios de machos cabríos y corderos, estas afirmaciones las sustento en hebreos capítulos 9, 10. No es el supuesto anticristo del libro de Daniel 9, el que cesa los sacrificios, como muchos enseñan.

Es Cristo quien realiza, sella y confirma el nuevo pacto en su sangre derramada en la cruz: Mt. 26:28: "porque esto es mi sangre del nuevo pacto, que por muchos es derramada para remisión de los pecados". Los pasajes paralelos son Mr. 14:24, Lc. 22:20 y el pasaje de corintios lo interpreta y amplía en 1Co. 11:25: "Asimismo tomó también la copa, después de haber cenado, diciendo: esta copa es el nuevo pacto en mi sangre; haced esto todas las veces que

---

[21] Anderson realiza un estudio cronológico meticuloso sobre la fecha del nacimiento de Cristo y lo ubica en el año 4 a.C. Traslado parte de la información que se encuentra en su libro *El príncipe que ha de venir*, p. 115ss, 1980, "La natividad tuvo lugar no más de dieciocho meses antes de la muerte de Herodes, y no menos de cinco o seis. La muerte de Herodes tuvo lugar en la primavera del año 4, o del 3 a.C. Así, la fecha más temprana posible para la natividad es el otoño del año 6 a.C. (748 A.U.), dieciocho meses antes de la muerte de Herodes el 4 a.C. La más tardía sería el otoño del 4 a.C. (750 A.U.), unos seis meses antes de su muerte, asumiendo que esta hubiera ocurrido en la primavera del año 3 a.C.… permite asignar con total confianza, utilizando la sentencia de Clinton, la fecha de la muerte de Herodes al mes de Adar del año 3 a.C., y la Natividad al otoño del año 4 a.C.".

la bebiereis, en memoria de mí". ¡No es el anticristo el que hace el pacto con Israel!

Después de la gloriosa resurrección, transcurrieron cincuenta días y coincidió con la fiesta de pentecostés que celebraba el pueblo de Israel. Allí ocurrió la investidura de poder, el derramamiento del Espíritu sobre los ciento veinte en el aposento alto. Así comenzó oficialmente el ministerio de la Iglesia del Señor en medio de aquella generación adúltera, perversa, que sufriría la destrucción total de la ciudad Jerusalén, de los edificios y buena parte de las murallas en el año 70 d.C., por lo que fue una gran tribulación para Israel.

Enseño que habrá acontecimientos claros previos a la segunda venida de Cristo; después del año 70 d.C., vendrá un tiempo indefinido hasta que aparezcan los acontecimientos más claros, previos, a la venida del Señor. De acuerdo a la Escritura, son las siguientes: a) el Evangelio será predicado en todo el mundo; b) la humanidad estará viviendo como en los tiempos de Noé; c) Israel estará viviendo la gran tribulación final; d) la gran apostasía final se revelará; e) el hombre de pecado, el inicuo, se manifestará. Estos dos últimos acontecimientos, los explico en detalle en un capítulo posterior.

En cuanto a la gran tribulación final, creo con base a una interpretación exegética y hermenéutica objetivas en el libro de Daniel 9, Mateo 24 y Lucas 21, que vendrá la otra y final gran tribulación de tres años y medio para el pueblo de Israel, con destrucción total sobre Jerusalén en la que se derribará el muro original existente. Ese muro mide 488 metros de largo, 60 de ellos visibles y se puede ver, con un permiso especial, por medio de un túnel buena parte del resto de los metros de muro no derribado. Ante esa realidad del muro que permanece, no se cumplió plenamente la profecía del Señor Jesús, cuando anunció que "No quedará piedra sobre piedra". Esta referencia en apariencia sencilla, es un soporte para afirmar que la destrucción de la ciudad, sus murallas, el edificio y el templo de Jerusalén en el año 70 d.C., fue una gran tribulación para Israel, pero es solo un cumplimiento parcial.

Seguido de la gran tribulación final acontecerá la segunda venida de Jesucristo y, simultáneamente, los muertos en Cristo y los creyentes vivos subirán arrebatados para encontrarnos con el Señor. En un apartado posterior explico bíblicamente los detalles de la segunda venida y el arrebatamiento simultáneos.

Los juicios se ejecutan en el instante escatológico, momento en el que los salvos entramos a la eternidad feliz, al festejo eterno y los incrédulos a condenación. No encuentro fehacientemente lugar en la Escritura para un milenio literal, después de la segunda venida, porque allí el tiempo *cronos* llega a su fin e inicia la eternidad. Esta parte también la explico, más adelante, con detenimiento y bases bíblicas.

CAPÍTULO 3

Escatología apocalíptica

3.1 Definiciones

Definición de la apocalíptica

F. Lucke acuñó el término apocalíptica en el siglo XVIII. Este abarca el género literario judío de los apocalipsis y las diferentes definiciones elaboradas en la historia (Tamayo, p. 85, 2017).

Cito algunas definiciones de apocalíptica:

"Estrictamente hablando significa la revelación, manifestación visionaria, influjo externo de poderes sobrenaturales en el transcurso y, sobre todo, en la meta de la historia" (Pikaza, p. 12, 2015).

"Del griego *apokalyptein*, que significa desvelar o revelar y designa esencialmente un género literario en donde los símbolos y las visiones forman la expresión máxima de su contenido particular" (Pérez Millos, p. 17, 2010).

La apocalíptica se relaciona con un tipo de literatura que nace y se forja en el periodo que va del judaísmo tardío del 150 a.C., al incipiente cristianismo en el año 100 d.C. Es bautizada con el nombre de Apocalíptica mucho tiempo después por los cristianos, debido a la conexión entre esos escritos y el libro de Apocalipsis del Nuevo Testamento. El género literario apocalíptico nace como una necesidad importante, en respuesta a la crisis surgida durante y después del destierro babilónico, pues, los israelitas vivían en una desesperanza asfixiante (André, 1978).

La apocalíptica busca reconstruir la conciencia, para hacer posible el restablecimiento de un mundo diferente. Para lograrlo crea símbolos que posibilitan la reconstrucción del pueblo. La apocalíptica condena el orden existente, anuncia la construcción de otro mundo mientras el profeta busca realizar el plan de Dios en el mundo. El apocalíptico reconstruye el plan de Dios en el interior del hombre; en una realidad más allá de la física, donde lo material adquiere otro valor y la identidad está puesta en lo eterno (Aranda, 1996).

El interés de la apocalíptica también apunta a responder sobre el sufrimiento y el propósito de la historia. Anuncia la ansiada liberación y la salvación proclamando la justicia de Dios sobre el mundo, requiriendo una respuesta de los creyentes. Su mensaje se encuentra escondido en medio de figuras, visiones, sueños, imágenes y símbolos (Richard, 1994).

Una afirmación contundente para dejar en claro el contexto de la apocalíptica:

"El fundamento experiencial de la apocalíptica se basa indudablemente en la promulgación de la Torá y en la experiencia del sufrimiento de Israel y de los justos" (Moltmann, 1979).

Para comprender mejor por qué llamamos al siguiente capítulo escatología apocalíptica evangélica, es necesario hacer las distinciones entre las distintas apocalípticas.

Definiciones y diferencias entre las distintas apocalípticas

Apocalíptica secular

Es la secularización de la apocalíptica judía y del libro de revelación del Nuevo Testamento. Su enfoque es fatalista. Se concentra en la catástrofe, la destrucción del mundo, sin hablar de esperanza.

Hablan del final trágico, pero no de un comienzo, de un juicio, pero nada de un reino (Moltmann, La venida, 2004). Empujan hacia la ansiedad, al cinismo, al temor paralizante. De ello han sacado provecho las grandes productoras de películas, series de televisión, los periódicos, los escritores, las revistas, las redes sociales, y los predicadores sensacionalistas, para obtener dinero.

Apocalíptica judía
Es un género literario que inicia en el periodo intertestamentario. Posee rasgos definidos en el siglo II a.C. Se fragua a causa de las trágicas circunstancias de conquista, derrota, esclavitud, destierro que sufrió el pueblo de Israel en manos de los grandes imperios: babilonio, asirio, medo persa, griego. Ello resultó en que su condición se volviera miserable por causa de perder su tierra, su hogar, sus bienes, su gobierno y su rey. El pueblo de Israel ya no veía una salida pronta y perdieron la esperanza, a tal grado, que abandonaron la profecía y se aferraron a la apocalíptica llena de símbolos cósmicos, números, colores, animales, demonios, bestias, con significado simbólico.

Los pequeños apocalipsis en el Antiguo Testamento se encuentran en escritos marginales y tardíos: Isaías capítulos 24 al 27, Zac. 12 al 14, Dn. 2 y 7, Jl. 3. Y el grueso de los escritos apocalípticos se registra en los libros apócrifos de Enoc, Baruc griego y 4 Esdras (Moltmann, La venida, 2004).

3.2 Características de la apocalíptica judía como género literario

Los contenidos teológicos en general, se resumen en los siguientes conceptos: sufrimiento, juicio, reconstrucción, salvación, justicia, trascendencia, dualismo, determinismo, liberación, historia, mitología, ángeles, demonios, resurrección, victoria. La apocalíptica se desarrolla a través de la literatura llegando a ser considerada un género literario al mismo nivel que el género evangelio (Jolón, 2016).

Del lenguaje: repetitivo, largos discursos, predominio de cifras y listas, simbolismo de los números; aves, bestias, dragones simbólicos. Narraciones, generalmente en formas simbólicas en el que animales en lucha simbolizan las disputas de los hombres; hay descripciones de los cielos, vientos, de extrañas montañas, del árbol de la vida (Lamadrid, 2000).

La apocalíptica trae luz sobre las tensiones entre los pueblos y sus gobiernos, el poder religioso y político, los radicales y los no radicales. Para alguien que se precie de ser un conocedor de las Escrituras canónicas, la compresión de la apocalíptica como algo más que un simple lenguaje simbólico, con una profunda carga de misticismo religioso escatológico, le representará una herramienta útil a la hora de presentar dichos textos en contextos contemporáneos (Díez Macho, 1984).

La literatura apocalíptica escatológica

Según Tamayo, los libros del Antiguo Testamento que se consideran apocalípticos son: Ezequiel, específicamente los capítulos 38-39; Isaías en los capítulos 24-27 que tradicionalmente se le conocen como *El gran apocalipsis de Isaías*. Algunos biblistas siguen la opinión de Tamayo y describen los temas del juicio universal y la victoria de Yahvé acompañada de un banquete en la montaña. Los capítulos de Isaías 34 al 35 que se le designan, *pequeño apocalipsis de Isaías*. Otros libros: Zac. 9-14, Dn. 7-12 (Tamayo, 2017).

La literatura apocalíptica se encuentra en los libros apócrifos judíos y los destacados son: "Asunción de Moisés", el "libro 4 de Esdras", "Baruc siriaco", "Baruc griego", "Enoc etiópico",[1] "Enoc eslavo" y "Testamento de los doce patriarcas" (Tamayo, 2017).

Apocalíptica cristiana neotestamentaria

Temas centrales

Los temas más importantes de la apocalíptica cristiana genuina son los acontecimientos previos a la segunda venida: la evangelización a todas las naciones, el estilo de vida como en los tiempos de Noé, la

---

[1] Escrito importante que alude a temas como: la vida futura mesiánica, juicio final, resurrección de los muertos, "el hijo del hombre", la historia universal. Tuvo una aceptación especial en la Iglesia del principio. Lo alude el libro canónico de Jud. 14.

gran apostasía final, el hombre de pecado, la gran tribulación final sobre Israel, la señal del hijo del hombre, la conmoción cósmica.

Temas secundarios

Los temas secundarios que enseña Cristo son los falsos cristos, las guerras, rumores de guerras, pestes, hambres, terremotos, sufrimiento, persecución, muerte y falsos profetas; pero cuando estos aparezcan en escena todavía no es el fin.

Los temas terciarios son los que se encuentran en el Apocalipsis de Juan, que conecta con la literatura apocalíptica judía. Esos temas terciarios son, entre otros, los sellos, las copas, el número de hombre de la bestia el 666, la gran ramera, el falso profeta y las bestias. Se suma el tema del anticristo que se encuentra descrito solamente en 1 y 2 de Juan.

El problema es que la escatología evangélica y específicamente el dispensacionalismo se centran en los temas secundarios y terciarios de la apocalíptica neotestamentaria con su trasfondo antiguo testamentario. La apocalíptica es secundaria en relación a la escatología neotestamentaria. Es cierto que, en el Nuevo Testamento, hay pocos y pequeños apocalipsis, pero no son de trascendencia. En los evangelios, son los sinópticos que registran esos cortos apocalipsis en los siguientes pasajes: Mt. 24, Mr. 13, Lc. 21, 2Pe. 3:13 y el Apocalipsis de Juan. Con esta explicación, en la apocalíptica cristiana la expectación de la venida de Cristo predomina sobre los horrores de los tiempos del fin. Por eso, la pregunta que le plantearon los discípulos a Cristo fue: ¿Cuándo será la señal de tu venida y el fin del mundo? Mt. 24:3. Después de enumerar los sufrimientos y horrores que se producirán en el mundo, dice "pero todavía no es el fin". Pero cuando Jesús menciona la proclamación del reino de Dios en todo el mundo, sí afirmó "entonces vendrá el fin": Mt. 24:14. También en el aspecto apocalíptico escatológico la esperanza de la venida de Cristo que se halla activa en la labor evangelizadora predomina sobre las experiencias del final del mundo que se contemplan anticipadamente con temor y estremecimiento.

3.3 El aporte de la apocalíptica judía a la escatología apocalíptica cristiana

El aporte concreto es sobre la reflexión de la historia universal y su desenlace en el final de la historia en su consumación escatológica, el juicio universal y la salvación supraterrenal.

Con el libro de Daniel se llega a la madurez de la apocalíptica del Antiguo Testamento. Este nutre algunos pequeños apocalipsis de los evangelios y junto con los otros libros apócrifos alimenta al contenido del Apocalipsis de Juan.

La influencia del dualismo apocalíptico se expresa en la doctrina de las dos eras: la presente era y la era futura. Cada una tiene su propio carácter y se contrapone a la otra. La era presente está dominada por el imperio del mal, por el poder de Satán, en ella reina la injusticia y la muerte. En los momentos finales de esa era, se desatará todo tipo de desgracias y horrores tanto en el terreno de la naturaleza como en el de la humanidad. La era presente cierra con la resurrección de los muertos y con el juicio de Dios sobre todo el mundo. La era futura es el anverso de la era presente, tiene carácter trasmundano y eterno. Con ella tiene lugar el fin de las desgracias y triunfan definitivamente la justicia, el bien, el amor y la vida. El nuevo eón pone fin a la historia, la interrumpe (Tamayo, 2017).

Es claro que los pequeños aportes de la apocalíptica judía sustentan temas que hay que comprender y enseñar. Pero no para que dominen la escatología cristiana. Es pertinente reiterar que la apocalíptica neotestamentaria tiene su lugar, pero no posee la primacía. Ese lugar le corresponde a la escatología de la esperanza cristiana en la resurrección de Cristo, su segunda venida, el reino de Dios, la nueva creación y la glorificación de los hijos de Dios junto a la glorificación plena de Dios.

CAPÍTULO 4

Escatología evangélica apocalíptica dudosa

Se centra en la apocalíptica judía y el Apocalipsis del Nuevo Testamento y descuida la escatología cristiana de los evangelios, el libro de los Hechos y las cartas del Nuevo Testamento. Pone el énfasis en temas secundarios, terciarios, desplazando los temas primarios. Se suma el problema de la interpretación arbitraria, carente de una exégesis sana, usando la eiségesis.[1]

La escatología evangélica a semejanza de cultivar el arte del Bonsái, se dedica a sustentar las raíces secundarias de la apocalíptica cortando las raíces centrales del árbol escatológico. El resultado es una escatología enjuta y una frondosa apocalíptica. No estudia los temas escatológicos fundamentales, pero si los intrascendentes, ello

---

[1] "La exégesis supone el proceso de ver el texto objetivamente, explicándolo con el uso de ciertas reglas de la Hermenéutica. La exégesis significa literalmente "sacar hacia afuera", la *eiségesis* es su opuesto: "insertar hacia adentro", implica una visión subjetiva y personal del intérprete. Es la forma común de tener una idea predeterminada, un concepto preconcebido tratando de adaptarlos al texto, justificándolos de manera forzada para que el texto diga lo que no dice". Véase: Haskell, Rob, *Hermenéutica, interpretación eficaz hoy*, p. 48-49, Editorial CLIE, Barcelona, 2009.

es como colar el mosquito y tragarse el camello. Toma los temas apocalípticos pequeños y los estudia, pero menosprecia los temas centrales escatológicos arrinconándolos al olvido. Se ha dedicado prácticamente a la apocalíptica con pequeñas dosis de escatología.

Grau afirma que en las diversas denominaciones e iglesias hay unidad en las doctrinas esenciales, mientras que en los asuntos no esenciales hay diversidad de opiniones, pero que estas se amplían en los temas escatológicos. A la sazón, la confusión ha reinado en esta importante rama de la Teología Sistemática (Grau, 1990).

A continuación, abordaré estas doctrinas dudosas.

4.1 Las setenta semanas de Daniel

Interpretaciones históricas primitivas sobre las setenta semanas de Daniel

Es interesante que los padres de la Iglesia estudiaron las setenta semanas de Daniel y llegaron a conclusiones diferentes. Y curiosamente se percibe en fragmentos de sus escritos el germen de las posturas futuristas y pretéritas históricas mesiánicas; varios de ellos ya ven el actuar del anticristo en los eventos de la semana setenta. Eso confirma que desde épocas tempranas ha habido confusión y que se ha venido jalando hasta el presente.

Cito a continuación un resumen de las setenta semanas de Daniel en el pensamiento de los padres de la Iglesia (Saravi, 2021).[2]

Ireneo de Lyon (ca. 130-202), en su escrito *Contra las herejías* (5:25) hace referencia al anticristo que vendría a la mitad de la semana setenta, para cesar el sacrificio e instaurar la abominación desoladora que antecedería al juicio final. Aquí se percibe la influencia de la exégesis judía precristiana en el pensamiento de Ireneo y cómo

---

[2] Para profundizar sobre las setenta semanas de Daniel desde una perspectiva histórica, léase *La profecía de las setenta semanas, otro punto de vista*, Saravi, Fernando, Editorial Preparad El Camino, Argentina, 2021.

se convierte en el primer padre que muestra un punto de vista claramente futurista.

Para Hipólito de Roma, la septuagésima semana era aún futura y transcurriría después de la era del evangelio. Esta enunciación involucra visiblemente la existencia de un intervalo entre la semana 69 y la 70 y se consumaría cerca del año 500 d.C., Hipólito es el primero en enlazar la septuagésima semana con los dos testigos de Apocalipsis 11:3, los cuales "confirmarían el pacto", pero serán asesinados por el anticristo a la mitad de la semana setenta, juntamente con el cese del sacrificio para establecer inmediatamente la abominación desoladora.

Según Tertuliano de Cartago (ca. 155-220) las setenta semanas concluyeron con la destrucción de Jerusalén. Procura demostrar el hecho de que el Mesías ya vino en el tiempo estipulado y para él la profecía de Daniel ya se cumplió.

El punto de vista de Orígenes de Alejandría (ca. 185-253) es que, para su tiempo, a mediados del tercer siglo, considera que la profecía de las setenta semanas se ha cumplido, lo describe en su comentario sobre Mateo 24:15.

La perspectiva de Julio Africano (160-240) arranca cinco siglos antes de Cristo. Fijó el comienzo de las semanas en el vigésimo año de Artajerjes (445 a.C.), afirma que estas se cumplirían con la llegada del Mesías, y con esta venida se cumplió el propósito de Daniel 9:24-27. Para él, las setenta semanas transcurren sin interrupción, no aparta la septuagésima semana del resto. Piensa que los 475 años solares acontecidos entre el inicio y la conclusión de las semanas corresponden a 490 años lunares, que eran los que contaban en el calendario hebreo.

El enfoque de Eusebio de Cesarea (260-340) es apologético y quiere demostrar el cumplimiento de la profecía en su obra *Demonstratio evangelica*. Cree que el período de las setenta semanas se cumplió a partir del primer año de Ciro hasta tres años y medio después de la crucifixión. Las primeras siete semanas, de Ciro a Darío, se consuman con la reconstrucción del templo y la restauración del sacerdocio; esto se cumple en el v. 25 de Daniel 9. Según él, las 62 semanas se cumplieron desde Darío a Pompeyo (63 a.C.), a quien identifica como el "príncipe que ha de venir", que destruye a Jerusalén. Se deduce que Eusebio cree que hay un paréntesis entre la semana 69 y la semana 70 y que el Mesías cortado es Hircano II, el último de los Asmoneos. Tras el paréntesis, la última semana incluye el ministerio de Jesús, su crucifixión y tres años y medio de apariciones del Señor resucitado.

Apolinario (310-390) creyó que las setenta semanas delimitaban el tiempo entre la primera y la segunda venida; esperaba esta última unos cien años después de su tiempo.

En el año 397 d.C., Julio Hilariano elaboró una interpretación en la que no figuraba el Mesías, afirmando que las setenta semanas acontecidas entre Darío y Antíoco Epífanes abarcó un período aproximado de 490 años. De acuerdo a su interpretación, el Santísimo se refiere al santuario del templo y el Ungido Príncipe es Zorobabel. La semana setenta se cumplió en tiempos del dominio del Imperio griego y la mitad de la semana septuagésima se refiere al sacrilegio de Antíoco Epífanes.

Agustín de Hipona (354-430), explicó de manera espontánea que el cumplimiento de la profecía de las setenta semanas se cumplió en el primer advenimiento de Jesús, porque todos los detalles se acoplan más a la primera venida que a la segunda y señala que los sucesos descritos se aplican mucho mejor a la primera venida que a la segunda.

Así el panorama de los testimonios de los representantes de la patrística sobre las setenta semanas de Daniel, analizo que sus respuestas son divergentes y confusas en la creencia del protagonismo del anticristo en la semana setenta. Tocan de manera salteada algunas ideas que retomaron las escuelas futuristas y preteristas tales como el cumplimiento futuro de la semana setenta o el cumplimiento pasado de esta incluso antes de la era cristiana.

Perspectiva bíblica de las setenta semanas de Daniel

Dn. 9:24-27: "Setenta semanas están determinadas sobre tu pueblo y sobre tu santa ciudad, para terminar la prevaricación y poner fin al pecado y expiar la iniquidad, para traer la justicia perdurable y sellar la visión y la profecía y ungir al Santo de los santos. [25] Sabe, pues y entiende, que desde la salida de la orden para restaurar y edificar a Jerusalén hasta el Mesías Príncipe, habrá siete semanas, y sesenta y dos semanas; se volverá a edificar la plaza y el muro en tiempos angustiosos. [26] Y después de las sesenta y dos semanas se quitará la vida al Mesías, mas no por sí y el pueblo de un príncipe que ha de venir destruirá la ciudad y el santuario y su fin será con inundación y hasta el fin de la guerra durarán las devastaciones. [27] *Y por otra semana confirmará el pacto con muchos; a la mitad de la semana hará cesar el sacrificio y la ofrenda. Después con la muchedumbre de las abominaciones vendrá el desolador, hasta que venga la consumación, y lo que está determinado se derrame sobre el desolador.*[3]

A continuación, examino cómo la apocalíptica evangélica enseña las setenta semanas de Daniel.

En varios aspectos de la interpretación de las setenta semanas, los estudiosos de las distintas áreas están de acuerdo en que:

Son setenta semanas de años, decretadas sobre el pueblo de Israel y se refiere a Jerusalén, la que sería reconstruida, cuando el autor escribe "sobre tu santa ciudad", pero sería reconstruida.

El imperio babilónico es el que destruyó a Jerusalén previo a la primera venida del Mesías.

Después de las sesenta y dos (62) semanas se le quitaría la vida al Mesías.

Es oportuno señalar que el Nuevo Testamento no menciona las 70 semanas de Daniel y menos con la creencia de siete años de gran tribulación.

Las interpretaciones comienzan a complicarse al iniciar el versículo 27:

Byers describe algunos eventos "escatológicos" equivocados, comúnmente aceptados, que se derivan exclusivamente de este versículo 27 de Dn. 9:

---

[3] El tipo de letra cursiva es creación mía. El grave problema de la interpretación de las setenta semanas comienza en el versículo 27.

Los describo a continuación:

a. Vendrán siete años de gran tribulación antes del retorno de Cristo.

b. Serán enmarcados esos últimos siete años por un acuerdo entre el anticristo e Israel en el Medio Oriente.

c. Empezará la segunda parte de la gran tribulación cuando el anticristo haya violado su acuerdo.

d. La reedificación del templo de los judíos en Jerusalén, como parte del acuerdo que el anticristo hará con ellos.

e. La restauración de los sacrificios de animales sobre el altar del templo reedificado de los judíos.

f. La ruptura del acuerdo de siete años hecho con Israel, después de solo tres años y medio, por parte del anticristo.

g. A los tres años y medio de su acuerdo de siete años, el anticristo les prohibirá a los judíos ofrecer corderos sobre el altar de su templo en Jerusalén y, en vez de eso, ofrecerá un cerdo o algún otro sacrificio inaceptable (Byers, 1999).

El gran inconveniente es que en las Sagradas Escrituras no se encuentra ningún versículo o pasaje para proclamar esas creencias populares; y si existiera alguno, tampoco nos daría campo libre para fundamentar una doctrina en un solo versículo. Toda doctrina clara se fundamenta con un mínimo de dos o tres versículos que traten el mismo tema en diferentes libros o cartas.

Una introducción al pasaje de Dn. 9:27

El primer error es creer que el versículo 27 explica de manera seguida el versículo 26, pues el escritor, como otros autores bíblicos lo hacen, inserta en un mismo pasaje dos tiempos distintos sobre un mismo tema o dos tiempos diferentes; la parte del versículo 26: "... y el pueblo de un príncipe que ha de venir destruirá la ciudad y el santuario y su fin será con inundación y hasta el fin de la guerra durarán las devastaciones" es un inserto o interpolación,[4] que se refiere a la destrucción de Jerusalén por Tito, eso no está en tela de juicio, pero el versículo 27 es una continuación de lo que Daniel explica antes: "… hasta el Mesías Príncipe, habrá siete semanas, y sesenta y dos semanas; se volverá a edificar la plaza y el muro en tiempos angustiosos. [26] Y después de las sesenta y dos semanas se quitará la vida al Mesías, mas no por sí", entonces el versículo 27 va conectado a este pasaje.

Un ejemplo de dos eventos descritos en un mismo versículo se encuentra en el propio libro de Daniel: "[24] Setenta semanas están determinadas sobre tu pueblo y sobre tu santa ciudad, para terminar la prevaricación, y poner fin al pecado, y expiar la iniquidad, para traer la justicia perdurable, y sellar la visión y la profecía, y ungir al Santo de los santos".[5] (Dn. 9:24).

Uno de los eventos cumplidos en el pasado es la "expiación de la iniquidad" por medio de la muerte expiatoria de Cristo (Heb. 2:17) los eventos no cumplidos son: la segunda mitad de la semana setenta, el poner fin al pecado de manera definitiva, traer la justicia perdurable, estos acontecerán a partir del instante escatológico, "en un abrir y cerrar de ojos" en la segunda venida de Cristo.

---

[4] Los teólogos sabemos de las interpolaciones que se encuentran en varios libros de la Biblia. Por ejemplo, la intercalación de los dos relatos del diluvio en uno solo. Se encuentra el relato elohísta que menciona la instrucción de meter en el arca de todo lo que vive dos de cada especie, macho y hembra, también de las aves, de las bestias y reptiles dos de cada especie. Menciona que llovió ciento cincuenta días y que después que descendieron las aguas envió a un cuervo que estuvo yendo y viniendo hasta que apareció tierra seca. Por su parte, la interpolación yahvista relata que le fue dada instrucción a Noé que introdujera de todo animal limpio siete parejas macho y hembra, también de las aves siete parejas, macho y hembra; habla que durante el diluvio llovió 40 días y 40 noches, al finalizar este tiempo Noé abrió la ventana del arca y envió una paloma que iba y venía, lo hizo cada siete días hasta que encontró tierra seca. Es obvio que los relatos describen un mismo acontecimiento con detalles diferentes. El que lee el relato del diluvio en Gn 6-8 sin el conocimiento de la interpolación subyacente solo percibirá ciertos aspectos que no encajan, pero no pasará de allí. Es claro que estos temas no son para ventilarlos en la predicación congregacional (Arenhoevel, Diego, *Así nació la Biblia, problemática del Antiguo Testamento,* pp. 66-72, Ediciones Paulinas, Madrid, 1980).

[5] Otras biblias traducen "y ungir el lugar santísimo". La Biblia de las Américas afirma que se puede traducir de las dos formas.

Así la parte del príncipe que destruirá está interpolada en el pasaje mencionado entre la muerte del Mesías y la otra parte que habla en la que dice: "Y por otra semana confirmará el pacto con muchos".

Ahora explicaré frase por frase, oración por oración, del versículo 27 de Daniel.

Procedo a examinar el pasaje de Dn. 9:27, explicando frase por frase:

"Y por otra semana confirmará el pacto con muchos"

La creencia popular interpreta que esta oración de Daniel 9:27, significa que el anticristo es quien confirmará ese pacto y que después lo quebrantará, colocando un sacrificio inmundo. Pero creo que ningún anticristo podría hacerlo jamás. Para comenzar, el anticristo se opone a todo lo que se relaciona con Cristo, no participa engañando. Otro punto es que confirmar un pacto es algo muy solemne. En el Antiguo Testamento es Dios quien realiza, confirma y ratifica pactos con su pueblo. En el Nuevo Testamento es Jesucristo el único que es el mediador de un nuevo pacto, lo confirma y lo sella con su propia sangre la cual fue derramada por muchos, para el perdón de los pecados. Esa verdad se demuestra en los siguientes versículos:

Mt. 26:28: "Porque esto es mi sangre, con la que se confirma la alianza, sangre que es derramada en favor de muchos para perdón de sus pecados".

Lc. 22:20: "De la misma manera tomó la copa después de haber cenado, diciendo: *Esta copa es el nuevo pacto en Mi sangre, que es derramada por ustedes".*

Ro. 15:8: "Pues les digo que Cristo se hizo servidor de la circuncisión para demostrar la verdad de Dios, para confirmar las promesas dadas a los padres".

Así las referencias cruzadas, afirmo que Jesucristo es quien confirmó el pacto con muchos. Y esa verdad ensambla perfectamente con la verdad de confirmar ese pacto con la nación de Israel durante siete años, pero a la mitad de los cuales el Mesías sería muerto. Ello confirma, que el ministerio de Jesús duró tres años y medio culminando con su muerte. Y el resultado de su muerte como una ofrenda eterna recibida por el Padre, haría cesar el sacrificio y la ofrenda para siempre.

Reitero que es absurdo atribuir tales acciones al anticristo. En ese contexto es imposible que el anticristo o un anticristo realicen un pacto con el pueblo de Dios y menos confirme un pacto. Un anticristo o el anticristo es incapaz de firmar pactos solemnes.

"A la mitad de la semana hará cesar la ofrenda y el sacrificio"

Presento el argumento de uno de los prominentes defensores de la interpretación tradicional sobre los sucesos de la semana setenta; en base a la respuesta de Jesús a la pregunta planteada por los discípulos ¿cuándo sucederá todo esto, y cuál será la señal de tu venida y del fin del mundo? "Queda indiscutiblemente establecido por el mismo Cristo… Como contestación les habló de la tribulación predicha por Daniel y les amonestó que la señal de aquella temible persecución iba a ser precisamente el evento que marca la mitad de la septuagésima semana, o sea, la contaminación del lugar santo por la «abominación de la desolación» probablemente una imagen que el falso príncipe erigirá de sí mismo en el templo, violando su tratado y sus obligaciones de respetar y defender la religión de los judíos… Parece, por los pasajes ya citados, que la predicha tribulación tiene que durar tres años y medio y que tendrá su principio en la violación del tratado a la mitad de la septuagésima semana" (Anderson, p. 54, 1980).

Esta interpretación afirma que el falso príncipe, llamado anticristo, levantará una imagen suya en el templo físico, violando el pacto que realizó con Israel. Otros afirman que el anticristo quitará la ofrenda y el sacrificio ordenados en el antiguo pacto y que en lugar de ellos sacrificará un cerdo en el altar.

La interpretación que se acopla es que Cristo con su muerte en la cruz fue una ofrenda dada una sola vez por nuestros pecados, con la cual hace que cesen los sacrificios de animales y cereales porque ya no son necesarios: Heb. 9:9-14: "todo esto es un símbolo para el tiempo presente, de que las ofrendas y sacrificios que allí se presentan no pueden perfeccionar la conciencia de los que adoran así, [10] ya que tienen que ver solo con comidas y bebidas, y con diversas ceremonias de purificación y ordenanzas externas, cuyo valor tiene vigencia hasta que llegue el tiempo de reformarlo todo. [11] pero Cristo vino ya y es el sumo sacerdote de los bienes venideros, a través del tabernáculo más amplio y más perfecto, el cual no ha sido hecho por los hombres, no pertenece a esta creación, [12] y no por medio de la sangre de machos cabríos ni de becerros, sino por medio de su propia sangre. Entró una sola vez y para siempre en el Lugar Santísimo y así obtuvo para nosotros la redención eterna. [13] si la sangre de los toros y de los machos cabríos y las cenizas de la becerra rociadas sobre los impuros, santifican para la purificación de la carne, [14] ¡cuánto más la sangre de Cristo, que por medio del Espíritu eterno se ofreció a sí mismo sin mancha a Dios, limpiará de obras muertas nuestra conciencia, para que sirvamos al Dios vivo!".

Esta profecía la cumplió Jesús perfectamente en cuanto que a la mitad de la semana cesaría las ofrendas y los sacrificios en el templo de Jerusalén por su muerte. Dejaron de tener valor para Dios, pues el sacrificio de Cristo fue perfecto dentro del plan de salvación. Jesús hizo, por tanto, cesar esos sacrificios de animales que ya no satisfacían al Dios y Padre.

Se necesitaba, pues, un sacrificio perfecto y definitivo, para que los sacrificios de la ley cesaran. Esta es la razón por la que el Mesías príncipe "hizo cesar" para siempre el sacrificio y la ofrenda, cuando ofreció su propio cuerpo y derramó su propia sangre, haciendo la expiación definitiva en el santuario celestial.

Las creencias que sostienen que es el anticristo el principal actor en el libro de Daniel, no tienen fundamento. La conclusión a la que llego es que no hay nada puntual sobre la creencia de que el anticristo es el protagonista de este pasaje.

4.2 No pasará esta generación hasta que esto acontezca

"De cierto os digo, que no pasará esta generación hasta que todo esto acontezca" (Mt. 24:34).

¿A qué generación se refirió nuestro Señor Jesucristo?

Hay tres escuelas de interpretación que responden a esta pregunta de manera diversa:

1) La escuela Preterista completa o total,[6] enseña que todo lo dicho por el Señor en los capítulos 24 de Mateo, 13 de Marcos y 21 de Lucas se cumplió totalmente en el pasado, en la misma generación que estaba viva en los tiempos de Jesús, desde los niños hasta los ancianos. Esa generación murió viendo el cumplimiento pleno de la profecía de Jesús.

Uno de sus representantes destacados L. Gentry, resume su doctrina así:[7] "La gran tribulación se produjo durante el siglo I. Esos acontecimientos marcaron el fin del enfoque de Dios sobre Israel. Las profecías de Jesús marcaron el comienzo de la era cristiana en el plan de Dios. La tribulación fue el juicio de Dios sobre Israel por rechazar al Mesías. Los juicios de la tribulación se centraron en los lugares que rodean la antigua Jerusalén y que afectaron poco a otras partes del antiguo mundo y del Imperio romano. Los juicios de la tribulación se rigieron por Jesús como el Cristo para reflejar su juicio contra Israel, mostrando así que él está en el cielo controlando esos eventos".

2) La escuela del Preterismo parcial o Preterismo ortodoxo, también se le conoce como Preterismo histórico o Preterismo moderado. Esta postura afirma que buena parte de lo anunciado por el Señor se cumplió en esa generación que estaba viva durante el ministerio de Jesús. La frase "los últimos días" no corresponde al futuro, sino que se refiere a los últimos días del cumplimiento de la gran tribulación en el año 70 d.C. Se relaciona con la destrucción del templo en la que no quedaría piedra sobre piedra; la manifestación plena del anticristo; las señales de principios de dolores; la gran tribulación para Israel y la ciudad de Jerusalén se cumplieron al pie de la letra en el año 70 d.C. Esta escuela, sin embargo, cree que la resurrección de los muertos, la resurrección física de Jesucristo, la segunda venida de

---

[6] La escuela escatológica preterista.

[7] Para profundizar sobre las posturas del tiempo de la consumación de la gran tribulación: pasado o futuro, léase Ice, Gentry, *The Great Tribulation, ¿Past or Future?: Two Evangelicals Debate the Question,* Kregel Publications, 1999.

Cristo el gran juicio universal y la nueva creación de todas las cosas ocurrirán en el último y gran día del Señor.

3) La escuela futurista. Enseña que todo lo expresado por Jesús de Nazaret en los capítulos mencionados de los evangelios, se cumplirá en el futuro previo y durante su segunda venida.[8] Afirma que la profecía dice que la era cristiana concluirá inmediatamente después de que la Iglesia sea arrebatada del mundo y en lugar de ser el juicio de Dios sobre Israel, es la preparación de Israel para recibir a su Mesías. Para Ice, uno de los representantes prominentes de esta escuela, los juicios implican catástrofes que, literalmente, afectarán el universo estelar e impactarán al planeta entero. Por ello, la venida de Cristo en la tribulación requiere su presencia pública, visible y física a la conclusión de esos juicios.

Así los distintos planteamientos, es necesario analizar lo que habló Jesús en esos capítulos en la perspectiva preterista y futurista.

La escuela preterista parte de la premisa de que todo lo que habló Jesús en los capítulos apocalípticos y escatológicos de los evangelios descritos, ocurrió en esa generación. Ese es el punto focal del que parte para explicar que todas las señales, incluyendo la gran tribulación, se cumplieron en el pasado.

Dadas esas explicaciones, lo que procede es analizar la frase: "... no pasará esta generación hasta que todo esto acontezca".

Los evangelios sinópticos muestran que, en los tres capítulos paralelos respectivos, Jesús afirmó: "Esta generación". El sentido natural de esta expresión es muy específico; por ello es que los preteristas declaran que es imposible deducir que se refería a una generación después de cientos de generaciones y aplicarla a una generación a partir del año de fundación de la nación de Israel en el año 1948. La fuerza de la declaración: "... *de cierto os digo, que no pasará esta generación*[9] *hasta que todo esto acontezca*", hace muy difícil esa posibilidad.

---

[8] Ibid.

[9] De la palabra griega *genea* que significa edad, siglo, las personas que viven en un periodo dado. La otra palabra traducida como generación *gennema* se refiere a

Además, citan varios pasajes en los evangelios en los cuales se usa la frase "esta generación" en el sentido natural, refiriéndose a todas las personas vivas de este tiempo. Estos son los versículos:

Mt. 11:16: "¿A qué compararé esta generación? Es semejante a los muchachos que se sientan en las plazas y dan voces a sus compañeros".

Mt. 12:39: "la generación mala y adúltera demanda señal".

Mt. 12:45: "… y el estado final de aquel hombre resulta peor que el primero. Así será también con esta generación perversa".

Mt. 16:4: "Esta generación malvada y adúltera busca una señal milagrosa, pero no se le dará más señal que la de Jonás".

Mt. 23:35-36: "Para que venga sobre vosotros toda la sangre justa que se ha derramado sobre la tierra, desde la sangre de Abel el justo hasta la sangre de Zacarías hijo de Berequías, a quien matasteis entre el templo y el altar. [36] De cierto os digo que todo esto vendrá sobre esta generación".

Los preteristas enseñan que esa generación que Jesús llamó mala y adúltera (Mt. 12:39, 45; 16:4; 17:17); fue esta "última generación" que crucificó al Señor y fue esta generación, a la que dijo Jesús que sufriría el castigo por toda la sangre justa que se ha derramado sobre la tierra (Mt. 23:35). Y declaran que la afirmación de Mt. 23:36-38: *"De cierto os digo que todo esto vendrá sobre esta generación. ¡Jerusalén, Jerusalén, que matas a los profetas, y apedreas a los que te son enviados! ¡Cuántas veces quise juntar a tus hijos, como la gallina junta sus polluelos debajo de las alas, y no quisiste! He aquí vuestra casa os es dejada desierta";* es la preparación natural para las enseñanzas de Mt. 24. Jesús claramente hablaba de un juicio muy cercano sobre Israel, no sobre un juicio siglos después. Jesús dice la razón: por haber rechazado la Palabra de Dios.

Coincido con la postura preterista en que la frase "esta generación" a la que se refirió Jesús, se refería a las personas vivas de su

descendencia tanto de hombres como de animales de una época específica (W. E. Vine, Caribe, 2001).

tiempo y que experimentaron la destrucción de la ciudad de Jerusalén en el año 70 d.C.

4.3 ¿Qué señales se cumplieron en la última generación en el año 70 d.C.?

Para los preteristas radicales se han cumplido las señales apocalípticas descritas en Mt. 24:4 en adelante. Todas esas señales era una advertencia para los discípulos de Jesús, para que no fueran engañados. No se refiere a épocas muy posteriores. Estos "eventos" iniciales que señalaban el periodo entre la resurrección de Cristo y la destrucción del templo y los edificios en el 70 d.C., se manifestarían así:

Mesías falsos. "Porque vendrán muchos en mi nombre, diciendo: Yo soy el Cristo; y a muchos engañarán" (v. 5).

Guerras. "Y oiréis de guerras y rumores de guerras; mirad que no os turbéis, porque es necesario que todo esto acontezca; pero aún no es el fin. Porque se levantará nación contra nación" (vs. 6-7a).

Catástrofes naturales. "Y habrá pestes, y hambres, y terremotos en diferentes lugares. Y todo esto será principio de dolores" (vs. 7b-8).

Es posible que cualquiera de estos acontecimientos produjera en los cristianos el augurio de que el fin estaba a punto a suceder, si Jesús no les hubiese advertido que tales eventos serían tendencias generales que caracterizarían la generación final y no señales precisas del fin: Mt. 24:6: "Ustedes van a oír de guerras y rumores de guerras. ¡Cuidado! No se alarmen, porque es necesario que todo esto suceda; pero todavía no es el fin".

Pienso que los preteristas totales se equivocan al creer que esas señales se cumplirían exclusivamente antes de la destrucción de la ciudad de Jerusalén. La historia de la Iglesia y la historia universal demuestran que después de casi dos mil años ha habido más mesías falsos y catástrofes naturales que en el primer siglo.

Apostasía. Jesús anuncia una apostasía en este mismo capítulo de Mateo: "Muchos tropezarán entonces, y se entregarán unos a otros, y unos a otros se aborrecerán. Y muchos falsos profetas se levantarán, y engañarán a muchos; y por haberse multiplicado la maldad, el amor de muchos se enfriará. Mas el que persevere hasta el fin, este será salvo" (vs. 10-13).

Mi opinión es que los dos últimos elementos en la lista son mucho más concretos y distinguibles que los anteriores. Estos son acontecimientos o señales definitivas del fin; uno de ellos, es el cumplimiento de un proceso y el otro un evento decisivo.

La evangelización mundial. Cristo habla de una evangelización mundial: "Y será predicado este evangelio del reino en todo el mundo, para testimonio a todas las naciones; y entonces vendrá el fin" (v. 14).

Me pregunto ¿Es posible que el Evangelio haya sido predicado al mundo entero dentro de la generación que vivió en los tiempos de Jesús y experimentó la destrucción descrita? Mi respuesta es que no, pero los preteristas afirman que el testimonio de la Escritura es claro. No solo fue posible, sino que realmente ocurrió ¿La prueba? Unos años antes de la destrucción de Jerusalén, Pablo escribió a los cristianos de Colosas "del evangelio, que ha llegado hasta vosotros, así como a todo el mundo, y lleva fruto y crece también en vosotros" (Col. 1:5-6), y les exhortó que no se apartasen "de la esperanza del evangelio que habíais oído, el cual se predica en toda la creación que está debajo del cielo" (Col. 1:23). Pablo anunció a la Iglesia en Roma, que "vuestra fe se divulga por todo el mundo" (Ro. 1:8), porque la voz de los predicadores del Evangelio ha salido "por toda la tierra... y hasta los fines de la tierra sus palabras" (Ro. 10:18).

Considero que el Evangelio ciertamente se predicó al mundo entero conocido de esa época, mucho antes que Jerusalén fuese destruida en el año 70 d.C. Esta señal del fin se cumplió como Jesús lo dijo, pero de manera parcial, porque después del famoso año 70 d.C., hasta hoy se ha predicado el evangelio en cada época de la historia de la Iglesia. En los últimos cincuenta años se han fundado nuevas naciones que necesitan ser evangelizadas.

4.4 La abominación desoladora

La expresión "abominación desoladora" se narra de manera específica en Daniel y en Mateo, los transcribo a continuación.

Dn. 9:26b-27: "... y el pueblo de un príncipe que ha de venir destruirá la ciudad y el santuario; y su fin será con inundación y hasta el fin de la guerra durarán las devastaciones... después con la muchedumbre de las abominaciones vendrá el desolador, hasta que venga la consumación, y lo que está determinado se derrame sobre el desolador".

Mt. 24:15: "Por tanto, cuando veáis en el lugar santo la abominación desoladora de que habló el profeta Daniel (el que lee, entienda)".

En este último pasaje Jesús hace alusión a la abominación desoladora descrita en Daniel. Pero muchos intérpretes afirman que fue una profecía del Señor para otra abominación desoladora futura que ocurriría en un templo judío reconstruido en Jerusalén. Amplían que esa profecía la cumplirá el anticristo, argumentando que lo ocurrido con Antíoco Epífanes no sucedió exactamente como lo profetizó, porque no confirmó un pacto con Israel por siete años. Deducen que es el anticristo quien establecerá un pacto con Israel por siete años, pero a la mitad de los siete años lo quebrantará. Siguen hilando al enseñar que ocurrirá una profanación al convertir el templo físico en un lugar de adoración para el anticristo. Eso lo consideran como una "abominación". Dicho evento será una señal de que es el principio de los tres años y medio antes de la gran tribulación y del regreso inminente del Señor. Citan el siguiente versículo para reafirmar la segunda venida apremiante: "Velad, pues, en todo tiempo orando que seáis tenidos por dignos de escapar de todas estas cosas que vendrán y de estar en pie delante del Hijo del Hombre" (Lc. 21:26).

Al revisar cuidadosamente la argumentación, los textos citados, el intento de conectarlos entre sí, creo que no tienen correspondencia con una interpretación exacta. Veo que no se ajusta el concepto del anticristo, el pacto y su quebranto posterior, el cese de los sacrificios, la abominación desoladora defendida. Insisto que Cristo es quien confirma el pacto, luego con su muerte en la cruz cesan los sacrificios porque son innecesarios, como lo hemos descrito en páginas anteriores.

La abominación desoladora es lo que señala, de manera clara y directa, el evangelio de Lucas en el pasaje paralelo de Mateo que se refiere a ella. Cito los dos pasajes:

Mt. 24:15-18: "Por tanto, cuando veáis en el lugar santo la abominación desoladora de que habló el profeta Daniel (el que lee, entienda), [16] entonces los que estén en Judea, huyan a los montes. [17] El que esté en la azotea, no descienda para tomar algo de su casa; [18] y el que esté en el campo, no vuelva atrás para tomar su capa".

Lc. 21:20-22: "Pero cuando viereis a Jerusalén rodeada de ejércitos, sabed entonces que su destrucción ha llegado. [21] Entonces los que estén en Judea, huyan a los montes; y los que en medio de ella, váyanse; y los que estén en los campos, no entren en ella. [22] Porque estos son días de retribución, para que se cumplan todas las cosas que están escritas".

La evidencia es clara, Lucas interpreta el pasaje de Mateo aclarando que la abominación desoladora para Lucas son los ejércitos que rodean a Jerusalén para destruirla y creo que esa abominación destructiva tuvo cumplimiento parcial en el año 70 d.C., con los ejércitos romanos. Creo firmemente que el cumplimento futuro y final ocurrirá con los ejércitos de los países árabes que rodean hoy a Jerusalén y que están descritos con nombres antiguos en el Salmo 83:4-8: "Ellos dicen: destruyámoslos por completo, que se olvide para siempre el nombre de Israel. Toda esta gente se reunió para conspirar y han hecho un pacto contra ti: *Edom*, los *ismaelitas*, *Moab* y los descendientes de *Agar*, *Guebal*, *Amón*, *Amalec*, los *filisteos* y los que viven en *Tiro*. Hasta *Asiria* se unió a ellos y les dio armas a los descendientes de Lot". Es muy posible que estos países reciban ayuda de toda clase de otros países poderosos.

Así, la abominación desoladora se cumplió en parte en la invasión armada de Jerusalén a cargo del general Tito en el año 70 d.C., y se cumplirá plenamente en el futuro, con la invasión de los países descritos en el párrafo anterior.[10]

---

[10] Para abundar en detalles sobre la descripción grande y terrible de la destrucción en el año 70 d.C., léase *Las guerras de los judíos*, CLIE, Barcelona, 1988.

La destrucción física del templo y los edificios

Es significativo que Jesús anuncie la destrucción del templo de Jerusalén a esa generación que rechazó el mensaje del Evangelio de reino de Dios, incluyendo a los religiosos que iban a ofrecer sacrificios: Mr. 13:1-2: "Saliendo Jesús del templo, le dijo uno de sus discípulos: Maestro, mira qué piedras, y qué edificios. ²Jesús, respondiendo, le dijo: ¿Ves estos grandes edificios? No quedará piedra sobre piedra, que no sea derribada".

De acuerdo a lo relatado por Josefo, las murallas, el templo y los edificios fueron arrasados en la caída de Jerusalén por el ejército romano en el año 70 d.C.,[11] excepto un muro de cuatrocientos ochenta y ocho metros que era parte de la muralla oeste de la ciudad. Ahora se sabe esa información por los descubrimientos arqueológicos recientes que se han hecho públicos.

Lo anterior comprueba que la profecía de Jesús sobre que "no quedaría piedra sobre piedra" no se cumplió a cabalidad. Ante ese hecho y otros más que señalo en otro apartado, sostengo que la gran tribulación final sobre Israel será futura.

Pero eso no quiere decir que no hubo gran tribulación con terribles dolores en el año 70 d.C., Josefo dejó un testimonio de primera mano del horror de aquellos años en Jerusalén, fue un tiempo en que se pasaban los días en el derramamiento de sangre, y las noches en el temor. Fue "común ver las ciudades llenas de cadáveres".

---

[11] "Ahora, como el ejército no tenía más personas para matar ni nada que saquear y su furia carecía de cualquier aliciente (ya que, si hubieran tenido algo que hacer, no habrían tenido ningún miramiento con nada), César, dio órdenes de que demolieran toda la ciudad y el templo y dejar en pie las torres de Fasael, Hípico y Mariamme, ya que eran las más altas y la parte de la muralla que rodeaba la ciudad en el lado oeste. Este muro se salvó con el fin de garantizar un campamento para la guarnición que quedara allí y las torres se conservarían para mostrar a la posteridad qué tipo de ciudad y qué bien fortificada era aquella a la que los romanos habían sometido con su valor. Los encargados de la demolición allanaron el resto del recinto de la ciudad de tal forma que los que llegaran a este sitio no creerían que hubiera sido alguna vez habitado. Este fue el final de Jerusalén, una ciudad de gran magnificencia y fama entre toda la humanidad, provocado por la locura de los sediciosos". Véase: Flavio Josefo, La guerra de los judíos, II, capítulo VII, 1, 1-4, CLIE, Barcelona, 1990.

Los judíos sobrecogidos de terror se mataban indiscriminadamente unos a otros. Padres con lágrimas preferían matar a sus familias, a fin de no recibir un peor tratamiento de los romanos. En medio del hambre, las madres mataban, asaban y comían sus propios hijos. La tierra entera "por todas partes estaba llena de fuego y sangre". Los lagos y mares se volvieron rojos, cuerpos muertos flotaban por todas partes, extendidos por las riberas, hinchándose en el sol, pudriéndose y partiéndose: soldados romanos capturaban a las personas que intentaban escapar y luego las crucificaban, totalizaban unos 500 por día. Y cuando todo se había terminado, más de un millón de judíos fueron muertos cuando Jerusalén fue sitiada. Otro millón de personas fueron vendidas a esclavitud a través del imperio, y la totalidad de Jerusalén ardía humeando en sus ruinas, virtualmente despoblada (Flavio Josefo, 1990).

¿Cuándo serán estas cosas, y qué señal habrá de tu venida, y del fin del siglo?

Aquí es donde se complica la cuestión por las múltiples respuestas de los teólogos y biblistas. Los futuristas piensan que la pregunta de los discípulos es sobre tres asuntos diferentes: la destrucción del templo, las señales del fin del mundo y la segunda venida. Pero el contexto no parece indicar tal posibilidad, afirman los preteristas. Ellos creen que la respuesta de las señales, y la afirmación de Jesús: *"De cierto os digo, que no pasará esta generación hasta que todo esto acontezca"* (Mt. 24:34), se refiere únicamente a la duda de los discípulos si su propia generación vería el fin de la época y la venida de la nueva época prometida por los profetas. Para ellos, los discípulos solo querían saber cuándo llegaría, y cuáles señales tenían que identificar, para estar aptos.

La interpretación respecto de la ocasión de las señales es otro asunto en discusión

¿De qué fin habla?

Los preteristas afirman que el fin en este pasaje no es el fin del mundo, sino el fin de la época, el fin del templo, del sistema sacrificial, de la nación basada en el pacto de Israel, y de los últimos remanentes de la época judaica. Mientras que los futuristas enseñan que estas señales son las que comenzarán a suceder después de la fundación de Israel en el año 1948.

La gran tribulación

Jesús habló de la gran tribulación con más pormenor en los evangelios de Mateo y Lucas respectivamente: "Mas ¡ay de las que están en cintas, y de las que críen en aquellos días! Orad, pues, que vuestra huida no sea en invierno ni en día de reposo; porque habrá entonces gran tribulación, cual no la ha habido desde el principio del mundo hasta ahora, ni la habrá" (Mt. 24:19-21).

La narración de Lucas da más detalles del anuncio de Jesús: "mas ¡ay de las que están encinta, y de las que críen en aquellos días! porque habrá gran calamidad en la tierra, e ira sobre este pueblo. Y caerán a filo de espada, y serán llevados cautivos a todas las naciones; y Jerusalén será hollada por los gentiles, hasta que los tiempos de los gentiles se cumplan" (Lc. 21:23-24).

Los preteristas insisten en que de acuerdo a Mateo la gran tribulación sucede a la mitad de la historia, no al final, porque nada parecido había ocurrido *"desde el principio del mundo hasta ahora, ni la habrá"*. Así que, según ellos, la profecía de la gran tribulación se refiere a la destrucción de Jerusalén y del templo en aquella generación del año 70 d.C., porque no encaja en un esquema de "doble cumplimiento"; la gran tribulación del 70 d.C., fue un evento único, irrepetible.

Mas, así, los días del justo castigo llegaron con intensidad, en retribución a su rebeldía, maldad y soberbia desafiante: "Viendo Pilato que nada adelantaba, sino que se hacía más alboroto, tomó agua y se lavó las manos delante del pueblo, diciendo: inocente soy yo de la sangre de este justo; allá vosotros. Y respondiendo todo el pueblo, dijo: su sangre sea sobre nosotros, y sobre nuestros hijos" (Mt. 27:24-25). Esa es la interpretación de los preteristas totales sobre las señales previas a la gran tribulación ocurrida en el año 70.

La opinión de los futuristas es que todo lo que pronunció Jesús en Mt. 24 y Lc. 21, se cumplirá en el futuro.

Mi postura es que esa destrucción de Jerusalén y el templo en el año 70 d.C. fue el cumplimiento parcial de la profecía anunciada por Jesús que es una profecía de doble cumplimiento. Una parte se cumplió, la otra está aún por cumplirse. Ante todo, porque afirmar que se cumplió también la segunda venida de Cristo es tirar a la basura varios textos que enseñan una venida visible y universal. Es un débil y temprano cumplimiento que deja en el aire casi dos mil años del avance del cristianismo por el planeta tierra. Hoy se puede hablar con propiedad de acuerdo a la señal "será predicado este evangelio en todo el mundo, entonces vendrá el fin". Eso sí es posible ahora y de manera completa. Es grave afirmar, además, que ya ocurrió la resurrección de los muertos, pues ello descartaría a miles que murieron en Cristo después del año 70 y sus cuerpos yacen en la tumba todavía.

4.5 El gran anticristo con gran poder visible

La creencia popular sobre el gran anticristo se enseña a la ligera. Los promotores de esa doctrina la "ven" por todas partes. Sin embargo, la palabra anticristo aparece solamente 5 veces en cuatro versículos de la Biblia en las cartas de Juan: cuatro veces en 1 carta y una vez en 2 Juan aquí habla del anticristo, de anticristos y de aquellos que tienen el espíritu del anticristo.

Entonces es el apóstol Juan quien tiene la autoridad por inspiración divina para decirnos ¿quién es el anticristo? ¿cuáles son las características? y cómo evitar ser engañados. Esto se aplica también a los varios anticristos que han aparecido a lo largo de la historia.

Vaucher deduce que es una doctrina secundaria de acuerdo a varios factores, tales como: los pocos versículos que hablan del anticristo; su significado conciso; solo un autor lo describe y su posición aislada, hacen imposible que se configure una doctrina central, clara, sobre el tema (Vaucher, 1990).

A mí me parece un acto temerario el que diversos autores se tomen la libertad de identificar al anticristo con varios personajes. Ahora ya no me sorprende que, a lo largo de la historia, teólogos, pastores y maestros han atribuido gran importancia a esta doctrina, interpretándola de manera incorrecta. He leído en varios textos semejantes afirmaciones: "El anticristo es el cuerno pequeño de la bestia", "Es Constantino II", "será de Babilonia", "vendrá de Jerusalén", "se circuncidará con los judíos", "El papa es el anticristo", "Yasir Arafat es el anticristo", y la lista no acaba.

En otro sentido, Walvoord, partidario de esa creencia generalizada, enseña que el anticristo tendrá poder y la capacidad para agrupar diez naciones de Europa para luego firmar el pacto de siete años: "toda vez que el anticristo gana el control de las diez naciones estará en una posición de poder y será capaz de ejecutar lo que Daniel menciona en Dn. 9:27, los últimos siete años de futuro profético con respecto a Israel antes de la segunda venida" (Walvoord, 2003).

Para Hodge el más grande y poderoso anticristo que ha existido es quien entra en escena antes del retorno del Señor Jesucristo:[12] sigue con otra afirmación dudosa en relación a que el anticristo ha de aparecer antes de la segunda venida de Cristo, lo cual queda expresamente dicho por el Apóstol en 2Ts. 2:1-3: "Os rogamos, hermanos, que no os dejéis mover fácilmente de vuestro modo de pensar, ni os alarméis… en el sentido de que el día del Señor ha llegado… Porque no vendrá sin que antes venga la apostasía, y sea revelado el hombre de pecado, el hijo de perdición. Esto es claro, pero en cuanto a quién o qué sea el anticristo hay no poca diversidad de opinión" (Hodge II, 1991).

Hodge piensa que el hombre de pecado es sinónimo del anticristo, lo cual es una imprecisión, creo. La palabra y el concepto del anticristo son ajenos a la palabra y concepto del hombre de pecado. A esa imprecisión suma un error cuando aprueba que los falsos cristos

---

[12] Hay varios teólogos que, en sus escritos de variada índole, desde artículos, libros, hasta teologías sistemáticas, enseñan que el anticristo con poder mundial, político, económico y religioso surgirá previo a la segunda venida de Cristo. Solo he tomado un ejemplo. No demerito en nada el extraordinario trabajo académico de Charles Hodge en su teología sistemática por las imprecisiones descritas en este tema. Todos cometemos imprecisiones y errores. Ningún maestro de la Biblia está libre de enseñar herejías de buena fe.

—pseudocristós— en el griego, son igualmente anticristos: Y en 2Jn. 7 dice: "Porque muchos engañadores han salido al mundo, que no confiesan que Jesucristo ha venido en carne". He aquí el engañador y el anticristo: *ho plantos kai ho anticristós*. Así lo había predicho nuestro Señor: "Se levantarán falsos cristos y falsos profetas, y harán grandes señales y prodigios, hasta el punto de engañar, si fuera posible a los escogidos", Mt. 24:24 (Hodge II, 1991).

Aquí ayuda saber que la palabra griega *anticristós* significa "en contra de Cristo", "el que se opone a Cristo", "el que niega a Cristo", "el enemigo de Cristo" (Vine, 1984). Ese significado va en contra de un falso Cristo *—pseudocristós—*, que pretende hacerse pasar por el Cristo verdadero, porque el anticristo se opone a todo lo que es de Cristo y niega a Cristo.

Hodge suma una caída al error y la imprecisión descritos al declarar sin fluctuaciones que el anticristo es el papado romanista: "… No se puede dar un argumento más concluyente, para demostrar que el papado es el anticristo, que el que da el doctor Newman, Romanista. Según él, las profecías acerca de la gloria, exaltación, poder y dominio universal de Cristo tienen su cumplimiento en los papas. Pero, ¿quién es el anticristo, sino aquel que se pone en lugar de Cristo, pretendiendo el honor y el poder que pertenece a Dios manifestado en Carne? Cualquiera que haga esto es anticristo, en la forma más elevada en la que pueda aparecer" (Hodge II, p. 630, 1991).

En esa línea de equivocaciones, Carballosa confunde la bestia de Apocalipsis con el anticristo. Declara que la bestia del capítulo trece de Apocalipsis es el anticristo. Explica que aparecerá como un líder humano de gran potencia visible que establecerá un reino mundial: "Resumiendo, la bestia, es decir el anticristo, aparecerá como un líder humano con capacidades de hombre. En el medio de la tribulación, la bestia es herida de muerte, pero vuelve a vivir (Ap. 13:14), su regreso a la vida será con poderes sobrehumanos. Regresará con capacidades demoníacas con el fin de establecer su Imperio mundial".[13]

---

[13] Para profundizar la postura del respetado teólogo mencionado léase Carballosa, Evis, *Apocalipsis, la consumación del plan eterno de Dios*, Portavoz, Gran Rapids, Michigan, 1997.

Considero que la doctrina del anticristo es terciaria, ni siquiera segundaria. Aparecen solamente cinco referencias en la primera y segunda carta de Juan. Y al leerlas sin prejuicio y realizar una sobria interpretación, resulta claro el mensaje: no hay un tal gran anticristo que aparecerá en estos tiempos del siglo veintiuno. El vocablo anticristo aparece solo en los siguientes textos, que iré comentándolos uno a uno:

1Jn. 2:18: "Hijitos, esta es la hora última. Ustedes han oído que viene el *anticristo*; pues bien, ahora han aparecido muchos anticristos. Por eso sabemos que es la hora última".

Todas las traducciones registran la frase "los últimos tiempos" y la mayoría de los teólogos serios están de acuerdo en que estos comenzaron desde la resurrección de Cristo, el derramamiento del Espíritu en los inicios de la Iglesia primitiva y en el tiempo en que Juan recibe este conocimiento. Juan escribió esa frase hace más de dos mil años: "Esta es la hora última", "ya es el último tiempo", "Hijos, el fin está cerca". Muy bien, entonces, los últimos tiempos no son los que comenzaron a finales del siglo XX y a principios del XXI.

Juan dice a sus lectores "ustedes han oído que viene el anticristo" pues quiero que sepan, que no es uno solo, sino muchos y ya han aparecido muchos anticristos. Por eso Juan discernía que habían comenzado los últimos tiempos. La multiplicación de los anticristos era su prueba.

1Jn. 2:22: "¿Quién es el mentiroso sino el que niega que Jesús es el Cristo? Es *el anticristo*, el que niega al Padre y al Hijo".

En este versículo Juan dice quién es el anticristo: el mentiroso que niega que Jesús sea el Cristo, el Mesías, el hijo de Dios y el que niega al Padre y al Hijo: ese es el anticristo. Todo aquel, de cualquier época, raza, nación, que niega que Jesús es el ungido de Dios, ese es el anticristo. No hay que esperar al gran anticristo, líder mundial, político, religioso, que gobierne el mundo entero por un tiempo. No hay tal cosa.

1Jn. 4:2-3: "De esta manera pueden ustedes saber quién tiene el Espíritu de Dios: todo el que reconoce que Jesucristo vino como hombre verdadero, tiene el Espíritu de Dios. [3] El que no reconoce así a Jesús, no tiene el Espíritu de Dios; al contrario, tiene el espíritu del *anticristo*. Ustedes han oído que ese espíritu ha de venir; pues bien, ya está en el mundo".

Juan comprendió que había una manera de saber quién tenía el Espíritu de Dios y quién tenía el espíritu del anticristo: todo el que reconozca que Jesús vino como verdadero hombre ese tiene el Espíritu de Dios, pero el que no lo reconoce como tal, ese tiene el espíritu del anticristo. Ahora la gran revelación que Juan da hace dos mil años es que ese espíritu del anticristo que había de venir ya estaba diseminado en el mundo, desde esa época. Mas, así, ¿está presente ahora? Por supuesto, está en acción, no ha tomado vacación desde el principio hasta hoy.

2Jn. 1:7: "Pues muchos engañadores han salido al mundo que no confiesan que Jesucristo ha venido en carne. Ese es el engañador y el *anticristo*".

Desde hace dos mil años han salido muchos engañadores por el mundo que niegan la humanidad y la divinidad de Cristo. Todos ellos son anticristos. En todas las épocas de la historia de la Iglesia han existido anticristos. Hoy en pleno siglo XXI abundan los que niegan a Jesús. La teoría del gran anticristo es un distractor. Muchos creyentes están confiados creyendo que tendrán que ver primero "al gran anticristo" para saber que la venida del Señor es casi inmediata.

Así, concluyo en relación a la creencia sobre "el gran anticristo que ha de aparecer": no aparecerá ahora, ni antes del retorno del Señor porque ya está desde hace dos mil años y en cada generación ha habido anticristos. Muchos seres humanos y entidades de todas las épocas, incluyendo la actual, son anticristos, tienen el espíritu del anticristo y no hemos caído en la cuenta, pese a que se estén oponiendo a la obra y la enseñanza de Cristo, a su iglesia y nieguen que Cristo es el salvador del mundo. Juan dice esas verdades, de modo preciso, en los versículos que he explicado.

Otros autores explican que los anticristos a los que se refiere Juan en este pasaje son herejes de su época, los llamados gnósticos y los cerintianos[14] que se infiltraron en una Iglesia local para desviar a los verdaderos creyentes. Estos negaban la fe de los apóstoles, los profetas y a Cristo. Estoy de acuerdo. Es claro que muchos de ellos fueron anticristos al desviar al pueblo de la fe en Cristo.

Todos estos versículos los escribe Juan con la intención de mostrar quien es el anticristo, los anticristos y el espíritu del anticristo con sus engaños y herejías; para que los creyentes supieran cómo identificarlos, y reafirmar la doctrina de Cristo y de la trinidad.

La deducción es clara, hoy tenemos anticristo, anticristos y el espíritu de los anticristos y aumentarán con ímpetu antes de la segunda venida de Cristo.

4.6 La trinidad del mal

La trinidad del mal es otra de las creencias populares evangélicas y la basan en Ap. 13:1: "Y el dragón se detuvo a la orilla del mar. Entonces vi que del mar subía una bestia que tenía siete cabezas y diez cuernos. En cada cuerno llevaba una diadema y en cada cabeza tenía un nombre blasfemo".

Malgo, interpreta que el Dragón es el gran adversario de Dios y le nombra el "antipadre" y la bestia es Satanás hecho carne, el "antihijo"; luego conectan el texto de Ap. 13:11-15 en el que, según él, el falso profeta es el "antiespíritu". Esta creencia ve, además, descrita la trinidad del mal en Ap. 16:13: "De la boca del dragón, de la boca de la bestia y de la boca del falso profeta, vi salir tres espíritus impuros con aspecto de ranas".

---

[14] El gnosticismo engloba una mezcla de creencias religiosas, filosóficas, de sectas judías y cristianas. Se desarrolla en los primeros siglos del cristianismo. Enseñaba que la salvación se obtenía por medio de un conocimiento secreto. Insistía que el cuerpo era malo y el alma buena, por tanto, era imposible que Dios se hiciera hombre en Jesús. Los cerintianos surgieron de las enseñanzas de Cerinto. Estas resultaron de la mezcla de Ebionismo con ideas gnósticas que proclamaba Cerinto. Algunas de sus trastornadas creencias eran: que el mundo no fue creado por Dios, sino por un ángel inferior que sometía bajo esclavitud a los seres humanos; que Jesús era un hombre normal hijo de José y María. Era diferente a todos los demás solo en su sabiduría y su conducta justa (VA, *Diccionario de la Historia de la Iglesia*, 1989).

Argumenta que Satanás imita a la persona de Dios, imita al Hijo en el pasaje citado, pero también el anticristo es una imitación exterior casi perfecta del Señor Jesús. Y así como Jesús es Rey, Sacerdote y Profeta también el anticristo se manifiesta de manera trinitaria y el número tres, que se menciona en uno de los pasajes, tiene más relevancia lo cualitativo que lo cuantitativo (Malgo, 50 respuestas, 2003).

Si se lee y se interpreta con honestidad esta creencia no tiene pies ni cabeza. Degenera en alegorismo extremo, con una mescolanza confusa de pasajes, de nombres intercambiables a su antojo, por ejemplo: sin ninguna conectividad ecuánime enlazan al anticristo y lo unen a la fuerza en estos pasajes que no se relacionan en nada con el anticristo de Juan. Sumado a todo esto, brota la imaginería al nombrarlo "antipadre", "antihijo" y "antiespíritu" conformando la trinidad satánica, pero esta no se menciona por ninguna parte de los textos, ni se infiere.

Para mí es claro que Satanás es el adversario de los planes de Dios, el falso profeta que engaña a la Iglesia para desviarla y a los incrédulos para que no encuentren la puerta de la salvación, pero no es correcto hacer decir al texto lo que no dice. En todo caso, los personajes, las figuras, las bestias, simbolizan las fuerzas del mal espirituales, hombres, naciones e instituciones que se oponen a los asuntos de Dios y a su Iglesia, pero son derrotados. El libro de Apocalipsis es el mensaje del triunfo definitivo del bien sobre el mal y de la consumación del reino de Dios en Cristo con su pueblo, en la nueva creación y el gozo del festejo eterno.

4.7 La fundación del estado de Israel ¿es señal de la segunda venida?

Algunos escatólogos proponen que una señal segura previa a los últimos eventos del fin y al arrebatamiento es la señal de la higuera. Este símil[15] se encuentra en Mt. 24:32-34: "Aprendan de la higuera

---

[15] Símil en retórica, es una figura que consiste en comparar explícitamente una cosa con otra que no es similar, para dar idea viva y eficaz de una de ellas: «Así como,

145

esta lección: tan pronto como se ponen tiernas sus ramas y brotan sus hojas, ustedes saben que el verano está cerca. Igualmente, cuando vean todas estas cosas, sepan que el tiempo está cerca, a las puertas. Les aseguro que no pasará esta generación hasta que todas estas cosas sucedan".

Pero, al examinar el texto, sale a la luz que Jesús les da una advertencia a los discípulos por medio de la analogía de la higuera para que estén preparados a fin de descifrar los eventos que ocurrirán antes de que él vuelva. El tema se complica cuando algunos maestros enseñan que el establecimiento de Israel como nación en 1948, es el cumplimiento de la señal de la higuera que comenzó a florecer. Dichos escatólogos dan por sentado, sin más, que la higuera representa a Israel y que esa analogía o mal llamada parábola, es una profecía. A mi criterio, Jesús no está hablando de una profecía sobre el hecho de que Israel se constituiría como nación en los tiempos del fin, ni que la higuera es una profecía sobre dicho acontecimiento. Jesús solo está comparando. En el pasaje paralelo de Lc. 21:29-31 amplía la visión del significado. Agrega que vean a todos los árboles, además de la higuera, porque todos empiezan a florear cuando el verano está cerca, no habla de la higuera de manera específica refiriéndose a Israel, esa comparación, es únicamente para que sepan que cuando empiecen a suceder las señales apocalípticas previamente descritas sepan *que está cerca el reino de Dios,* agrega Lucas.

La complicación aumenta cuando se enseña sin fundamentos claros y de peso que la generación a partir de la fundación del Estado de Israel en el 1948, es la que permanecerá hasta que todo eso acontezca. Y comienza el conteo de los años de esta última generación, porque se puede contar una generación de 70 u 80 años que es la duración de vida de los seres humanos, como lo indica el Salmo 90. Estas creencias son totalmente infundadas y, por lo tanto, falsas. Como es de esperar, conducen a fallos: poner fechas aproximadas del rapto

semejante como» Mt. 28:3: "su aspecto era como un relámpago, y su vestido blanco como la nieve". Por tanto, no es una profecía, ni tiene un significado escatológico (De la Fuente, Tomás, *Claves de interpretación bíblica,* p. 85, Casa Bautista de Publicaciones, El Paso, Texas, 1992).

y contar 7 años para la venida del Señor. Si se suma 70 u 80 años a 1948 da los años tentativos del rapto dentro del 2018 al 2028, más 7 años, suma 2035. A la sazón, si así fuera la iglesia estaría a escasos años de dichos acontecimientos escatológicos. Explico, con detalle, en otro apartado que el arrebatamiento y la segunda venida son simultáneos, no hay tales 7 años en medio, de acuerdo a 2Ts. 4:16-17.

Una interpretación natural y más apegada a una correcta exégesis es que el símil de la higuera se refiere en parte al cumplimiento de la generación que vio la destrucción del templo. Cuando Jesús dijo a los discípulos que aprendieran de la parábola de la higuera, estaba usando esa analogía, para que los discípulos aprendieran a discernir los tiempos y las señales previas al fin y a la segunda venida. No era una profecía sobre Israel, ni mucho menos sobre el renacimiento del Estado de Israel en el año de *1948*. Así como los primeros brotes y hojas de las ramas anuncian que el verano está cerca, así las señales que ha explicado anuncian que los acontecimientos y su segunda venida están cerca.

4.8 La reconstrucción física del tercer templo antes de la segunda venida

La doctrina sobre la reconstrucción del templo es comúnmente aceptada por un buen sector de la Iglesia evangélica. Cito una porción de un libro que enseña dicha creencia: "Luego en 1967, en la guerra de los seis días, cuando fueron atacados los israelitas y estos, providencial, o milagrosamente, vencieron una cantidad increíble de enemigos y reconquistaron Jerusalén y se podría decir que al reloj se le adjuntó la aguja de los minutos. Aun así, no funcionaba como cronómetro, porque le hacía falta la segundera. Lo único que está pendiente para que el reloj esté completo para que marque el inicio de la hora final, es que Israel restaure su templo" (Enríquez, 2000).

Uno de los argumentos de esa creencia es que el templo tiene que ser construido de nuevo en Jerusalén porque los profetas lo anunciaron para la reanudación de los sacrificios. Agrega que el anticristo entonces podrá suspender los sacrificios durante la gran tribulación. Considero que esta forma de argumentar pone en evidencia que un error lleva a otro y el enredo se alarga. Según ellos, es lógico que, si el templo no existe entonces, no habrá sacrificios y si no hay sacrificios el anticristo no tendría necesidad de suspenderlos. Es una explicación falaz. No tiene ni un solo asidero bíblico. Eso sí, citan los versículos de Mt. 24:15 y Dn. 9:27 fuera de contexto para sostener sus especulaciones. Citan el pasaje de 2Ts. 2:3-4: "Que nadie los engañe en ninguna manera, porque no vendrá sin que primero venga la apostasía y sea revelado el hombre de pecado, el hijo de perdición. [4] Este se opone y se exalta sobre todo lo que se llama Dios o es objeto de culto, de manera que se sienta en el templo de Dios, presentándose como si fuera Dios".

Pero hay referencias en el Nuevo Testamento que exponen con certeza que el templo es la Iglesia y está formado por cada creyente en el que mora el Espíritu Santo:

1Co. 3:16: ¿No saben que ustedes son templo de Dios y que el Espíritu de Dios habita en ustedes?

1Co. 6:19: ¿O no saben que su cuerpo es templo del Espíritu Santo que está en ustedes, el cual tienen de Dios, y que ustedes no se pertenecen a sí mismos?

2Co. 6:16: ¿O qué acuerdo tiene el templo de Dios con los ídolos? Porque nosotros somos el templo del Dios vivo, como Dios dijo: "habitaré en ellos, y andaré entre ellos; Y seré su Dios, y ellos serán Mi pueblo".

Ef. 2:20-21: "Están edificados sobre el fundamento de los apóstoles y profetas, siendo Cristo Jesús mismo la *piedra* angular, [21] en quien todo el edificio, bien ajustado, va creciendo para *ser* un templo santo en el Señor".

1Pe. 2:5: "De esta manera, Dios hará de ustedes, como de piedras vivas, un templo espiritual, un sacerdocio santo, que por medio de Jesucristo ofrezca sacrificios espirituales, agradables a Dios".

Si el apóstol Pablo ha dicho en varias cartas que la Iglesia es el templo espiritual, es imposible que signifique un templo físico de piedra, cemento, madera y otros materiales de construcción.

Ante tanta evidencia es cosa insólita que amarren a la fuerza ideas discordantes para que soporten todas las doctrinas equivocadas como la gran tribulación a la mitad de la semana setenta, el anticristo y la reconstrucción del templo. Lo que les queda es seguir sosteniendo con cabeza y manos esa armazón escatológica ficticia. Triste es que fuercen el texto y lo hagan decir lo que no dice: que se refiere al templo físico reconstruido, en el que el anticristo hará cesar el sacrificio y en el cual se colocará el sacrificio inmundo de animales de la abominación desoladora. Es mucha la especulación.

Lo que quiere decir Pablo sencillamente es que en el tiempo de apostasía el hombre de pecado tomará protagonismo en la Iglesia del Señor, confundiendo a una parte de la Iglesia. Pero, otra vez, no es el anticristo, es el hombre de pecado, un falso dios, o un falso cristo que promueve que lo adoren porque él se proclama a sí mismo Dios.

Froese, opina que la segunda venida y la gran tribulación no se relacionan en nada con la reconstrucción del templo en Jerusalén y menos para que el anticristo se levante a sí mismo en ese templo para proclamarse Dios (Froese, 2005).

Esas doctrinas impresentables entraron en escena desde el inicio de la Iglesia. Hay registros históricos de manifestaciones de apostasía en las que algunos han intentado reconstruir el templo, dando cumplimento por mano propia a los requisitos para que ocurra la segunda venida de Cristo. Uno de ellos es el emperador romano Juliano II en el año 363 d.C. Amiano Marcelino, uno de los amigos cercanos del emperador lo describe así: "Juliano pretende reconstruir a un precio extravagante el que una vez fuera el orgulloso templo de Jerusalén, encargando esta tarea a Alipio de Antioquía. Alipio puso manos a la obra, ayudado por el gobernador de la provincia. Pero unas temibles bolas de fuego estallaron cerca de las obras, y tras continuados ataques, los obreros abandonaron y no volvieron a acercarse a las obras". Fuerzas extrañas se opusieron: aconteció un terremoto, las dudas cubrieron a los mismos judíos sobre el proyecto, algunos afirmaron que la razón principal fue un sabotaje y un incendio accidental. Pero algunos historiadores de la Iglesia de la época

atribuyen el fracaso a la oposición divina.(https://es.istanbulseo.net/
Timeline_of_the_history_of_the_region_of_Palestine).

En base a las citas del Nuevo Testamento que se refieren al templo de Dios, opino que la idea o profecía sobre la construcción del templo no procede de la doctrina de Cristo y los apóstoles. En 2Ts. 2:4, Pablo hablando de la apostasía del fin de los tiempos dice que el hombre de pecado va a "sentarse él mismo en el templo de Dios, manifestándose a sí mismo que es Dios". Pero el templo de Dios mencionado en la profecía de 2Ts. 2:4, no apunta en absoluto a un templo físico, como lo he explicado en los párrafos anteriores, se refiere a la Iglesia que es el nuevo templo como lo he demostrado. Los veredictos errados sobre el tema se deben a los errores masivos en comprender las profecías del Nuevo Testamento, resultando en teorías absurdas sobre el fin de los tiempos.

Agrego otros argumentos bíblicos, históricos y teológicos. En primer lugar, el templo de Dios en la profecía de 2Ts. 2:4 ciertamente no es la reconstrucción del templo de Jerusalén, un templo judío, porque no corresponde al verdadero templo de Dios. Es lamentable que adopten la posición de que el hombre de pecado va a sentarse en un templo reconstruido en Jerusalén. Es cierto que las ceremonias y los sacrificios del judaísmo de la antigua ley fueron signos que apuntaban hacia Cristo; pero después de la primera venida del Mesías y su muerte expiatoria, dichas ceremonias cesaron. El nuevo pacto en la sangre de Cristo instituyó el bautismo en agua y la cena del Señor, nada más.

En esa línea de pensamiento, Gonzaga resalta esa opinión, y cita el Concilio *de Florencia*, realizado en el año 1441, en el que se reconoce que la Iglesia enseñaba que la ley ceremonial del Antiguo Testamento, la Ley de Moisés se dividían en ceremonias, objetos sagrados, sacrificios y rituales. Y eso significaba algo por venir, mientras llegaba el nuevo pacto. Con la muerte de Jesucristo fueron cesados las ofrendas y los sacrificios de una vez por todas. Si se entiende eso, entonces cobra significado el contenido de la carta a los hebreos, que hace un llamado suplicante para los judíos convertidos a Cristo para que no regresen a los sacrificios y leyes ceremoniales antiguo testamentarias. Ya no son necesarias a causa de la única y suficiente ofrenda perfecta que santificó perpetuamente a los creyentes. Y si hay alguien que regresa a sacrificar al templo, con el conocimiento de Cristo, le espera una horrenda expectativa de juicio (Gonzaga, 1966).

Tomás de Aquino reflexiona en la misma perspectiva. Afirma que las ceremonias antiguas significaban a Cristo, que nacería y padecería; pero nuestros sacramentos lo significan como nacido y muerto. Y cómo pecaría quien ahora hiciera profesión de su fe diciendo que Cristo había de nacer, lo que los antiguos con piedad y verdad decían, *así pecaría mortalmente el que ahora observase los ritos* que los antiguos patriarcas observaban piadosa y fielmente. Esto es lo que dice San Agustín en *Contra Faustum* (Aquino, Tomás, *Summa Theologica* I-II, p. 103, art. 4).

Tomás de Aquino explicó correctamente que las ceremonias de la antigua ley significaban que las personas estaban esperando la venida del Mesías. Se deduce claramente que no es necesaria la reconstrucción de un nuevo templo en Jerusalén.

4.9 El inminente retorno de Cristo

Los teólogos, exégetas, comentaristas, pastores, maestros y cristianos que sostienen esa doctrina enseñan que el rapto de la Iglesia puede ocurrir en cualquier momento, sin esperar que se cumplan ciertos acontecimientos, de ahí la expresión *el rapto puede ser hoy*. Así lo explica uno de los comentaristas que cree dicha postura: "los que hayan sido resucitados, primera actividad divina en el traslado de la Iglesia, no preceden a los vivos, sino que juntamente con ellos, esto es, todos seremos arrebatados en las nubes. El verbo *Harpazo*, indica una acción rápida, semejante al zarpazo de una fiera cuando atrapa a su presa. Supone esto que el acontecimiento será inmediato además de inminente".[16]

---

[16] Millos, Samuel, *Comentario exegético al texto del Nuevo Testamento*, 1ª y 2ª Tesalonicenses, p. 277, Editorial CLIE, Barcelona, 2014.

Para sustentar la postura evangélica, sus promotores presentan varios textos de la Escritura.

Cito los más populares:

Stg. 5:7-9: "Por tanto, hermanos, tened paciencia hasta la venida del Señor. Mirad cómo el labrador espera el precioso fruto de la tierra, aguardando con paciencia hasta que reciba la lluvia temprana y la tardía. Tened también vosotros paciencia, y afirmad vuestros corazones; porque la venida del Señor se acerca. Hermanos, no os quejéis unos contra otros, para que no seáis condenados; he aquí, el juez está delante de la puerta".

Este texto afirma lo contrario a un retorno o venida inminentes, cuando dice que "tengan paciencia hasta la venida del Señor" enseña que no será inmediatamente, ni en cualquier momento, sino que es necesaria una espera paciente hasta que llegue el tiempo del Señor. La frase "porque la venida del Señor se acerca", sí puede referirse que no pasará demasiado tiempo, pero no dice que será en cualquier momento. El pensamiento central es "esperar con paciencia" y ello indica que pasará un buen tiempo para que el Señor venga, no dice que estén alertas porque puede ser hoy mismo, o mañana o pasado mañana. Pero esta creencia popular insiste en que el rapto es inminente y que la segunda venida ocurre siete años después.

Santiago coloca el ejemplo del labrador que espera el fruto de la tierra, ese principio contradice el retorno inminente y refuerza que no lo hay. Antes acontecen en escalada varios hechos. El labrador sabe que su cosecha no puede ser inminente, en cualquier momento de manera inmediata después de haber sembrado. Él sabe esperar con paciencia porque tendrá que pasar un tiempo para cosechar.

Otro ejemplo de la naturaleza para apoyar el argumento del retorno no inminente es el del árbol de olivo. El labrador de los tiempos bíblicos lo conocía muy bien porque este es parte de la historia de Israel. Después de sembrarlo, en las mejores condiciones, hay que esperar siete años para que comience a dar los primeros frutos y a los catorce años alcanza su madurez (Ropero, p. 1835, 2013). Entonces el labrador tiene que armarse de paciencia porque sabe que tardará un buen tiempo para que venga la cosecha y el pleno rendimiento. Su cosecha no es inminente.

Otro argumento que observo es el hecho que para Pedro no había posibilidad de la experiencia del retorno inminente porque Cristo le anunció que viviría hasta la vejez y pasaría por una muerte de mártir.

Otro texto que citan los defensores del rapto inminente es el de 1Pe. 4:7: "Mas el fin de todas las cosas se acerca; sed, pues, sobrios, y velad en oración". Si se analiza correctamente, se entiende que el versículo habla de la necesidad de orar, velar y tener una relación fraternal en servicio y con amor a los demás miembros de la congregación. Esa frase no habla específicamente ni del rapto, ni de la segunda venida inminentes. Es una afirmación amplia que se asemeja a otros pasajes: "La noche ya está muy avanzada y el día se acerca" (Ro. 13:12), "Ha llegado el fin de los tiempos" (1Co. 10:11), "El tiempo está cerca" afirma Juan.

Los mejores biblistas enseñan que desde que Cristo vino, el fin de todas las cosas está cerca; Dios ha irrumpido en la historia; las profecías se han cumplido; ha iniciado el fin de todas las cosas. Hay que tomar en cuenta que la palabra "cerca" es relativa, puede abarcar generaciones y siglos. En el Salmo 90 dice que mil años para el Señor es como una de las vigilias de la noche. Y Pedro mismo llega a entender que "cerca" es relativo, pues él también afirma que "para el Señor un día es como mil años y mil años como un día". Este pasaje no se refiere en absoluto al retorno inminente de Cristo.

Heb. 10:24-25: "Y considerémonos unos a otros para estimularnos al amor y a las buenas obras; no dejando de congregarnos, como algunos tienen por costumbre, sino exhortándonos; y tanto más, cuanto veis que aquel día se acerca".

La explicación del pasaje anterior se aplica a este.

1Jn. 2:18: "Hijitos, ya es el último tiempo; y según vosotros oísteis que el anticristo viene, así ahora han surgido muchos anticristos; por esto conocemos que es el último tiempo".

Este pasaje no se relaciona con el inminente retorno del Señor. Explica acerca del anticristo y los muchos anticristos que ya existían en el tiempo de Juan. Afirma que los últimos tiempos habían comenzado. Esto confirma la opinión de que el fin de todas las cosas comenzó con la primera venida de Jesucristo.

Ap. 1:1: "La revelación de Jesucristo, que Dios le dio, para mostrar a sus siervos las cosas que deben suceder pronto; y la dio a conocer, enviándola por medio de su ángel a su siervo Juan".

Las tres interpretaciones más conocidas que vimos anteriormente en otro apartado son:

La preterista: toda la profecía de este libro ya se cumplió.

La futurista: aparte de las 7 iglesias reales que se mencionan en los primeros capítulos, todo lo demás se cumplirá en el futuro.

La preterista-futurista: Explica que una parte de los acontecimientos se cumplieron en el año 70 d.C., otros se cumplen en el presente delante de nuestros ojos, pero no lo hemos discernido y la otra parte se cumplirá en el futuro. El punto es que citar este pasaje para afirmar el retorno inminente se comete el pecado de la generalización asumiendo que encaja la doctrina del inminente retorno.

1Jn. 2:28: "Y ahora, hijitos, permaneced en él, para que cuando se manifieste, tengamos confianza, para que en su venida no nos alejemos de él avergonzados".

El texto habla sencillamente que los cristianos debemos ser fieles para que cuando él venga demos buena cuenta de nuestras acciones como cristianos. Se refiere más a la fidelidad y a la recompensa de los creyentes que al retorno de Cristo en cualquier momento.

1Pe. 5:4: "Así, cuando venga el gran pastor, recibirán una corona de gloria y honor eternos".

Sí, el Señor en su venida recompensará a los cristianos fieles que trabajaron y sirvieron fielmente pero tampoco está refiriéndose a que su venida puede ser en cualquier momento.

Col. 3:4: "Cuando Cristo, nuestra vida sea manifestado, entonces vosotros también seréis manifestados con Él en gloria".

La manifestación del Señor en su segunda venida resucitará a los muertos que creyeron en él y transformará a los que estén vivos, de nuevo, no se refiere al inminente retorno del Señor.

2Ti. 4:8: "En el futuro me está reservada la corona de justicia que el Señor, el Juez justo, me entregará en aquel día; y no solo a mí, sino también a todos los que aman su venida".

Pablo aquí está hablando del día de su venida y la recompensa por haber amado esa venida. No dice que su venida puede ser en cualquier momento. Pablo supo que el retorno del Señor no era inminente por varios años de su ministerio, porque el Señor le anunció un largo itinerario en su carrera en el apostolado.

Pablo no se contradice. En 2Ts. 2, explica que habrá acontecimientos previos a la venida del Señor. Se tienen que cumplir, antes no puede regresar el Señor. Entonces la venida del Señor no era en cualquier momento. ¡No! habrían de ocurrir eventos visibles: la apostasía, la revelación del hombre de pecado: 2Ts. 2:2-3: "Que no seáis sacudidos fácilmente en vuestro modo de pensar, ni os alarméis, ni por espíritu, ni por palabra, ni por carta como *si fuera* de nosotros, en el sentido de que el día del Señor ha llegado. ³ Que nadie os engañe en ninguna manera, porque *no vendrá* sin que primero venga la apostasía y sea revelado el hombre de pecado, el hijo de perdición".

Los partidarios del rapto y la segunda venida inminentes citan, además, Mt. 24:42: "Velad, pues, porque no sabéis a qué hora ha de venir vuestro Señor". Y agregan: "Ni los apóstoles mismos sabían la hora exacta, mucho menos nosotros para afirmar el retorno inminente del Señor"; no citan todos los textos que dicen que habrá de suceder eventos previos, uno tras otro y luego que todo eso haya acontecido, hasta entonces vendrá el Señor por segunda vez.

Llegan a la conclusión de que "la demora del Señor es porque Dios permite que exista este tiempo para que la gente escuche el evangelio".

Bien, la enseñanza bíblica afirma que para que el Señor venga tendrá que ser predicado el evangelio en todo el mundo: Mt. 24:14: "y será predicado este evangelio del reino en todo el mundo, para testimonio a todas las naciones; y entonces vendrá el fin".

Pedro también lo sabía. Dios es paciente con la Iglesia para que evangelice a todo el mundo y entonces vendrá el Señor: "El Señor no retarda su promesa, según algunos la tienen por tardanza, sino que es paciente para con nosotros, no queriendo que ninguno perezca, sino que todos procedan al arrepentimiento" (2Pe. 3:9).

Pero los creyentes del retorno inminente, insisten en que no se sabe cuándo Cristo volverá, solo que puede ser en cualquier momento. Pero según 2 Tesalonicenses capítulo cinco son los impíos los que no sabrán. Para ellos el Señor vendrá como ladrón en la noche, más para los cristianos que están en plena comunión con su Espíritu, sí pueden discernir las señales y saber con cierta aproximación la venida del Señor: 1Ts. 5:1-8: Ahora bien, hermanos, con respecto a los tiempos y a las épocas, no tenéis necesidad de que se os escriba *nada*. ² Pues vosotros mismos sabéis perfectamente que el día del Señor vendrá así como un ladrón en la noche; ³ *que* cuando estén diciendo: Paz y seguridad, entonces la destrucción vendrá sobre ellos repentinamente, como dolores de parto a una mujer que está encinta, y no escaparán. ⁴ Mas vosotros, hermanos, no estáis en tinieblas, para que el día os sorprenda como ladrón; ⁵ porque todos vosotros sois hijos de la luz e hijos del día. No somos de la noche ni de las tinieblas. ⁶ Por tanto, no durmamos como los demás, sino estemos alerta y seamos sobrios. ⁷ Porque los que duermen, de noche duermen, y los que se emborrachan, de noche se emborrachan. ⁸ Pero puesto que nosotros somos del día, seamos sobrios, habiéndonos puesto la coraza de la fe y del amor, y por yelmo la esperanza de la salvación.

Otro texto que usan para afirmar el rapto inminente, la segunda venida y el escape de la Iglesia de la gran tribulación es 1Ts. 1:9: "Porque no nos ha puesto Dios para ira, sino para alcanzar salvación por medio de nuestro Señor Jesucristo".

En los versículos anteriores a este Pablo explica que a los incrédulos les sorprenderá el retorno del Señor, mientras que a los cristianos no porque somos hijos de luz, no estamos en tinieblas y, por consiguiente, tenemos la capacidad de velar y orar, para discernir los tiempos aproximados de la venida; en este versículo 1:9 concluye que por ser hijos de Dios no somos condenados bajo la ira de Dios, sino que hemos sido puestos para ser salvos a través de Cristo. Pablo no dice nada en absoluto sobre el acontecimiento escatológico del retorno inminente. Tampoco está hablando de la gran tribulación final sobre Israel de la cual la Iglesia escapará como algunos piensan.

En resumen, en mi opinión todos estos textos demuestran que la primera Iglesia creía fervientemente en la segunda venida del Señor, no en el rapto inminente, tampoco en la inminente segunda venida del Señor, porque tienen que acontecer varios hechos para que venga el Señor. El Señor no puede venir en cualquier momento, si el Evangelio no ha llegado a todas las naciones como lo profetizó Jesús.

Grau afirma que la doctrina de la segunda venida siempre fue central en la Iglesia del principio. No se avizoraba tampoco la afirmación del otro extremo: la negación de la doctrina de la segunda venida de Cristo como lo enseñó Bultmann, o la alegorización de esta por Schweitzer y sus seguidores (Grau, 1990).

4.10 La Iglesia no pasará la gran tribulación

Los autores que afirman que la Iglesia no pasará la gran tribulación se apoyan en los siguientes textos:

1Ts. 5:9: "Porque no nos ha puesto Dios para ira, sino para alcanzar salvación por medio de nuestro Señor Jesucristo".

Aducen que la palabra ira en este texto se refiere a la gran tribulación, pero no. Por los versículos anteriores y posteriores es claro que se refiere a la condenación eterna de los incrédulos y a la salvación de los cristianos por medio de Jesucristo, como lo indiqué anteriormente.

Tit. 2:13: "aguardando la esperanza bienaventurada y la manifestación de la gloria de nuestro gran Dios y Salvador Cristo Jesús".

Afirman que, si la manifestación de Cristo es bienaventurada, entonces la Iglesia no tiene porqué sufrir la gran tribulación por lo que tiene que ser arrebatada antes. A mi criterio esa deducción es espiritualista, carente de exégesis. Además, el Nuevo Testamento demuestra que Jesús, los apóstoles y Pablo, pasaron grandes sufrimientos, al igual que la Iglesia ha sufrido grandes persecuciones y tribulaciones de toda clase.

Este es otro texto favorito de esa postura: Lc. 21:36: "Mas velad en todo tiempo, orando para que tengáis fuerza para escapar de todas estas cosas que están por suceder y podáis estar en pie delante del Hijo del Hombre".

El primer aspecto que hay que tomar en cuenta es que este pasaje de Lucas se encuentra dentro del contexto de los tiempos del fin, pero no quiere decir que el escapar significa aquí ser arrebatados, como ellos piensan. Escapar del juicio significa no ser alcanzado por este, aunque se esté en medio o cerca, por ejemplo, Noé escapó de la destrucción que causó el diluvio, pero la pasó en medio todo el tiempo que duró y fue preservado. Lot escapó por su vida, pero no desapareció físicamente, experimentó de cerca la destrucción de Sodoma y Gomorra. Así los ejemplos, el hecho de que la Iglesia escape, no implica que tenga que ser arrebatada. Aquí no se refiere en absoluto al arrebatamiento, librándose de la gran tribulación.

Otro texto que citan con frecuencia los pretribulacionistas es Ap. 3:10: "Porque has guardado la palabra de mi perseverancia, yo también te guardaré de la hora de la prueba, esa hora que está por venir sobre todo el mundo para poner a prueba a los que habitan sobre la tierra".

Aquí se aplica el mismo principio, el hecho que el Señor guarde a la Iglesia de la tribulación que vendrá sobre el mundo entero, no implica que los sacará de la tierra completamente. Muchos pasajes de la Escritura demuestran que el Señor libró a Israel del ejército del Faraón que los perseguía; los guardó de morir ahogados en el mar abriéndolo en dos; del calor extremo en el desierto por medio de la nube que los cubría; del intenso frío de la noche y madrugada por medio de la columna de fuego; los libró de la deshidratación dándoles a beber agua que brotaba de las rocas; de los poderosos ejércitos enemigos y de las ciudades que enfrentaron camino a la tierra prometida. Incluso preservó a Israel y Judá cuando fueron llevados cautivos a Babilonia y a Asiria. Asimismo, la Iglesia fue preservada en medio de la tortura, persecución, muerte, provocadas por los judíos antes del año 100 d.C., y también la libró de las más horrendas y sistemáticas persecuciones del Imperio romano durante casi tres siglos. El ejemplo ha sido librar "en medio de" no sacando del mundo hacia un lugar escondido o sacando su pueblo hacia el cielo. De manera individual encuentro que el Señor libró a José en medio de todas las pruebas; libró a Daniel en medio de los leones en el foso; libró a Sadrac, Mesac y Abed-nego en medio del horno de fuego. Insto a los creyentes a que recordemos que la Biblia nos enseña por el mandamiento y por el ejemplo.

Otro argumento pretribulacionista es que "El Señor Jesucristo nunca permitiría que su esposa sufriera la gran tribulación". Este razonamiento sentimentalista es engañoso. Es más romántico que sensato. En los profetas se describe al pueblo de Israel como la esposa del Señor y el Señor se dice así mismo: "Yo soy tu marido, tu hacedor". Se presenta a la luz de la historia del profeta Oseas como el que ama y perdona a su esposa infiel. El pueblo de Israel antes de llegar a la tierra prometida tuvo que pasar por el grande y terrible desierto y ha sufrido por generaciones hasta hoy grandes persecuciones. La Iglesia del Señor fue advertida que sufriría persecuciones y se ha cumplido a lo largo de dos mil años, en algunas épocas parte de la Iglesia fue exterminada. Por lo expuesto, considero que no es válido ese argumento sentimentalista.

Stam, en esa línea de pensamiento, afirma que ningún pasaje de la Biblia ubica los hechos simultáneos de la segunda venida, el arrebatamiento y la resurrección de los cuerpos de los santos y la transformación de los creyentes que estén con vida antes de la gran tribulación. Al contrario, el mensaje apocalíptico de Jesús en Mt. 24 y el de Juan en el libro de Ap. 20:4-6 los ubican después de la última tribulación y la primera resurrección (Stam, 1999).

En mi opinión, mientras la Iglesia militante permanezca en la tierra tendrá tribulación y gran tribulación. Pero su tribulación no se relaciona con la gran tribulación anunciada por los profetas al pueblo de Israel. En el caso de Daniel se le dijo acerca de la gran tribulación "a tu pueblo" (Dn. 12:1); y Jesús confirma esa gran tribulación para Jerusalén en los evangelios, en los capítulos de Mt. 24, Lc. 21, Mr. 13. Así la cuestión, la gran tribulación anunciada por Daniel y confirmada por Jesús, tiene un doble complimiento.

El primero aconteció en la destrucción de Jerusalén en el año 70 d.C., pero vendrá otra, la más grande y final tribulación para Israel, pero no para la Iglesia en el sentido estricto. La Iglesia seguirá padeciendo sufrimientos y diversos tipos de tribulación: rechazo, muerte, oposición, persecución por diversos métodos, incluido el de promulgación de leyes globales que socaven su misión. Pero no será vencida, porque ni las puertas del infierno de muerte prevalecerán contra ella.

4.11 Los siete años de gran tribulación

La doctrina evangélica en general afirma que la gran tribulación durará sietes años continuos,[17] pero durante los primeros tres años y medio, aunque son parte de la gran tribulación habrá un aparente éxito del anticristo y su nuevo orden mundial. Al concluir esos primeros tres años y medio el anticristo demandará que los sacrificios sean interrumpidos y para respaldar esa creencia citan atropelladamente Dn. 9:27: "Y él hará un pacto firme con muchos por una semana, pero a la mitad de la semana pondrá fin al sacrificio y a la ofrenda de cereal. Sobre el ala de abominaciones *vendrá* el desolador, hasta que una destrucción completa, la que está decretada, sea derramada sobre el desolador".

En una relectura del pasaje de Daniel y de los textos cruzados sobre ese tema en el Nuevo Testamento, no encuentro ningún fundamento bíblico que sustente esta doctrina de siete años exactos continuos de gran tribulación que comienzan al darse el arrebatamiento. El texto de Dn. 9:27, no dice nada al respecto. Para reforzar su argumento echan mano del alegorismo al afirmar que son siete años de tribulación para los impíos, preservando a la Iglesia

---

[17] Al hablar de la doctrina evangélica me refiero a todas aquellas enseñanzas que afirman que la esencia del evangelio consiste en la doctrina de la salvación por gracia a través de la fe sola, en Cristo solo. Defienden la necesidad de la conversión como el hecho de nacer de nuevo. Tiene en alta estima la Biblia como la revelación y la palabra de Dios escrita. Está comprometida con la difusión del evangelio por todos los medios. En relación a los eventos del fin abrazan el dispensacionalismo.

mediante el arrebatamiento a semejanza de Noé que estuvo cuarenta días guardado en el arca mientras afuera ocurría el diluvio para los impíos. Pero esa alegoría en forma de "tipo" más bien es un argumento en contra de lo que ellos mismos afirman. Grau, refiriéndose a esta cuestión afirma: "... el tipo que aparece en este capítulo va más bien en contra de la teoría dispensacionalista, porque después de que Noé entró en el arca no quedó ya después una segunda oportunidad para los que quedaron fuera" (Grau, 1990).

La parte bofa de los siete años de gran tribulación después del arrebatamiento es que se fondea sobre metáforas, alegorías, tipos y escasea una interpretación consecuente de los pasajes escatológicos y las parábolas como la de las diez vírgenes, la gran cena y otras. Como afirma Grau: "¿Cómo podría irrumpir el Día del Señor como ladrón, sin ser advertido, si el llamado arrebatamiento de la Iglesia y también el testimonio de los misioneros judíos estarían advirtiendo y proclamando que el Señor viene dentro de siete años como rey?" (Grau, 1990).

En cuanto al alcance geográfico de la gran tribulación descrita en Mateo y Lucas concluyo que acontecerá en la región de Jerusalén y el Israel geográfico. Las frases de Mt. 24: 16-20, "los que estén en Judea huyan a los montes", "el que está en el campo, no regrese a la ciudad", "pidan que no acontezca en el invierno ni en sábado", enseñan claramente un evento focalizado en Israel y no un evento mundial.

Hay que tomar en cuenta el hecho insólito de que el apóstol Pablo no menciona ni una sola vez la gran tribulación en todas sus cartas. Ello tiene mucho peso, demuestra contundentemente que no es una doctrina de primera línea en la fe cristiana.

4.12 Los siete años y el pacto entre el anticristo e Israel

Esta creencia declara que el anticristo confirmará un pacto de paz y seguridad con Israel por siete años, pero que lo romperá justo al terminar los primeros tres años y medio; y cuando el anticristo haya violado dicho pacto comenzará la gran tribulación recia de los subsiguientes tres años y medio. Enseguida el anticristo prohibirá que los judíos ofrezcan corderos y ofrecerá un cerdo u otro sacrificio abominable, acto que ellos llaman la abominación desoladora.

El problema de esta creencia es que esos siete años continuos de la tribulación y la gran tribulación no aparecen en ningún texto de la Escritura, solamente se describen tres años y medio de tribulación y persecución: 1260 días y 42 meses en Ap. 11:1-3; 12:6, cuarenta y dos meses en Ap. 13:5, o tres años y medio de la gran tribulación en Dn. 9:27 expresado en un "tiempo" que es equivalente a un año, "tiempos" a dos años y "medio tiempo" a medio año: así, se trata de tres años y medio.

El texto de Daniel no se refiere al famoso pacto que firmará el anticristo con el pueblo de Israel, se relaciona con la profecía en la cual el Mesías es quien confirmará el pacto con Israel, y este no es otro que el nuevo pacto de la alianza, sellado con su propia sangre. Esta verdad la abordo con más detalle en otro apartado.

4.13 Los siete años de diferencia entre el rapto y la segunda venida

Los que afirman que existen esos siete años de diferencia entre el rapto y la segunda venida, creen que pueden probarlo en el pasaje de la semana setenta en el libro de Daniel. Es el pasaje principal al que se aferran para "explicar cómo ocurrirá" esos siete años de tribulación. Si se examina cuidadosamente en este texto no se encuentra base para tales afirmaciones. Tampoco existe un versículo, versículos o pasaje en otra parte de las Escrituras que describan los siete años de gran tribulación entre el rapto y la segunda venida. ¡No los hay! No existe un versículo en el libro de Apocalipsis que diga algo relacionado a siete años de tribulación y en todo caso sería el indicado en cuanto que el número siete es usado repetidamente. El tiempo que se menciona varias veces es el período que corresponde a tres años y medio, en Daniel se habla literalmente de: "Un tiempo, y tiempos, y la mitad de un tiempo".

Explico en otro apartado que el rapto y la segunda venida no son inminentes porque antes del retorno del Señor ocurren acontecimientos específicos. Además, de que el arrebatamiento y la segunda venida son simultáneos de acuerdo a 1Ts. 4:13-18. Pero para los que creen que el rapto y la segunda venida son inminentes; que entre estos hay una diferencia de siete años, resulta contradictorio pues el hecho de que el rapto sea inminente, pero luego transcurrirán exactamente siete años para la segunda venida, entonces esa venida ya no es inminente, ese planteamiento más bien bota su argumento.

4.14 Los últimos tiempos comenzaron en el siglo XX

Para la doctrina evangélica apocalíptica los últimos tiempos comenzaron en el siglo XX. Es la escuela futurista escatológica la que ha esparcido este pensamiento. Según esa postura todo queda para el final y ahora la iglesia de esta generación está viviendo los últimos tiempos. Es verdad que cronológicamente la venida del Señor está más cerca que antes, claro, es innegable. Pero el evento escatológico más importante que dio inicio a los últimos tiempos es la irrupción del reino de Dios por medio del nacimiento de Cristo, su vida, sus enseñanzas, la crucifixión, la resurrección, la ascensión de nuestro Señor y el derramamiento del Espíritu en Pentecostés sobre los ciento veinte discípulos, profetizado por Joel.

Cito otros pasajes del Nuevo Testamento que enseñan sobre el inicio de los últimos tiempos desde la época de Iglesia Primitiva:

1Co. 10:11: "Todo eso les sucedió para servir de ejemplo, y quedó escrito para advertencia nuestra, pues a nosotros nos ha llegado el fin de los tiempos".

Heb. 1:2: "Ahora, en estos tiempos últimos, nos ha hablado por su Hijo, mediante el cual creó los mundos y al cual ha hecho heredero de todas las cosas".

Heb. 9:26: "Si así fuera, Cristo habría tenido que morir muchas veces desde la creación del mundo; pero ahora, al final de los tiempos, se presentó una sola vez y para siempre, y se ofreció a sí mismo como sacrificio para quitar el pecado".

1Jn. 2:18: "Hijitos, han llegado los últimos tiempos; y así como ustedes oyeron que el anticristo viene, ahora han surgido muchos anticristos; por esto sabemos que han llegado los últimos tiempos".

Así las evidencias bíblicas, los últimos tiempos comenzaron hace dos mil años; es cierto que los tiempos corren hacia adelante, hacia un clímax en el que la iglesia se aproxima cada día más al gran final; por tanto, la redención de los cristianos está más cerca que cuando creyeron y ahora son más los últimos tiempos que los primeros últimos tiempos.

4.15 Babilonia la gran ramera

En el recorrido histórico de la Iglesia se han dado varias opiniones sobre la identidad de la Babilonia, la gran ciudad, la gran ramera de los capítulos 17 y 18 del libro de Apocalipsis. Comentaré las más relevantes:

El Imperio babilónico. En el tiempo del reino de Israel, la Babilonia histórica invadió a Jerusalén, mató a miles de israelitas, tomó por esclavos a hombres, mujeres y niños; saqueó la ciudad y los tesoros del templo (Jer. 39). Dicha Babilonia, además de su crueldad, se caracterizó por sus prácticas idólatras, injusticias infames, gloria mundana y pecaminosidad extrema. En ese sentido, la antigua Babilonia fue una gran ramera.

El Imperio griego, con su esplendor, cultura hedonista y creencias filosóficas, influenció grandemente a Israel y a la Iglesia del principio, así lo resume esta cita: "Más que ningún otro pueblo, el hebreo se ha adherido a las nuevas ciudades porque desde la antigüedad se producía en su seno un movimiento de dispersión. Si en algunos casos ha consolidado su estructura espiritual y afirma su personalidad como pueblo, en general ha sido sensible a las nuevas influencias. En

Alejandría y en las grandes ciudades del Asia seléucida, los hebreos han descubierto el vigoroso universo de las ideas griegas" (http://sadici.unlp.edu.ar).

El Nuevo Testamento muestra las influencias de las creencias gnósticas, docetistas, cerintianas en las iglesias del principio. Dichas influencias y creencias fueron declaradas heréticas posteriormente en los concilios cristianos. La ciudad de Atenas, símbolo de gloria del Imperio griego, se constituyó en una opositora espiritual a la ciudad de Jerusalén, por sus creencias, conductas idolátricas e inmorales, en ese sentido se opone Jerusalén sobre Atenas la Babilonia de modo figurado.

El Imperio Romano. Para Woodrow, Roma es Babilonia, la gran ciudad, la gran ramera. Todo el contenido de su famoso libro es una condensación de argumentos para probarlo, una pequeña muestra: "Cuando Roma se convirtió en un imperio mundial es un hecho conocido que ella asimiló dentro de su sistema a dioses y religiones de todos los países paganos sobre los cuales reinaba. Como Babilonia era el origen del paganismo de estos países, podemos ver cómo la nueva religión de la Roma pagana no era más que la idolatría babilónica que se desarrolló de varias formas y bajo diferentes nombres en las naciones a las que fue".[18]

La realidad es que son muchos los teólogos, comentaristas, exegetas, que consideran por unanimidad, que Roma es la gran ramera, debido a las crueles y sistemáticas persecuciones contra la Iglesia durante los primeros tres siglos d.C. Luego por la vida inmoral y la religiosidad corrupta de la Iglesia de Roma. Por eso se ha dicho "Roma contra Jerusalén". El Imperio romano siempre se caracterizó por la insaciable ambición de poder y gloria de la mayoría de sus dirigentes. El libro de los hechos relata el encuentro de Agripa con el apóstol Pablo, a quien le dijo que estuvo a punto de hacerse cristiano. Se deduce que, por los beneficios y prebendas que le ofrecían las mieles del poder, por un lado y las inherentes presiones

---

[18] Woodrow, Ralph, *Babilonia misterio religioso, antiguo y moderno*, p. 14, Evangelistic Association Riverside, California, EE.UU., 2008.

políticas y familiares, por otro, le frenaron a convertirse a la fe cristiana (Hch. 25:13, 26:32).

Los emperadores y los demás hombres con altos cargos, les interesaba más la oportunidad de enriquecerse a costa del Imperio, que la verdad para salvación. Negociaban y buscaban componendas para mantenerse en el poder. A causa de esas acciones se le atribuyó a Roma ser la gran ramera, antes de que todo el Imperio oficializara la fe cristiana como la fe única. Esa interpretación continuó durante la época medieval, en la época de la Reforma Protestante, hasta nuestros días en las iglesias evangélicas fundamentalistas.

La histórica Babilonia, la culta Grecia, la diplomática Roma, todas contra Jerusalén en sus respectivas épocas, pueden ser tomadas como analogías de la gran ramera, pero especialmente Roma.

Teólogos, obispos, apologetas, pastores, exégetas consideran que Babilonia en Apocalipsis es una metáfora para referirse al Imperio romano. Sus recias e inhumanas maldades contra los creyentes, principalmente durante los primeros siglos, la delataban como la malvada gran ramera. Los métodos utilizados contra los cristianos fueron variados, pero siempre crueles: lanzados a los leones, quemados vivos, crucifixión, destierro, tortura, muertos a espada, enterrados vivos. En la Época Medieval y de la Reforma, la creencia respecto de la identidad de la gran ramera fue la misma. Los albigenses llamaban la gran prostituta a la Iglesia medieval a raíz del enfrentamiento de estos con el papa Inocencio tercero quien ordenó que fueran masacrados a principios del siglo XIII junto a todos los habitantes de la ciudad de Béziers en la que se escondían (Gálvez, 2015).

Los precursores de la Reforma, Jerónimo Savonarola y Federico II opositores férreos del papa, afirmaron sin incertidumbres, que consideraban a la Iglesia medieval con su sede en Roma como la ramera Babilónica, descrita en Apocalipsis. Un tiempo después, Martín Lutero, monje agustino hizo las mismas declaraciones y Dante[19]

---

[19] Dante Alighieri, bautizado como Dante di Alighiero degli Alighieri (Florencia, c. 29 de mayo de 1265-Rávena, 14 de septiembre de 1321), fue un poeta y escritor; autor de *La Divina Comedia*, una de las obras fundamentales de la transición del

en ese sentido usa esta imagen en el canto 19 de su infierno por su crítica a la guía oficial de Roma.

En la época presente, ciertos sectores de la Iglesia evangélica siguen enseñando que la Iglesia Católica Romana es la gran ramera. Algunos pocos amplían este concepto a las grandes religiones apoyadas por los estados. En la misma línea controversial de los anteriores, el autor colombiano Fernando Vallejo escribe en su libro *La prostituta de Babilonia* (Editorial Planeta Colombiana, 2007), que la Iglesia Católica Romana es la gran ramera.

Cito a otro autor: "Quiere decir que el sistema religioso de oposición a Dios ha estado presente de forma continuada, con las variaciones correspondientes a los tiempos, en el entorno del Imperio romano... este modo interpretativo coincide plenamente con la revelación sobre el Anticristo y su sistema religioso... de ahí que Babilonia se utilice como nombre del sistema surgido en el principio y extendido luego a lo largo de los siglos en diferentes lugares. Si la ciudad que se cita en la revelación de Juan es literalmente la capital religiosa y económica del reino del Anticristo, no puede estar situada en el *Reino de Norte,* en donde se encuentra geográficamente la Babilonia literal. Entiendo que este es el mejor modo de interpretar el significado de Babilonia en el contexto de Apocalipsis y en la Escritura en general" (Pérez Millos, p. 1011, 2010).

Las interpretaciones que más abundan sobre la identidad de la gran ramera, como he descrito, son las que afirman que la Iglesia del Imperio romano es esa ramera de rameras. En el caso de Millos, afirma lo mismo, pero argumenta en base a que "coincide con la revelación del Anticristo y su sistema religioso y porque se designa como la capital religiosa y económica del Anticristo, por la ubicación geográfica más cercana al contexto del apocalipsis". Considero que esa interpretación es ambigua porque se sostiene en base al Anticristo y no por la misma interpretación de los pasajes de la Escritura.

---

pensamiento medieval al renacentista y una de las cumbres de la literatura universal (Dante Alighieri 1265-1321,- datos.bne.es - Biblioteca ...https://datos.bne.es › resource).

Jerusalén. Otros eruditos afirman que Jerusalén es la gran ramera. Esta interpretación es apoyada por varios estudiosos bíblicos protestantes y judíos.[20] Afirman que la gran ramera del Apocalipsis es la Jerusalén terrenal en contraste con la nueva Jerusalén celestial, descrita al final de libro de Apocalipsis. La interpretación que hacen diversos eruditos bíblicos apunta a que se refiere a la Jerusalén[21] terrenal y se fundamentan en los siguientes pasajes:

Ap. 11:8: "Sus cadáveres *estarán* en la calle de la gran ciudad, que simbólicamente se llama Sodoma y Egipto, donde también su Señor fue crucificado". Lo que ponen en evidencia dichos autores en este versículo es que en el libro de Apocalipsis declara la prostitución de Jerusalén.

Is. 1:21: "¡Cómo se ha convertido en ramera la ciudad fiel, la *que* estaba llena de justicia! Moraba en ella la rectitud, mas ahora, asesinos".

Jer. 2:20: "Porque desde hace tiempo rompí tu yugo *y* arranqué tus coyundas; pero dijiste: «No serviré». Porque sobre toda colina alta y bajo todo árbol frondoso te echabas como ramera".

Estoy de acuerdo en que los pasajes anteriores dicen abiertamente que Jerusalén es una ramera. Lo que ponen en evidencia dichos autores en este versículo es que en el libro de Apocalipsis declara la prostitución de Jerusalén. Además, impresiona el hecho que las siete colinas en las que está sentada la gran ciudad de Apocalipsis son las siete colinas de Jerusalén. Las vestimentas de la mujer son similares a las del sumo sacerdote del templo de Jerusalén: Ex. 28:6: "El efod ha de ser de oro, tela morada, tela de púrpura, tela roja y lino torcido, bordado artísticamente". En el capítulo 16 del profeta Ezequiel se menciona a una ramera, con muchas descripciones paralelas a lo que

---

[20]   El libro judío: Los capítulos de Rabbí Eliezer (Pirke De-Rabbi Eliezer) hace mención a Jerusalén como "la ciudad de las siete colinas": Acra, Bezetah, Gareb, Goath, Moria, Ophel y Sión.
       Babilonia la grande pdf vonlinewebshop.nethttp://gevejonitu.onlinewebshop.net

[21]   Chilton, David (1988). *Días de retribución: una exposición del libro de Apocalipsis.* International Senior Citizens Assn.

dice de la ramera de Apocalipsis en el capítulo 17; hay más de 20 detalles que concuerdan de manera precisa.[22]

Varios profetas del Antiguo Testamento señalan a Israel, a Jerusalén, como una ramera: Oseas, en todos sus capítulos, describe a Israel como alguien que se ha prostituido continuadamente, y por extensión se refiere a Jerusalén, como una ramera con sus constantes adulterios y fornicaciones. Todo el libro de Oseas es una historia del profeta que simboliza a Dios amando y perdonando a Gomer la ramera que representa a los reinos de Israel y Judá en sus constantes desviaciones hacia la prostitución espiritual.

Otro detalle que pesa para afirmar que la Jerusalén terrenal es la gran ramera de Apocalipsis, es la irrefutable referencia cruzada entre los textos de Ap. 18:24, 17:6 y Mt. 23:25, Lc. 13:33.

Ap. 18:24: Y en ella fue hallada la sangre de los profetas, de los santos y de todos los que habían sido muertos sobre la tierra.

Ap. 17:6: Y vi a la mujer ebria de la sangre de los santos, y de la sangre de los testigos de Jesús. Y al verla, me asombré grandemente.

Mt. 23:35: Para que recaiga sobre vosotros *la culpa de* toda la sangre justa derramada sobre la tierra, desde la sangre del justo Abel hasta la sangre de Zacarías, hijo de Berequías, a quien asesinasteis entre el templo y el altar.

Lc. 13:33: Sin embargo, debo seguir mi camino, hoy, mañana y pasado mañana; porque no puede ser que un profeta muera fuera de Jerusalén.

Estos versículos tienen en común que, en la gran ciudad, llamada Babilonia en Ap. 18, ha sido hallada la sangre derramada de todos los profetas y Mateo confirma, juntamente con Lucas, que toda la sangre de los profetas ha sido derramada en Jerusalén.

Otro detalle bíblico es que Pablo afirma en Gá. 4:25, que Agar representa la Jerusalén terrenal. Es interesante que Agar era egipcia y hay una conectividad con lo que dice Ap. 11:8: "Jerusalén terrenal, donde Cristo fue crucificado, es Egipto en sentido espiritual".

---

[22] Gentry, Kenneth (2008). *The Book of Revelation Made Easy*. American Vision. *Un estudio sobre el Apocalipsis, la verdadera revelación.*

Ante la evidencia bíblica, se comprueba el principio de que la Biblia se interpreta a sí misma.

Me inclino bíblica y teológicamente por la opinión de los eruditos que afirman que la gran ramera de Apocalipsis es la Jerusalén terrenal. Claro que las otras grandes ciudades de los poderosos imperios de Babilonia, Atenas y Roma, se han comportado como rameras desde el punto de vista bíblico, por sus pecados, desviaciones, idolatría y promiscuidad. Espiritualmente, son vistas como rameras, que dieron la espalda al Dios verdadero y atacaron al pueblo de Dios, pero eso no las constituye en la Ramera Babilónica de Ap. 18.

4.16 Israel se salvará independiente de la Iglesia

Varios manuales evangélicos de escatología enseñan que Israel se salvará de manera independiente de la Iglesia y esa enseñanza se resume en las siguientes proposiciones:

a. La primera llamada la teología del reemplazo, dice que, si Israel rechazó al Mesías, entonces la Iglesia gentil tomó su lugar.

b. La creencia de la separación de los dos pueblos, afirma que la Iglesia e Israel son dos pueblos con propósitos, tratos y destinos diferentes.

Pero cuando regreso a lo que enseña la Biblia, veo de manera clara que tanto judíos como gentiles serán salvos solo por la fe en Jesucristo. No hay otro camino, no hay otro medio, no hay otra manera de salvarse y formar parte del nuevo pueblo. Los judíos y gentiles salvos forman el nuevo pueblo de Dios (1Pe. 2:4). Ambos son la gran familia de Dios (Ef. 2:19).

Capítulos enteros, pasajes largos, cartas completas, como la de Efesios, el Nuevo Testamento en general, enseñan que en eso consiste precisamente el misterio revelado: de dos pueblos de trasfondos diferentes Dios hizo en Cristo un solo pueblo: la Iglesia. Así las evidencias, el pueblo natural de Israel no se salvará independientemente de la Iglesia. No puede.

Todos seremos salvos en la simiente de Abraham y la simiente de Abraham es Cristo, es lo que confirman los siguientes versículos:

Gá. 3:16: "Ahora bien, las promesas fueron hechas a Abraham y a su simiente. No dice: «y a las simientes», como si hablara de muchos, sino: «y a tu simiente», como de uno, que es Cristo".

Gá. 3:29: "Y si ustedes son de Cristo, entonces son descendencia de Abraham, herederos según la promesa".

Ef. 3:6: "es decir, que los gentiles son, junto con Israel, beneficiarios de la misma herencia, miembros de un mismo cuerpo y participantes igualmente de la promesa en Cristo Jesús mediante el evangelio".

Tanto judíos como gentiles pueden ser salvos únicamente en Cristo y ambos forman la Iglesia del Señor.

4.17 La Comunidad Económica Europea, el Mercado Común, el anticristo, la bestia.

Esta enseñanza la afianzan en el versículo de Dn. 7:23 que dice: "Después me dijo: la cuarta bestia será un cuarto reino en la tierra, que será diferente de todos los *otros* reinos. Devorará toda la tierra, la pisoteará y la desmenuzará".

El trasfondo antiguo de esa creencia es que siempre se procuró la unión de los países europeos después de la caída de Roma en el año 476 d.C. En las épocas de las monarquías europeas, pese que se erigieron dentro de las mismas grandes y nobles familias, no se logró. Se pretendió la unificación por medio de las armas, con intentonas atrevidas como las de Carlo Magno fundando el Santo Imperio Romano con el respaldo del papa León III. Fue una unión efervescente. Así como subió, bajó estrepitosamente. Sucedió igual con los ensayos de Othon, Carlos V, Felipe II, Luis XIV, Napoleón I, Guillermo II.[23]

---

[23] Voltaire afirmó que esa unión entre Carlo Magno y el papa Inocencio III, con el nombre del Sacro Imperio Romano, era un sacrilegio pues, no era ni santo, ni Imperio, ni romano. Los demás intentos tampoco lograron unificar a los países de Europa (Gálvez, *Historia de la Iglesia*, 2015).

Posteriormente algunos teólogos, al saber que el Mercado Común Europeo agrupaba a las naciones de Francia, Alemania, Italia, Holanda, Bélgica, Luxemburgo, Inglaterra, Irlanda y Dinamarca, declararon que se cumplía la profecía de la visión de Daniel, porque esos nueve países eran nueve dedos de la estatua descrita. Afirmaron que esa unión sería la plataforma que usaría el anticristo para su gobierno y consumar su plan.

Mucha tinta corrió sobre este tema en relación a cómo el anticristo usaría sus estructuras para obtener el poder mundial que dominaría el planeta (Almeida, 1981).

Con relación al protagonismo del anticristo en el contexto de las naciones, Ryrie lo resume así: "El anticristo, este líder occidental será un personaje tan importante durante los días de la gran tribulación, Daniel lo llama el cuerno pequeño (7:8), Pablo lo llama el hombre de pecado (2Ts. 2:3), debemos examinarlo con más detenimiento. Será un gobernante muy influyente en la política de occidente. El Mercado Común Europeo o Mercomún, pudiera ser el eslabón entre los sucesos de hoy y los eventos de la gran tribulación. El Mercomún, ha logrado una especie de unión que por ahora es más económica que política, pero eventualmente podrá conducir a una alianza más fuerte y de mayores alcances entre las naciones de este grupo" (Ryrie, 1995).

Desde hace algunas décadas se ha visto el fracaso de los pronósticos, las predicciones y las especulaciones sobre personajes, instituciones, consorcios, que, según los portadores de esa creencia, tomarían el protagonismo bajo el anticristo durante la gran tribulación.

Varias de esas entidades y personajes mencionados han salido de escena como lo atestigua el tratado de Lisboa: "La Comunidad Económica Europea que le fue dada vida civil con el Tratado de Roma de 1957 desapareció como se le conocía en la época del apogeo de escritos sobre los grandes temas y confrontaciones de la guerra fría. Fue absorbida por la Unión europea y pasó a llamarse Comunidad Europea, estas a su vez fueron absorbidas por la estructura institucional de Unión Europea. Dejó de existir en el 2009 mediante el tratado de Lisboa, la CEE. El propósito de estas entidades, fue lograr la integración económica, incluyendo el Mercado Común y la unión aduanera" (Tratado de Lisboa - EUROPAhttps://www.europarl.europa.eu›treaty-of-lisbon).

4.18 La guerra fría y la escatología

La escasa escatología que se ha producido a lo largo de la historia ha tenido la tendencia de interpretar la trinidad del mal, con los protagonistas apocalípticos y los relaciona con personajes, oponentes políticos, religiosos. Es una escatología forjada más sobre temas políticos, sociales y económicos de cada época. Esa tendencia se puede rastrear en la época de los primeros cristianos, en la Época Medieval, en la Reforma Protestante, en la Época Moderna, en la guerra fría del siglo XX y seguirá ocurriendo en el siglo XXI.

En ese sentido, Roldán se refiere a los primeros apologistas que vieron al emperador romano como el anticristo, pero después de Constantino, se aplicó a los enemigos del imperio el mote de anticristo. Los reformadores vieron al papa como el anticristo; en la época de la Perestroika el mundo cristiano occidental tildó de falso profeta y anticristo a M. Gorbachov el primer ministro de Rusia de los años noventa. Recientemente, el norteamericano Lindsay afirmó que el anticristo será un europeo y emergerá del seno o muy cercano al Consejo Mundial de Iglesias y otras organizaciones ecuménicas similares (Roldán, 2002).

Escobar ha detectado con acierto la relación del capitalismo con la escatología norteamericana en oposición a otros sistemas de producción socialista. Explica que esa especulación se manifestó con fuerza durante la guerra fría: "En los últimos años, la guerra fría y el temor al comunismo han acentuado esta identificación hasta el punto de hacerla incondicional. Hay vastos sectores para los cuales no es una exageración lo que dice Jerald C. Brauer en el sentido de que ha habido... constantes presiones desde dentro y fuera de las Iglesias para alabar todo lo que constituye la vida americana de los Estados Unidos y silenciar toda crítica de la sociedad existente". También explica que los cristianos de las Iglesias evangélicas establecidas que se oponían a esa clase de escatología evangélica dispensacionalista, los consideraban sospechosos, incluso que el gobierno de los Estados Unidos inició cierta persecución y rechazo a los opositores de su escatología pronorteamericana y cita el ejemplo de un editorial de la revista Christianity Today, en el cual se ataca a los evangélicos que se han atrevido a criticar al gobierno norteamericano, acusándolos de conformarse a "la moda" (Escobar, 2019).

Así las cosas, es claro que el gobierno y el protestantismo norteamericano siempre han influenciado a los países latinoamericanos. Y en algunos casos han dirigido políticas específicas condicionadas al apoyo financiero y logístico. Los latinoamericanos sabemos que ellos trajeron el evangelio y que han estado cerca de todo el acontecer político, social, económico, con sus respectivas implicaciones.

En esa perspectiva es acertado lo que sigue afirmando Escobar: "Todo esto se trae a colación porque muchos evangélicos latinoamericanos se sienten obligados a adoptar exactamente la misma actitud, no solamente en cuanto a sus propios gobiernos, sino también en cuanto al gobierno de los Estados Unidos y su política exterior. Esta actitud, sin embargo, revela una contradicción básica entre la teología y la ética social de los evangélicos".

De todos modos, se mantiene esa tendencia de apoyo, teológico, bíblico, escatológico y político de cierto sector evangélico hacia el gobierno de los Estados Unidos. Dicho apoyo fue muy evidente durante la Guerra fría, pero continúa hasta hoy y de alguna manera continuará por la presión que recibe y se manifiesta en sus predicaciones, conferencias, libros, revistas, películas. Escobar lo describe con claridad: "... la escatología más popular y atractiva es esa especie de ciencia ficción que procura encontrar en versículos bíblicos, aislados de su contexto, predicciones acerca de Rusia, China, el Mercado Común Europeo y el Consejo Mundial de Iglesias. Un ejemplo de ello es la popularidad del libro *The Late Great Planet Earth de Hal Lindsay*, del cual se ha vendido más de un millón de ejemplares. Este libro interpreta el mundo de hoy con los ojos de la prensa republicana de los Estados Unidos, ataca a los enemigos del conservatismo y está permeado de un nacionalismo ingenuo pero agresivo" (Escobar, 2019).

4.19 El rapto secreto

Hace algunas décadas escuché los primeros sermones sobre el rapto y me impresionaron; pues la imagen en mi mente de la desaparición repentina solo de los creyentes consagrados y la posibilidad de que algunos creyentes tibios podían quedarse a sufrir la gran tribulación me provocaba cierta fascinación mezclada con miedo. Pero con el paso de los años y el estudio formal de la teología, fui perdiendo esa rara sensación.

Al releer el Nuevo Testamento sobre este famoso rapto secreto, descubrí que no tiene ningún basamento bíblico, pero es una de las doctrinas populares más espolvoreadas en el mundo evangélico. En la búsqueda del texto o textos del rapto secreto me topé con la realidad de que no hay ni uno solo que diga claramente que sucederá tal como lo enseñan sus defensores. Ahora, existe un solo pasaje en el que se menciona que "seremos arrebatados" y que será de manera visible; sumado a que ocurre de forma simultánea con la segunda venida. Y es el mismo pasaje que dos predicadores de la doctrina del rapto creen que tiene sustento en 1Ts. 4:16-17; pero cuando se examina cuidadosamente sale a relucir que en el esquema narrativo de la teología paulina no presenta tal doctrina. El pasaje de Tesalonicenses describe una segunda venida sincronizada con un arrebatamiento, visible y audible ambos.

Otro detalle es que si se cree tal como lo promueven, resulta una enseñanza que conduce a la creencia de tres venidas de Jesucristo: la primera venida en su nacimiento, vida, carácter, obra, enseñanza, la segunda en el rapto secreto o visible y la tercera en su venida gloriosa manifestada globalmente. Eso no lo enseña la Escritura.

Dentro de los promotores del rapto secreto desde el punto de vista dispensacionalista hay diferencias. Es sano abordar los aspectos generales en los que ellos están de acuerdo. Cimentan sus enseñanzas sobre Gn. 5:21-24; Jn. 14:1-3, 1Ts. 3:11-13, 4:13-18. El pasaje donde se apoyan para enseñar que el rapto es secreto es 1Ts. 5:2: "Porque vosotros sabéis perfectamente que el día del Señor vendrá, así como ladrón en la noche". Interpretan la frase "como ladrón" el que el Señor venga en secreto (La Haye, 1972). Pero una lectura atenta y una interpretación serena nos enseñan que la frase "como ladrón" se refiere a que será a la hora menos esperada no que sea escondida o secreta.

Grau escribe con detalles el origen de la creencia del rapto y se refiere a un factor antiguo que influyó en la formación de las enseñanzas del rapto secreto y las otras conectadas a este: fue la enseñanza futurista de los Jesuitas Francisco Ribera, Roberto Bellarmino y Lacunza. En la contrarreforma con su perspectiva futurista escatológica, lo dejan todo para el final, después que haya sido arrebatada la Iglesia. Según Grau, la intención encubierta era refutar la creencia protestante de que el papa era el anticristo y Roma la gran ramera. Ese enfoque escatológico católico lo toma prestado el dispensacionalismo incluyendo el literalismo exagerado y la interpretación talmúdica, sionista.

Sigue con los detalles del origen, afirmando que la doctrina del rapto se originó en Escocia en el año 1830 con la visión de una joven de 15 años llamada Margaret McDonald; ella tuvo una revelación en la que la segunda venida acontecería en dos etapas: el rapto antes de la gran tribulación y la segunda venida antes de la aparición del anticristo para arrebatar a un grupo de creyentes antes de la gran tribulación. Luego, R. Norton escribió sobre la visión afirmando que era la primera vez que se dividía en dos etapas la venida del Señor separadas por la semana 70 de las otras 69 que se describen en Daniel. Durante décadas el escrito quedó refundido hasta que un tiempo después, Dave McPherson investigando en bibliotecas dio con los documentos que prueban el origen del punto central del dispensacionalismo: el rapto secreto de la Iglesia, con el cual acaece el cumplimiento final de las profecías sobre el pueblo de Israel (Grau, 1990).

4.20 El dispensacionalismo y el origen de la creencia del rapto secreto

Ryrie explica que el movimiento dispensacionalista sistematizado no es reciente, al igual que otros. Reconoce que se configuró a partir de las enseñanzas de Darby; pero relata que hay referencias históricas de los conceptos: "Ireneo (130-200) ... por esta razón cuatro pactos principales fueron dados a la raza humana: el primero, antes del diluvio, bajo Adán; el segundo, después del diluvio, bajo Noé; el tercero, el de la ley, bajo Moisés; el cuarto, que es el que renueva al hombre y abarca todas las cosas... Clemente de Alejandría (150-220) diferenció tres dispensaciones patriarcales (en Adán, Noé y Abraham), como también la mosaica. Samuel Hanson Coxe (1793-1880) basó su propio sistema de siete dispensaciones en la cuádruple división de Clemente. Agustín también refleja esos conceptos tempranos del dispensacionalismo" (Ryrie, p. 63, 1992).

Es innegable que hay referencias antiguas de las dispensaciones. La complicación resulta a partir de la conformación y ampliación de todas las doctrinas del dispensacionalismo.

Grau, describe con detalle el origen del dispensacionalismo, cómo nació la creencia del rapto secreto y otras, en el seno de este movimiento escatológico. Con mis palabras les comparto la historia que narra Grau: N. Darby, fue el fundador de los Hermanos o Asambleas de hermanos cerrados,[24] fue uno de los impulsores de la doctrina que sopló fuertes vientos cruzando grandes distancias e impregnaron a Inglaterra; pese a la oposición de hombres de Dios como Muller, Newton, Tregelles. Muller tomó postura ante el auge del dispensacionalismo, diciendo: "Llegó un día en que tenía que tomar una decisión: O bien me afianzaba de la Biblia o me apartaba de Darby. Escogí quedarme con mi preciosa Biblia" (Grau, 1990).

Algunos "Hermanos de las Asambleas" que creyeron al principio las enseñanzas forjadas por Darby, las abandonaron al profundizar

---

[24] El adjetivo *cerrado* se aplica a los darbystas, pero es una evolución posterior e interna.

en el estudio de la Biblia, entre otros: F. Bruce, Elison. Otros reaccionaron abiertamente manifestando su rechazo en la revista evangélica The Witnees de Julio 1972. O. J. Smith de la Iglesia de Toronto manifestó: "por un tiempo creí el rapto secreto y las doctrinas dispensacionalistas encadenadas a este, pero luego de un estudio profundo y oración, encuentro que no hay ni un solo versículo que ampare la doctrina del rapto secreto". Así, Darby creó un sistema de enseñanzas e instrucciones basado en un rapto secreto y luego empezó a promover su particular idea en el año 1830. Darby se dedicaba a estudiar la Biblia e introdujo el resultado de sus estudios en el protestantismo británico, que rápidamente se extendió por todo el mundo (Grau, 1990).

John Nelson Darby era fanáticamente anticatólico. Y es reverenciado en los círculos evangélicos como el moderno fundador del rapto anterior a la tribulación, a pesar de que tomó la idea prestada del jesuita Iben Ezra y de Edward Irving. Darby viajó a lo largo y ancho de Europa y Gran Bretaña entre 1830 y 1840 predicando sus particulares creencias. Darby fue un infatigable reformador que pasó su vida predicando su doctrina del arrebatamiento y condenando al mismo tiempo a todos aquellos que no estaban de acuerdo con él y sus ideas. Ordenado sacerdote en la Iglesia de Inglaterra cuando tenía unos veinte años, pasó algunos años predicando a católicos, llegando a proclamar en un determinado momento que estaba convirtiendo entre seiscientas y ochocientas personas por semana. Según sus estudios de la biblia en la primera etapa del Apocalipsis se produciría el rapto, justo antes de la gran tribulación y después del rapto aparecería Cristo dispuesto a establecer su reino mesiánico en la tierra (Grau, 1990).

Darby introdujo sus ideas en las nuevas biblias que fueron distribuidas por Cyrus Ingerson Scofield, un fiel discípulo de Darby. Scofield era un abogado y ministro norteamericano que refinó y difundió las enseñanzas del pastor Darby. Scofield, publicó la Biblia de Referencia de Scofield en 1909 basada de manera estricta en las notas y enseñanzas dispensacionales de Darby. Mostraba cuadros y notas a pie de página de aspecto riguroso en las que se explicaban científicamente las verdades proféticas de dicha escritura. En tan solo algunas décadas la nueva biblia había vendido unos diez millones de ejemplares, convirtiéndose en el libro fundamentalista americano más influyente de todos los tiempos. Mediante la influencia de Scofield los protestantes evangélicos asimilaron pronto y aceptaron sin reparos el tema del falso rapto bíblico introducido por Darby. Aunque la palabra rapto no se mencione en ninguna parte de la biblia. Para hacernos una idea del grado de fascinación de Darby, tomaremos el caso del telégrafo, del cual opinaba que el invento era una señal de que el fin del mundo estaba cerca. Lo llamó un invento de Caín que presagiaba el Armagedón.

La combinación explosiva "Darby y Biblia Scofield" propagó con viento y fuego a todo el mundo evangélico, la enseñanza del rapto secreto a las bodas del cordero; mientras aquí en la tierra entra en escena el anticristo y acontece el período de los siete años de la gran tribulación. Esta enseñanza se propagó al mundo evangélico en varias denominaciones pentecostales y no pentecostales (Grau, 1990).

También Hendriksen, el famoso exégeta holandés, expone algunos fallos del dispensacionalismo que enseña dos venidas de Cristo después de su encarnación, ministerio, muerte y resurrección; la primera venida le llama el rapto secreto y a la segunda, después de los siete años de tribulación, le llaman revelación. Cree que malinterpretan los versículos en que se apoyan para el rapto: Gn. 5:21-24 que relata cómo Enoc no vio muerte y fue llevado al cielo; Jn. 14:1-3, cuando Jesús promete que regresará por los que creyeron en él, para que estén donde él está. Aquí Jesús viene "por sus santos"; para la venida, llamada revelación, se fundamentan en 1Ts. 3:11-13 afirmando que el Señor regresa "con sus santos" (Hendriksen, 1998). Así, en verdad enseñan tres venidas de Jesucristo, con versículos mal interpretados.[25]

---

[25] Para profundizar sobre esas tres venidas, léase a Hendriksen, William, *La Biblia el más allá y el fin del mundo*, p. 98, Libros Desafío, Michigan, 1998.

Además, los dispensacionalistas, según Hendriksen, afirman que el rapto ocurrirá de manera invisible e inaudible. Es un acontecimiento secreto. Los que son "arrebatados" son los verdaderos creyentes que gozarán con el Señor durante siete años en las bodas del cordero, mientras aquí en la tierra todos los habitantes serán sometidos a la gran tribulación. Al final de esos siete años que corresponden a la semana septuagésima de Daniel, Cristo y sus santos descenderán del cielo para derrotar al anticristo y sus fieles en la guerra de Armagedón, para rescatar a todos los que se hayan convertido durante la gran tribulación. Esa guerra la pelearán seres humanos y seres espirituales, pecadores y santos, creyentes glorificados y no glorificados, Cristo y demonios. Será una mezcla oscura de maldad espiritual, con armas espirituales y armas físicas altamente tecnológicas frente al poder y gloria de Cristo y sus santos (Hendriksen, 1998).

Los que somos estudiantes de teología sabemos que existen seminarios que han enseñado sostenidamente el dispensacionalismo. Grau lo señaló hace algún tiempo y comparte el testimonio de un excreyente del rapto secreto: "acepté el arrebatamiento pretribulacionista, pero a lo largo de estos años de estudio de las Escrituras he llegado a darme cuenta de que no existe base alguna en la Biblia para semejante teoría" (Grau, 1990).

Dado que Estados Unidos es un país con mayoría de población protestante, no es de extrañar que la mentira del rapto se expandiese como el viento, y haya perdurado hasta nuestros días.

Les comparto datos recabados de la difusión del rapto por medio de libros que han hecho historia:

"Año 1908 – Libro – Jesús viene escrito por: William Blackstow. Vendió 1 millón de copias e influenció notablemente la traducción de Scofield de 1909.

El año 1909 – La Biblia de Scofield vendió 2 millones de copias y enseñó la Pretribulación.

Año 1957 – Libro – La pregunta del rapto, vendió 65 mil copias.

Año 1958 – Libro – Cosas por venir, vendió 215 mil copias.

Año 1970 – Libro – Tarde, grande planeta tierra, vendió 35 millones de copias.

Año 1970 - Película y libro - El ladrón en la noche, vendió 215 millones de copias.

Año 1995 – Libro – Dejados atrás, un poco más de 65 millones de copias vendidas y muchas películas filmadas" (https://es.scribd.com/document/528467724/Apocalipsis).

Por todo lo relatado y explicado en torno al rapto, se entiende el hecho de que es casi imposible para muchas iglesias y denominaciones sacar de sus enseñanzas las enmarañadas creencias originadas de visiones, sueños y especulaciones rápticas que tanto atraen a las masas sedientas de eventos apocalípticos.

4.21 Las bodas del cordero

Esta doctrina se basa en Ap. 19:7-8: "¡Regocijémonos y alegrémonos y démosle gloria! ¡Ha llegado el momento de las bodas del Cordero! Ya su esposa se ha preparado, [8] y se le ha concedido vestirse de lino fino, limpio y refulgente. Y es que el lino fino simboliza las acciones justas de los santos".

En resumen, la enseñanza literalista de la postura evangélica afirma que es un acto literal. Acontecerá durante los siete años entre el arrebatamiento y la segunda venida. Pero más específicamente entre el *Bimá* o juicio de los creyentes y la segunda venida. Atestigua que las bodas del Cordero serán en el cielo, en un lugar específico, en el aire. Los participantes son Cristo y la Iglesia. El Israel físico no participará de las bodas del Cordero porque la resurrección de Israel y los santos del Antiguo Testamento acontecerán juntamente hasta la segunda venida. Eso sí, la cena de las bodas y la fiesta de las bodas del Cordero será aquí en la tierra con Israel como invitado especial. Pero antes tiene que estar esperando el regreso del esposo y de la esposa. Explica que la cena nupcial es el cuadro parabólico de todo el milenio, al cual Israel será invitado durante el periodo de la gran tribulación, invitación que muchos rechazarán. Los que la acepten serán recibidos en ella, los que la rechacen serán expulsados. Cuando Cristo venga con su esposa en la segunda venida, para invitarlo a la cena de la fiesta nupcial, les presentará su esposa a sus amigos israelitas (Pentecost, 1997).

Mis queridos lectores, al leer la descripción de esta enseñanza ¿no desata en ustedes inmediatamente una tormenta de confusión, especulación y ficción? La razón es que hay graves contradicciones, malas interpretaciones y conclusiones desafortunadas.

Para comenzar, opino que el mismo texto nos da una luz de que hay simbolismo al señalar que el lino fino de la novia "simboliza las acciones justas de los santos". Si el vestido es simbólico en ese sentido, la novia simboliza al conjunto de los creyentes, el cordero simboliza a Jesucristo el que fue sacrificado y derramó su sangre a semejanza de los sacrificios de corderos. Entonces las bodas simbolizan la unión espiritual perfecta, eterna, entre Cristo y la Iglesia, no hay tal boda física en un lugar físico específico.

Los literalistas creen que las bodas del Cordero se efectuarán en el cielo, mientras acontece la gran tribulación aquí en la tierra. Pero esa enseñanza no se encuentra por ninguna parte de la Escritura, es pura especulación. Tampoco se puede identificar bíblicamente que sucederá específicamente entre el *Bimá* de Cristo y la segunda venida, como ellos aseveran. Agregan otro tema: "la Cena del Cordero será aquí en la tierra, con el invitado especial del pueblo de Israel". Otra vez observo que no poseen algunos textos que apoyen semejante afirmación y lo que presentan es una cena mezclada de cristianos glorificados con israelitas de cuerpo físico. Eso es contradictorio. Luego lo conectan al milenio literal aquí en la tierra, al que es invitado Israel durante la gran tribulación. Por tanto, considero que es una mezcla de teorías con una mala interpretación.

4.22 El milenio

El milenio es enseñado ampliamente en la escatología evangélica desde distintas aristas. Unos lo describen como el tiempo futuro en que Cristo literalmente impondrá su justo gobierno sobre la tierra durante mil años literales. Blackstone expone esa perspectiva: "Estará caracterizado primordialmente por el hecho de que los judíos se verán libres de todos sus enemigos, por la reconquista de palestina y por el reinado del Mesías con esplendor y justicia. Su sede es la ciudad de Jerusalén después de su segunda venida. El propósito es destronar el dominio de Satanás, la injusticia de las naciones e instaurar un reino que regirá con equidad. Su Iglesia le acompañará en esta magna empresa" (Blackstone, 1983).

Los ponentes de esta enseñanza ordinariamente exponen que es tan antigua que se registra en el Antiguo Testamento. Presentan como pruebas los argumentos del gran día de descanso de Dios en Gn. 2; los decretos de Dios sobre la observancia del *shabat* mosaico; la fiesta de los tabernáculos y el jubileo. Se apoyan, al mismo tiempo, sobre lo que el talmud judío[26] asevera: "La doctrina más frecuente expresada en el talmud es que el reino del Mesías será al fin, durante mil años" (Blackstone, 1983).

Tres eruditos creen que el talmud ciertamente tiene valor cultural, histórico, literario y religioso para los judíos, pero no aporta valor normativo para el cristianismo: "Las misiones milenarias del Antiguo Testamento pintan más un cuadro de utopía que se relaciona más con la ética, la moral, la pastoral y una perfección espiritual, más que escatológica" (Ryken, Willhoit, Logman, 1998).

Otros legitiman que es el cumplimiento de la oración de Jesús "venga tu reino", lo cual, a mi criterio, es un reduccionismo semántico de una sola frase.

Otros ponentes eruditos, más sensatos, reconocen que Juan al escribir este pasaje del reinado de mil años, no relaciona pasajes del

---

[26] El Talmud es el conjunto de la ley oral escrita, con el significado de enseñanza, es una obra sagrada de varios cuerpos: la Misná más su comentario la Gemará, más otras adiciones tituladas Baraytot que representa la tradición oral del pueblo judío, caracterizada por su respeto a ellas. Exponen las opiniones y discusiones de ideas entre los rabinos de muchas generaciones, sobre sus leyes y costumbres, además de relatar historias y leyendas. Existieron dos talmudes: el de Jerusalén del siglo IV llamado también palestinense y occidental; el otro es el talmud de Babilonia del siglo V, superó al anterior por la autoridad y su amplitud. A este último se refieren la mayoría cuando hablan del Talmud (Serrano-Schokel, *Diccionario terminológico de la ciencia bíblica*, Cristiandad, Madrid, 1979).

Antiguo Testamento como los de Is. 11:1-6 y Mi. 1:1-4, porque se refieren al reinado universal y no al milenio y afirman que sus fuentes son de la literatura apocalíptica profana.

Por otro lado, Cohn expresa que le llama la atención que la Iglesia haya creído, en algunos casos, que el milenio se cumplía por la gracia y soberanía de Dios en determinados periodos de la historia y en otros por la fuerza; y cita el ejemplo de los dirigentes de la Reforma radical, que llegaron al extremo de profesar que era necesario establecer el milenio por medio de la espada; es lo que se ha llamado un milenio revolucionario entre los siglos XI y XVI. Transcribo una cita de Cohn: "El Elegido debe preparar el camino para el Milenio por la fuerza de las armas; pero ¿quién era el Elegido? Según Müntzer lo eran todos aquellos que habían recibido el Espíritu Santo o, como solía llamarlo, el Cristo vivo. En sus escritos, como en el de los libertinos espirituales... Münster se salvará y se convertirá en la Nueva Jerusalén. Los inmigrantes hallarían a su llegada alimentos, vestido, dinero y alojamiento, pero, a cambio, debían traer armas" (Cohn, p. 260, 1981). Así, en el nombre de Dios y de la espada, Müntzer defendió la liberación violenta de los campesinos e intentó implementar sus ideas de un orden social justo, creyendo que establecía el milenio.

Por otra parte, Mouce escribe sobre el milenio desde una perspectiva premilenarista y es honesto al expresar que tiene incertidumbre sobre lo que escribe, debido al grado alto de dificultad de identificar la ocasión y el tiempo del reinado milenial: "La interpretación que sigue es esencialmente premilenial, aunque con bastantes dudas acerca de los difíciles aspectos de la cronología. Cuando el tiempo se introduce en la eternidad, las maneras normales de medir y valorar la vida demuestran ser inadecuadas para comunicar la plenitud de la verdad escatológica" (Mouce, p. 488, 2007).

Otro dato importante que recoge Vena es que "Realmente la idea de un reino de limitada duración aparece en la literatura apocalíptica no canónica, cuando se dejó de pensar que la tierra podría ser lugar apropiado para un reino eterno. Así el reino del Mesías se comenzó a describir como un preludio terrenal a un reino eterno celestial" (Vena, 2006).

Prévost analiza con sensatez el pasaje de Ap. 20:1-6 y exterioriza que el énfasis de los seis versículos lo ponen en la victoria sobre Satanás y poco acerca del reino de los justos. Otro detalle que resalta es que el capítulo 19 que le precede y los versículos posteriores al pasaje de Ap. 20:1-6 anuncian jubilosamente la victoria de Jesucristo sobre Satanás. Así los indicios, el reino de los fieles es secundario en el pasaje. Suma y vale el hecho de que Juan es muy escueto sobre la naturaleza del reino en que participarán los fieles y su localización. Lo que sí es claro en el texto es que el reino de los justos es junto al gobierno de Cristo. En el contexto de lo simbólico que es el género del libro de Apocalipsis, Prévost concluye así: "teniendo en cuenta la interpretación general del simbolismo de los números apuntado con anterioridad, se puede sostener sin dificultades la interpretación simbólica de los mil años, según la cual el número encierra la indicación global de un periodo prolongado (mil como equivalente a una gran cantidad) en el que aparecerá de manera más tangible la victoria de Cristo sobre Satanás" (Prévost, p. 71, 1987).

Después de lo anotado anteriormente manifiesto mi punto de vista: para comenzar, la creencia del milenio se describe estrictamente solo en un pasaje de Apocalipsis, y yo creo que una doctrina que se basa en un solo pasaje de la Biblia es dudosa y frágil. Si se enseña como una doctrina esencial, ello va en contra de las reglas elementales de la hermenéutica. Es cierto que la frase "mil años" aparece seis veces, pero no aparece en ningún otro libro o carta de las Sagradas Escrituras. Razón por la que tiene que abordarse con precaución, con una limpia exégesis y una correcta hermenéutica.

Aunque es una doctrina muy difundida en el ámbito evangélico, encuentro muy interesante que la enseñanza del milenio esté ausente en la enseñanza de Cristo, la teología paulina, lucana, petrina y las epístolas universales. Aparece solo en el Apocalipsis de Juan. Ese silencio dice mucho sobre la irrelevancia de tal doctrina. Asombra que su desarrollo posterior, al periodo apostólico, sea mayúsculo en las distintas épocas de la historia de la Iglesia, en proporción a la mención del único pasaje que lo describe en Ap. 20:1-6.

En otra perspectiva, los amilenaristas poseen buenos argumentos exegéticos, hermenéuticos y teológicos[27] para rechazar un milenio literal. Por el contrario, la postura de los que sí creen en el reinado literal de mil años aquí en la tierra, tiene solo argumentos de carácter teológico.[28] De todas maneras, esta doctrina es secundaria, por tanto, no debería gastarse tanta tinta, tiempo y pensamiento en ella.

Así la cuestión, los teólogos, maestros y pastores deberíamos estar perplejos de que esta doctrina resulte ser artificialmente un eje sobre el que giran varias doctrinas casi normativas con sus respectivos seguidores: amilenarismo, premilenarismo, posmilenarismo.[29] Pese a los malos cimientos exegéticos y teológicos del milenarismo, se ha extendido a campo amplio.

Está comprobado científicamente que el tiempo es relativo. La Biblia hace dos mil años describe la relatividad del tiempo cronos desde la óptica divina: "Mas, oh amados, no ignoréis esto: que para el Señor un día es como mil años, y mil años como un día" (2Pe. 3:8). Si se agrega el hecho de que los mil años se describen en el libro de Apocalipsis, el cual es simbólico por excelencia, la conclusión lógica es que es imposible encajar, so pena de violentar las reglas de interpretación, el texto de los mil años literales en alguna época de la historia de la Iglesia o de la humanidad; tampoco después de la segunda venida, porque cuando el texto de 1Ts. 4:17 habla del instante escatológico, de ese encuentro, Cristo viniendo y nosotros subiendo en las nubes al encuentro del Señor en el aire, *donde estaremos con el Señor siempre,* no da para sugerir un periodo de un milenio literal después de la venida, más apunta a que los mil años son un símbolo del reino del Señor de este lado de la eternidad.

---

[27] Para profundizar sobre la doctrina del milenio simbólico, léase Hendriksen, William, *Más que vencedores*, Desafío, Grand Rapids, Michigan, 2005.

[28] Para ahondar en la postura del milenio literal del reinado de los mil años de Jesucristo, léase el libro *Apocalipsis, la consumación del plan eterno de Dios*, Evis Carballosa, Portavoz, Grand Rapids, Michigan, 1997.

[29] Harrison, Everett, *Diccionario de teología*, T.E.L.L. MI, EE.UU., 1985.

4.23 Israel y la Iglesia ¿dos pueblos diferentes?

La enseñanza evangélica de que Israel y la Iglesia son dos pueblos diferentes es aceptada ampliamente por un sector de la Iglesia Evangélica. Esta sostiene que Dios tiene propósitos distintos en su razón de ser y en la salvación para ambos. Insiste que Israel es el reloj de Dios independiente de la Iglesia para que se disciernan los últimos tiempos. Es verdad que Dios tiene un trato con el Israel de raza, lo reconozco claro que sí, pero el error es afirmar que se salvarán de maneras distintas.

Las cartas del Nuevo Testamento son un testimonio claro de que los descendientes de Israel y los gentiles son un solo pueblo en Cristo Jesús. La carta a los Efesios es la que trata detalladamente esta enseñanza de un nuevo pueblo formado por dos poblaciones. Las siguientes frases: "Templo santo del Señor", "Cuerpo de Cristo", "La Familia de Dios", "Pueblo Santo", son las expresiones destacadas en dicha epístola.

Pablo explica el misterio de cómo el Señor había planeado que de dos pueblos hiciera uno. Los gentiles sin Cristo, están alejados de Dios, excluidos de la ciudadanía de Israel el pueblo de Dios, pero los gentiles creyentes en Cristo, se convierten en conciudadanos de los santos. Transcribo a continuación cuatro pasajes clave para comprender este tema:

Ef. 2:19: "Por eso, ustedes ya no son extranjeros, ya no están fuera de su tierra, sino que ahora comparten con el pueblo santo los mismos derechos, y son miembros de la familia de Dios".

Ese misterio develado consiste en que los gentiles son coherederos y miembros del mismo cuerpo:

Ef. 3:6: "El designio secreto es este: que por el evangelio Dios llama a todas las naciones a participar, en Cristo Jesús, de la misma herencia, del mismo cuerpo y de la misma promesa que el pueblo de Israel".

Pablo ha explicado que "el cuerpo" es la Iglesia en Ef. 1:22-23 y amplía que toda familia espiritual en los cielos y en la tierra toma su nombre de Cristo. Agrega que, por la obra de la cruz, tanto israelitas de raza como gentiles, forman un solo pueblo llamado Iglesia.

Ef. 2:14-16 es contundente para demostrar que Israel y la iglesia forman el pueblo de Dios: "Cristo es nuestra paz. Él hizo de judíos y de no judíos un solo pueblo, destruyó el muro que los separaba y anuló en su propio cuerpo la enemistad que existía. [15] Puso fin a la ley que consistía en mandatos y reglamentos, y en sí mismo creó de las dos partes un solo hombre nuevo. Así hizo la paz. [16] Él puso fin, en sí mismo, a la enemistad que existía entre los dos pueblos, y con su muerte en la cruz los reconcilió con Dios, haciendo de ellos un solo cuerpo".

4.24 El arrebatamiento

He tratado en páginas anteriores el rapto secreto. Ahora lo haré como el arrebatamiento, pues, esta doctrina se diferencia un tanto de la ya examinada, en cuanto que este es "visible".

Walvoord afirma que hay un fundamento para la doctrina del arrebatamiento en Jn. 14:1-3. Explica que Cristo aclaró a los discípulos que él volvería para arrebatar a los creyentes que estuvieran vivos: "Cristo manifestó por primera vez que volvería para llevarse al cielo a los creyentes que aún estuviesen vivos... dijo claramente que Él estaría en el cielo durante cierto tiempo, pero que al final regresaría para recogerlos y que estuviesen con Él" (Walvoord, p. 65, 2000).

En el sentido estricto, la mención del arrebatamiento se describe solo en 1 de Ts. 4:17. Los teólogos sabemos que una teología bíblica sana no permite construir una doctrina sobre un solo versículo. Al mismo tiempo, hay que interpretar correctamente cada versículo en su contenido y su respectivo contexto. Pero este apreciado versículo ni siquiera necesita una interpretación profunda. Basta con leer de manera sencilla en cualquiera de las traducciones de la Biblia, sin prejuicios, para darnos cuenta que la segunda venida, la resurrección de los cuerpos de los creyentes y ese arrebatar descrito son simultáneos. No hay segundos, minutos, horas, días, meses, o

7 años de diferencia entre "el arrebatamiento" y la segunda venida, ocurren en el mismo instante. Es lo que se nombra el "instante escatológico", "En un abrir y cerrar de ojos". El escatólogo Juan Stam lo describe con claridad: "Una primera enseñanza de este pasaje es la simultaneidad de las tres fases de la venida, la venida gloriosa de Cristo, la resurrección de los fieles muertos y nuestro encuentro con él en las nubes, serán todos simultáneos y constituyen un solo evento" (Stam, 1999).

Otro aspecto a considerar es que el arrebatamiento no conlleva un juicio en el que los que se van son salvos y los que se quedan son réprobos. El pasaje citado no dice nada al respecto. En ese sentido, Hernández asevera que "muchos creyentes tienden a pensar que el arrebatamiento será un proceso de selección y juicio, donde serán tomados quienes sean aprobados, mientras que serán dejados quienes sean condenados. En esta interpretación no se tiene en cuenta que en 1Ts. 4:16-17 no se habla del rapto como un proceso de juicio y selección; tampoco se nota que el juicio y la división entre aprobados y reprobados" (Hernández, 2021).

Por otra parte, varios autores entrelazan en sus escritos el arrebatamiento, la segunda venida y el milenio; pero en la concepción escatológica paulina no aparece el milenio, como no aparece el arrebatamiento en el proyecto apocalíptico de Juan. Ello dice mucho sobre la irrelevancia del arrebatamiento, del milenio y la preeminencia de la segunda venida. Esclarece mucho lo que describe S. Hernández: "La doctrina del arrebatamiento aparece en 1Ts. 4:16-17. Como veremos, en el esquema narrativo de la apocalíptica paulina no se presenta la doctrina sobre el reino de mil años de Cristo y los santos sobre la tierra. Esta última doctrina aparece en el esquema narrativo de Ap. 20:1-15, donde tampoco aparece la doctrina del rapto. En Ap. 12:5 se habla del rapto, pero con un sentido muy diferente: del rapto del hijo de la mujer. El rapto en el contexto de una expectativa de la parusía solo se da en 1Ts. 4:16-17. Por decirlo de una forma sencilla: Pablo no habló del milenarismo; Juan, el vidente, tampoco "vio" el rapto. En vano se buscará en la Biblia hebrea un relato que presente ambas doctrinas unidas" (Hernández, 2021).

En conclusión, lo más razonable desde la Escritura es que no hay un rapto secreto, pero sí un arrebatamiento simultáneo con la venida del Señor, tampoco hay siete años de gran tribulación luego del arrebatamiento "en el que la Iglesia estaría gozándose en las bodas del cordero y luego con la premiación en el tribunal de Cristo, mientras aquí en la tierra ocurre la gran tribulación sobre Israel". Ese esquema de sucesión de eventos carece de base bíblica.

4.25 La marca, el nombre o el número 666 de la bestia

La doctrina evangélica apocalíptica la explica así: el 666 significa la transición ideal para entrever la trinidad satánica como un todo y centrarnos en la segunda persona de dicha trinidad, el anticristo. Hagge cree que el número 666 del anticristo también puede representar la trinidad satánica: Satanás, el anticristo y el falso profeta que encabezará el culto mundial que adora al hijo de Satanás. Así es como el número seis no llega al 7. De igual manera se ha visto que Satanás no puede llegar a ser Dios el Padre, el anticristo no puede llegar a ser Dios el Hijo y el falso profeta no puede llegar a ser Dios Espíritu Santo. Pero va más allá cuando afirma que puede significar la idolatría mundial ordenada por Nabucodonosor cuando erigió su propia estatua y exigió a todo el mundo que la adorara so pena de muerte. Y cree que el 666 fue estampado en la misma estatua de Nabucodonosor ya que la misma medía 60 codos de alto y 6 de ancho (Hagee, 1996).

Esta doctrina está articulada por especulaciones, alegorías, teorías y argumentos discordantes sin pasar por una sana exégesis. Se ha usado la eiségesis dando rienda suelta a la imaginación desorientada y a la interpretación antojadiza. Pero ello no es exclusivo de estos tiempos. La creencia de la importancia del número 666 es una de las más notorias en la historia de la Iglesia. Se le ha dado gran categoría a tal grado que pareciera que el futuro de las naciones depende de este número y lo que se realice con este. Según los generadores de esta creencia del 666, la bestia y el anticristo tendrán un control total de la población mundial. Ese número, aparecerá cada vez más en todas las marcas de todo lo que se vende. Y solo aquel que esté marcado con el 666 podrá comprar y vender.

En los distintos periodos de la historia eclesiástica se ha asociado a los nombres de personajes malignos según la época: antigua, medieval, moderna y contemporánea. También lo identifican con la bestia que permite alianzas de las fuerzas del mal, celestiales y terrenales. Está ligado al anticristo y sus temerarios engaños.

Malgo le da mucha importancia y afirma que tal es la magnitud del impacto del 666 que hay que estar atentos para descifrar de manera lingüística y numérica todo lo que se relaciona con el número 666. Agrega que este número se relaciona con todas las esferas mundanas: políticas, sociales, económicas, comerciales, religiosas, culturales, musicales. Así, la Iglesia se encuentra asediada por el número 666 del anticristo, del hombre de pecado (Malgo, 1984).

El texto que contiene la descripción del 666 es:

Ap. 13:18 (NBLA): Aquí hay sabiduría. El que tiene entendimiento, que calcule el número de la bestia, porque el número es el de un hombre, y su número es 666.

Ap. 13:18 (PDT): Requiere sabiduría entender esto, pero todo el que tenga entendimiento puede encontrar el significado del número de la bestia. El número corresponde al nombre de un hombre. Es 666.

Los versículos anteriores hablan que el 666 corresponde al nombre de un hombre y ese designa a la bestia.

Los recientes descubrimientos derriban todas esas teorías descritas. En uno de los manuscritos más antiguos descubiertos en el año 1999 llamado el papiro 115, preservado en el Museo Asmodeano en Oxford Inglaterra, se afirma que el número que corresponde a un hombre que representa a la bestia es 616 no 666. Los biblistas expertos están de acuerdo.

El Papiro 115 (*P. Oxy.* 4499, designado como 115 en la numeración Gregory-Aland) es un fragmento en papiro de un manuscrito del Nuevo Testamento escrito en griego. Consiste en 26 fragmentos de un códice que contiene partes del libro de Apocalipsis. Se data al siglo III, entre el 225-275 d.C. La peculiaridad del manuscrito es que el número del texto es de Ap. 13:18 y el número que aparece es 616. El texto de este manuscrito es muy valorado por la crítica textual. Se cree que, entre los existentes, es el más cercano al original. Grenfell y Hunt descubrieron el papiro en Oxirrinco.[30]

Los biblistas expertos afirman que este fragmento del papiro 115 puede ser la segunda copia más antigua del original.

UNIDADES				DECENAS				CENTENAS			
A	α	alfa	1	I	ι	iota	10	P	ρ	rho	100
B	β	beta	2	K	κ	kappa	20	Σ	σ	sigma	200
Γ	γ	gamma	3	Λ	λ	lambda	30	T	τ	tau	300
Δ	δ	delta	4	M	μ	my	40	Y	υ	ypsilon	400
E	ε	épsilon	5	N	ν	ny	50	Φ	φ	fi	500
Ϛ	Ϛ	digamma*	6	Ξ	ξ	xi	60	X	χ	ji	600
Z	ζ	dseta	7	O	ο	ómicron	70	Ψ	ψ	psi	700
H	η	eta	8	Π	π	pi	80	Ω	ω	omega	800
Θ	θ	zeta	9	Ϙ	ϟ	koppa	90	ϻ	ϡ	san (sampí)	900

* En los manuscritos bizantinos, esta cifra se indica por σʹ que condensa la *sigma* y la *tau*. Actualmente, los griegos, que han conservado el alfabeto cifrado para algunos usos particulares (como nosotros las cifras romanas), lo llaman *stigma*.

El número 666 se escribió con letras como era la costumbre. Así aparece escrito en letras el 616: XIC, las letras griegas se usaban como números, veamos el siguiente cuadro: letra Ji: X = 600, letra Iota: I = 10, letra kapa final: C = 6, suman 616. La letra kapa final sufrió un cambio después de tres siglos (https://culturacientifica.com/2017/03/22/666-numero-la-bestia-2/).

Bonilla expone que los papirólogos afirman que al original de Apocalipsis corresponde el 616 y la interpretación histórica afirma que Juan lo escribe contextualizando por la terrible segunda

---

[30] Oxirrinco u Oxirinco es el nombre helenizado de *Per-Medyed*, antigua ciudad localizada en el XIX nomo del Alto Egipto, la actual El-Bahnasa (provincia de Minia), que se encuentra unos 160 km., al sudoeste de El Cairo, Egipto, en el margen izquierdo del *Bahr-Yusef*, el "Canal de José". Su nombre egipcio es Per-Medyed; en griego se la conoce como Oxirrinco (Ὀξύρυγχος); y en árabe como El-Bahnasa.

persecución que desató Domiciano que se le llamó la bestia. Domiciano dice que echó la culpa a los cristianos por la pérdida de la gloria de Roma. Domiciano decretó que todos los cristianos lo adoraran como el Kyrios, como el César. El que no lo hiciera era condenado a muerte (Bonilla, 2007).

Bonilla amplía que la persecución fue más violenta en Éfeso donde radicaba Juan, pero fue exilado a Patmos porque ya estaba anciano; y que Domiciano fue quien decretó que los ancianos fueran exilados. Por eso cree que Juan contextualiza el número de la bestia al nombre de Domiciano porque todas las letras del nombre de Domiciano suman 616. La comunidad cristiana más cercana a la comunidad apostólica ya identificaba entonces a Domiciano con el número 616. En lugar de decir Domiciano le decían 616. Así, asegura que Ap. 13:18 se refiere a Domiciano, además porque que los mismos romanos le decían la Bestia.

Entonces es fácil inferir que Juan no pensó en una bestia después de 20 siglos, él estaba pensando en Domiciano, en la bestia humana que estaba destruyendo a la Iglesia, a Domiciano, a él se refería Juan, no tenía en mente a otro.

Bonilla responde a la pregunta ¿cómo se llegó al número 666? Una de las respuestas generalmente aceptadas es que los copistas no copiaban literalmente, sino que adaptaban el número de acuerdo al emperador de turno. El papiro 142 habla que el 546 es el número de la bestia. Cada copista contextualiza a cada emperador tirano. Esos papiros tienen nombre en clave de números de los nombres de los emperadores. Pero fue la vulgata Latina de San Jerónimo, que le dio el número 666 a la bestia. Y esta traducción causó un gran impacto para todo el Imperio y para la posteridad de tal manera que casi idolatraron esa versión. Nadie más cambió el número 666. Y hay razones para creer que Jerónimo colocó el 666 por el nombre de Juliano el "apóstata", pues el nombre de Juliano en números correspondientes a sus letras, suma 666. Así los descubrimientos, la bestia ha sido los emperadores, personajes, sistemas perversos que fueron identificados por los copistas con los números que correspondían a las letras de sus nombres. En conclusión, la bestia con su número

616, 666, 542, tuvo un significado histórico. Ahora la bestia con ese número se puede aplicar a cualquier persona, institución, con acciones y actitudes perversas contra la Iglesia del Señor (Bonilla, 2007).

4.26 Las bestias de Apocalipsis 13

Se encuentran descritas en dos textos:

Ap. 13:1-2: "Vi subir del mar un monstruo que tenía siete cabezas y diez cuernos. En cada cuerno tenía una corona, y en las cabezas tenía nombres ofensivos contra Dios. Este monstruo que yo vi, parecía un leopardo; y tenía patas como de oso, y boca como de león. El dragón le dio su poder y su trono, y mucha autoridad".

Ap. 13:11: "Vi otra bestia que subía de la tierra. Tenía dos cuernos semejantes a los de un cordero y hablaba como un dragón".

La interpretación de las dos bestias de Apocalipsis es altamente controversial. Son variadas las opiniones. Basta con leer las interpretaciones de las tres posturas respecto del milenio:

Posturas del amilenarismo y preterismo, enseñan que la primera Bestia de Ap. 13 se refiere al emperador del Imperio Romano. La gran bestia descrita en el capítulo 13 de Apocalipsis que reúne las cuatro características de Daniel representa el Imperio romano. Juan ve a este como la concentración del mal y con una desviación tal que llegan a reconocer al Emperador como Dios. De ahí el culto al César, llamado Kyrios. Las 7 cabezas y 10 Cuernos representan a emperadores y gobernantes del Imperio. Los nombres de los 7 emperadores son los siguientes: Tiberio, Calígula, Claudio, Nerón, Vespasiano, Tito, Domiciano, luego afirma que los 10 cuernos son gobernadores y emperadores de duración corta y que, no se sabe con exactitud. Pero las 7 cabezas y los 10 cuernos representan a aquellos hombres que gobernaron al Imperio romano desde la época de los primeros siglos hasta la época de la composición del Apocalipsis.

Premilenarista dispensacionalista, afirma que la primera Bestia es el anticristo, la segunda Bestia de Ap. 13 que sale de la tierra es el falso profeta, la gran ramera del capítulo 17 montada sobre el anticristo representa una seducción mundana.

Postribulacionista futurista, afirma que la bestia de 7 cabezas con diez cuernos son naciones que se levantan contra el pueblo de Israel hasta el presente. Refiere que los diez cuernos son los 10 países árabes que rodean a Israel hoy en el siglo XXI y que sus nombres están escritos en el Sal. 83:6-8 con los nombres antiguos: edomitas, ismaelitas, moabitas, guebalitas, agarenos, amonitas, amalecitas, filisteos, los de Tiro y los asirios. Estas son las naciones o grupos que invadirán a Israel antes de la segunda venida de Cristo. Y parte de ellos hicieron la guerra a Israel cuando fue constituido como nación en 1948, en la guerra de los Seis Días, pero fueron vencidos. Pese a todo, lo harán de nuevo previo a la segunda venida del Señor. Se apoya en el mismo Salmo 83 en los versículos 2-4: "Porque tus enemigos rugen, y los que te aborrecen se han enaltecido. [3] hacen planes astutos contra tu pueblo, y juntos conspiran contra Tus protegidos. [4] han dicho: Vengan, y destruyámoslos como nación, para que ya no haya memoria del nombre de Israel".

Asegura que Irán, es uno de los países que ha incitado a los demás países árabes más o menos con las mismas palabras del Sal. 83: "No permitamos que Israel sea nación, borrémoslo del mapa, echémoslo al mar".

Otros eruditos opinan que los 10 cuernos corresponden a la dinastía seléucida que la conformaron diez reyes comenzando con Seleuco I, uno de los 4 sucesores de Alejandro Magno, que atacó al pueblo de Dios, pero no lo desapareció. Se encuentra descrito en el primer libro de los Macabeos.

La mayoría de biblistas siguen la línea de pensamiento en la que se afirma que el gran Anticristo tiene una relación concluyente con las dos bestias descritas. Y que es ese Anticristo quien confirma el pacto por siete años y después lo quebranta a los tres años y medio para autonombrarse Dios y sentarse sobre el templo de Dios: "Una de las actividades que lo harán destacable es el establecimiento del pacto con Israel que quebrantará a la mitad de la última semana, es decir, tres años y medio después de haberlo establecido (Dn.

9:26-27). Su arrogancia y orgullo personal le encumbrará sobre todos los dioses de los hombres (2Ts. 2:4). El Anticristo aparecerá en la escena final de los gentiles, antes de la venida de Jesucristo (Dn. 8:23)" (Pérez Millos, Apocalipsis, pp. 793ss, 2010).

A mi parecer la postura amilenarista pretérita tiene razón en parte, en cuanto a que la bestia simboliza un emperador de la época de Juan, representando al Imperio Romano, pero también es una profecía apocalíptica de doble cumplimiento, la Bestia con sus diez cuernos simboliza a los diez países árabes mencionados por la postura futura postribulación.

Se ha comprobado que hay profecías bíblicas de doble cumplimiento. Un ejemplo, Dios saca a su pueblo de Egipto con mano poderosa y también Dios llama a su Hijo de Egipto en un texto del libro de Oseas 11:1: "Cuando el pueblo de Israel era niño, yo lo amaba; a él, que era mi hijo, lo llamé de Egipto".

La escritura de Oseas se refiere al pasado, primeramente, a la acción de Dios de libertar de la esclavitud en Egipto a su pueblo Israel. Pero también es una profecía hacia el futuro mesiánico de Jesús de Nazaret, el Cristo, en el tiempo de su niñez cuando fue necesario que sus padres huyeran con él a Egipto para protegerlo y luego regresarían a Jerusalén cuando ya no existiera peligro de muerte.

El Espíritu le revela a Mateo ese cumplimiento: Mt. 2:14-15: "Cuando él despertó, tomó de noche al niño y a su madre, y se fue a Egipto, y se quedó allá hasta la muerte de Herodes. Esto sucedió para que se cumpliera lo que dijo el Señor por medio del profeta: de Egipto llamé a mi Hijo".

En cuanto al tema de las bestias del Ap. 13, lo que sí es seguro es que simbolizan los poderes diabólicos unidos a los poderes humanos y naciones, que se oponen contra Jesucristo y su Iglesia. El libro Apocalipsis debe interpretarse de acuerdo a su género en el cual la mayor parte de significados son simbólicos. El mar, las siete cabezas, los diez cuernos, las siete diademas, son símbolos de poder y, en este caso, de los reinos de este mundo que se oponen al reino de Dios. Es prudente entender los números siete y diez de manera simbólica como representaciones de lo completo. Las siete cabezas constituyen un frente unido contra Dios, su palabra y su pueblo y atacan con el poder pleno de diez cuernos. Las siete cabezas y los diez cuernos son los de Satanás mismo, descrito como dragón rojo gigantesco en Ap. 12:3; él es quien utiliza a la bestia, imagen de los gobiernos del mundo, para que realice el plan malévolo. Así, el dragón que tiene siete cabezas con siete coronas en ellas y la bestia tiene diez cuernos con diez coronas en ellos, si no fuera simbólico el significado sería un resultado complicadísimo creer que todo es literal. Los números, las cabezas, los cuernos y las coronas, diademas, son metáforas de los poderes terrenales desde los emperadores del Imperio romano hasta las naciones o grupos de las naciones actuales, que realizan una oposición férrea contra la Iglesia, Cristo y el reino de Dios. Satanás utiliza a poderes del mundo para ejecutar su plan malvado (Sweet, 1979).

4.27 Los 144 mil escogidos son judíos de raza

Esta doctrina secundaria de los 144 000 escogidos es mal interpretada por la apocalíptica evangélica, primeramente, porque utiliza el método de interpretación gramatical histórico en el libro de Apocalipsis. Ese es el primer error bajo el brazo. Todos los eruditos reconocen que el libro de Apocalipsis es singular, por ser del género apocalíptico. Es cierto que los primeros cuatro capítulos del libro son históricos, pero el resto no.

Los promotores de esta doctrina explican que los 144 000 descritos en Ap. 7:1-8 son judíos de raza y que corresponde exactamente a 12 000 judíos de cada una de las doce tribus de Israel. El Señor sellará al remanente del pueblo judío para seguridad, de la misma manera que el sello del Espíritu Santo es la garantía de la Iglesia. Los creyentes que pertenecen a la Iglesia, ninguno de ellos pertenece a los 144 000. Es más, se piensa en que es posible que los jóvenes que comenzaron a estudiar ávidamente la torá, desde la década de los noventa y los que se han sumado, formen parte de los 144 000 sellados (Taylor, 1991).

Los 144 000 señalados en Ap. 14:1-5 simbolizan a los que se van a salvar. Significa un número completo, la totalidad del pueblo (12 x 12 x 1000 = 144 000), la totalidad de las 12 tribus del pueblo de Israel y los 12 Apóstoles de la Iglesia, el nuevo Israel. El número 1000 simboliza un número muy grande, completo, es el tiempo de Cristo (VA, *El Apocalipsis*, p. 26, 2006).

Las dos escenas de los 144 000 y de la multitud inmensa son dos imágenes similares que subrayan el mismo mensaje. La primera escena representa idealismo y la segunda realismo. La segunda fortalece la primera y la amplía; "las dos imágenes describen la misma realidad". Es más seguro que el número 144 000 es el resultado de 12 x 12 x 1000 y simboliza perfección de gobierno.[31] No se debe perder de vista que el número doce también se asocia a lo que es perfecto; el caso de la mujer con 12 estrellas en la cabeza (12:1), las 12 tribus de Israel (21:12), los 12 árboles que dan fruto (22:12). De ahí que 144 000 es un número simbólico que expresa una multitud marcada por una perfección absoluta. Las doce tribus de Israel multiplicado por los doce apóstoles (21:12, 14) multiplicado por mil equivale a perfección. He aquí el cuadro del ideal, que va seguido de un cuadro de lo actual en el versículo.

Una multitud incalculable transmite el concepto de armonía, unidad y excelencia. Aunque es real la tentación de tomar en forma literal el término "toda tribu de Israel". En contra del exclusivismo judaico de este pasaje el Nuevo Testamento enseña que las barreras de distinciones raciales han sido derribadas. Todos los creyentes son uno en Jesucristo (Ro. 10:12; 1Co. 12:13; Gá. 3:28; Ef. 2:14–16; Col. 3:11). La armonía en Jesucristo trasciende todas las divisiones étnicas, sociales y sexuales. En resumen, el término Israel en este versículo representa al pueblo de Dios (Kistemaker, 2004).

---

[31] Bullinger, E. W., *Cómo entender y explicar los números de la Biblia*, CLIE, Barcelona, 1990, p. 274. Menciona otros ejemplos: doce patriarcas, doce hijos de Israel, la predominancia del 12 en el templo de Salomón. En el Nuevo Testamento: doce apóstoles, doce cimientos de la Jerusalén celestial y sus respectivas medidas, 12 puertas, 12 ángeles.

Pesa el hecho también que en el Nuevo Testamento cuando se refiere a las 12 tribus de Israel, se refiere a Israel como a nación y no a doce tribus individuales (Hch. 26:7; Stg. 1:1). Las doce tribus constituyen la base sobre la que se edifica y completa la estructura de la casa de Dios y todos los habitantes de la casa de Dios constituyen una familia, sin ninguna subdivisión. Los creyentes de la Iglesia que no son Israel se injertan al olivo, para utilizar la expresión de Pablo, y crecen junto con las ramas naturales (Ro. 11:17), ello conecta con lo que dijo Jesús: "También tengo otras ovejas, que no son de este redil; también a aquellas debo traer, y oirán mi voz, y habrá un rebaño y un pastor" (Jn. 10:16). Se trata de una explicación en verdad útil porque resulta imposible explicar el orden, la genealogía e integrar un listado de tribus interpretándola como gráfica del Israel étnico. Pero si se ve en esta lista una representación de la Iglesia, como el nuevo Israel, las dificultades desaparecen. En respuesta a la gran comisión (Mt. 28:20), una multitud en todo el mundo ha llegado a la fe en Cristo y con los santos del Antiguo Testamento, conforman el número total de los siervos de Dios (Heb. 11:40) (Kistemaker, 2004).

4.28 La batalla del Armagedón

La doctrina de la batalla de Armagedón se encuentra en un solo capítulo y en dos versículos: Ap. 16:14, 16: "Pues son espíritus de demonios que hacen señales, los cuales van a los reyes de todo el mundo, a reunirlos para la batalla del gran día del Dios Todopoderoso. [16]Entonces los reunieron en el lugar que en hebreo se llama Armagedón".

El contenido del texto es escueto, no da para afirmar con certeza el lugar exacto de la batalla ni otros detalles, desde tiempos antiguos hay incertidumbre. Ryrie relata que Hipólito el escritor y obispo de Roma fallecido en el año 236 d.C., afirmó que era el valle de Josafat; otra propuesta es la que identifica el lugar con el área al oeste del río Éufrates (Ryrie, p. 190, 2000).

Pese a todo, la interpretación popular de esta creencia enseña que es un evento escatológico futuro que engloba a otros; que acontece previo a la segunda venida de Cristo a la tierra y en los que están involucrados todos los reyes de la tierra. Según dicha postura, en su duración se extiende hasta la última mitad del periodo de la tribulación. La batalla se librará en el monte Meguido, ubicado al oeste del río Jordán, en una extensa llanura a dieciséis kilómetros al sur de Nazaret. Los participantes son: a) la federación de las diez naciones capitaneadas por la Bestia; b) la federación del Norte, Rusia y sus aliados; c) los reyes del oriente; d) el rey del sur, una potencia del norte de África; todos ellos contra el Señor Jesucristo y sus ejércitos celestiales (Pentecost, 1984).

Horton también conecta esta batalla con los lugares geográficos de Israel: "Al fin de la tribulación el Anticristo dirigirá a los ejércitos de muchas naciones, ejércitos reunidos por Satanás, al Armagedón. Es entonces cuando Jesús lo «derrocará con el soplo de su boca y destruirá con el esplendor de su venida» (2 Tesalonicenses 2:8). Esto se describe poderosamente en Daniel 2:34-35, 44-45; Zacarías 14 y Apocalipsis 19:11-21. Daniel ve la piedra destruyendo la gran imagen, así como convirtiéndose en una montaña que llena la tierra entera" (Horton, p. 74, 2005).

Una explicación más sensata, tomando en cuenta el género literario apocalíptico saturado de simbolismo guía a las siguientes conclusiones:

La batalla de Armagedón no puede ser aplicada con propiedad a las grandes batallas históricas en el occidente cristiano, tal como lo afirmó Clark y reiteró el brillante exegeta Hendriksen: "Durante los últimos veinte años, esta batalla de Armagedón ha sido peleada en varios lugares, de acuerdo a nuestros ciegos videntes y a nuestros profetas autoinspirados: en una ocasión, fue Austerlitz, en otra Moscú, en otra Leipzig y ahora Waterloo. Y así ha sido y seguirán yendo, siendo confundidos y confundiendo a otros".[32] Incluso Teodoro Roosevelt uno de los presidentes destacados de los Estados Unidos

---

[32] Adam Clarke, escribió este párrafo en el año 1814, señala Grau, 1990.

de Norteamérica, en su campaña hacia la elección creyó que él estaba peleando el Armagedón. "Estamos en el Armagedón y peleamos por el Señor" (Smith, 1951); "Se ha creído que la batalla de Armagedón sería librada, ya entre Rusia y las naciones mahometanas contra el mundo anglosajón; o entre Rusia, Italia y Japón, contra Inglaterra, Francia y Estados Unidos o entre Estados Unidos, Alemania y Japón, contra Rusia, China, etc., etc.".[33] Estas afirmaciones terminaron en puras especulaciones.

El otro aspecto importante a tomar en cuenta es lo que dice la Biblia en otros pasajes acerca de la palabra Armagedón. Esta viene de Meguido que significa monte o meseta, se le ubica en la ciudad de Israel en Jue. 4:2-3, en la que finalmente Yahvé milagrosamente derrotó a los madianitas que acechaban constantemente a un Israel temeroso. Se menciona otra vez a Meguido en Jos. 5:19 en la que de nuevo son derrotados los enemigos de Israel.

Con este trasfondo y con la clave hermenéutica que da Pablo al afirmar que el Antiguo Testamento se escribió para el ejemplo de los creyentes, la Batalla de Armagedón en Apocalipsis es un develar que el Victory Day de Cullmann llegará; que el bien triunfará sobre el mal; que el Señor peleará las batallas por su pueblo, su Iglesia. Y que la promesa de la garantía de la derrota de los enemigos del nuevo pueblo de Dios es segura (Cullmann, 1968).

Otros autores creen que el Armagedón ocurrirá con los países árabes descritos en el Sal. 83:3-8, con nombres antiguos que hacen la promesa de borrar a Israel de la tierra y lanzarlo al mar literalmente. Si así fuera, lo que anuncia el Armagedón es que los enemigos de Israel serán derrotados milagrosamente una vez más, como en las batallas anteriores. La otra posibilidad es que se refiera al triunfo final de la Iglesia, el nuevo pueblo de Dios formado por judíos y gentiles, frente a todos los enemigos que le harán la guerra para desaparecerla, pero serán derrotados.

Grau se suma a la perspectiva simbólica y hace un llamado a los cristianos a concentrarse en la vida espiritual: "… Meguido fue lugar

---

[33] Esta afirmación es de Hendriksen, citada por Grau, 1990.

de los otros importantes eventos en la historia de Israel, tal como lo narra el Antiguo Testamento. De ahí que se la haya escogido como tipo o símbolo de la gran batalla final. Pero es erróneo el ocuparse de teorías e hipótesis en cuanto al momento y lugar exactos de esta última y definitiva contienda de la historia humana, mientras ignoramos o no prestamos suficiente atención a la necesidad de estar preparados para la venida del Señor" (Grau, 1990).

4.29 El literalismo en la apocalíptica evangélica

El literalismo apocalíptico convierte las enseñanzas importantes en irrelevantes y las irrelevantes en prioritarias.

Existe una obsesión por determinar la localización, tiempo y el modo de los acontecimientos finales apocalípticos. El problema es que la Escritura no da para ello. El literalismo evangélico cree a pie juntillas, por ejemplo, que en el cielo tendremos calles de oro de 24 kilates, un mar de cristal, con las medidas exactas que la Biblia relata.[34]

Otros han hecho el cálculo matemático de la temperatura del infierno en el centro de la tierra: "En el siglo XIX... el profesor de teología de Münster, Baus, apoyándose en los datos proporcionados por la Biblia osó calcular la temperatura del fuego del infierno". Otro ejemplo elocuente son las elucubraciones en torno al orden cronológico que se sucederían los acontecimientos del juicio final: si el incendio del mundo precedería a las resurrecciones de los muertos, o viceversa. O las incansables disquisiciones sobre la reanimación de los cadáveres en el momento de la resurrección universal (Tamayo, 2017).

El literalismo bíblico ha causado serias consecuencias. Orígenes uno de los grandes maestros, defensores de la fe en los primeros siglos, para evitar caer en el pecado de la fornicación y del adulterio se castró.

---

[34] Según Zoller, sus medidas son 2200 kilómetros de longitud, anchura y altura, es un cubo perfecto. Así, se pueden calcular las medidas promedio de las habitaciones celestiales que le corresponderían a cada cristiano. Si así fuera resultaría en una ciudad más pequeña que un microorganismo, con habitaciones tan limitadas comparadas con el inconmensurable universo. Es imposible que sea literal.
Para profundizar sobre el literalismo, véase Zoller, John, El cielo, CLIE, Barcelona, 1989.

Su intención era buena, pero su acción literal fue infortunada. No se percató que el problema está en el corazón de acuerdo a Mr. 7:15, 20-23: "Lo que entra en el cuerpo no es lo que los contamina; ustedes se contaminan por lo que sale de su corazón... es lo que sale de su interior lo que los contamina. 21 Pues de adentro, del corazón de la persona, salen los malos pensamientos, la inmoralidad sexual, el robo, el asesinato, 22 el adulterio, la avaricia, la perversidad, el engaño, los deseos sensuales, la envidia, la calumnia, el orgullo y la necedad. 23 todas esas vilezas provienen de adentro; esas son las que los contaminan".

La tendencia en los incrédulos y aún en los cristianos es interpretar literalmente el contenido de los textos apocalípticos, aunque salte a la vista que es simbólico. Otro ejemplo es el de Pedro en la visión que el Señor le mostró tres veces: un gran lienzo descendía delante de él con toda clase de animales, reptiles y aves del cielo y la instrucción de la voz divina era "Levántate Pedro mata y come". El Señor no le estaba dando instrucciones en ese momento que comiera de manera literal aves, animales, reptiles. Pedro respondió: "Señor, no, porque ninguna cosa común o inmunda he comido jamás". Por fin comprendió que el Señor se refería a los gentiles que también necesitaban escuchar el evangelio. Fue con los gentiles y les habló así: "ustedes saben muy bien que nuestra ley prohíbe que un judío se junte con un extranjero o lo visite. Pero Dios me ha hecho ver que a nadie debo llamar impuro o inmundo".

Hoy más que nunca se necesita conocimiento de las Ciencias Bíblicas, de la Teología Bíblica, la historia del contexto histórico y la Teología Sistemática, vivir una vida santa con la guía del Espíritu, así interpretaremos con certeza cada pasaje de la Escritura y comprenderemos dónde el significado es literal y dónde es simbólico.

4.30 El desenfoque de la escatología apocalíptica evangélica

La apocalíptica evangélica cae en las tinieblas del error cuando la Iglesia, sus maestros, teólogos y pastores centran su atención en las realidades últimas (*Ta Éschata*) en lugar de poner su mirada en los acontecimientos escatológicos en Cristo (*Éschaton*): su muerte, resurrección, segunda venida, reino eterno. El interés de la apocalíptica evangélica camina más por el sendero de las creencias de grandes señales, acontecimientos catastróficos, el descubrimiento del significado de los eventos y personajes del Apocalipsis, que por el camino de Cristo que es el eje central de la escatología que conduce al reino de Dios y su consumación. Pasa a segundo plano la enseñanza paulina y se empecinan en lo apocalíptico. Se suma la influencia del pensamiento judío y griego que agregan más confusión. Todo ello confluye para despertar la curiosidad por lo espectacular. Así las cosas, pierde de vista que Cristo es el punto de concentración y expansión de la escatología. Deja de lado los magnos eventos que Cristo ya realizó y los que realizará en su venida, la cual abrirá las puertas a la eternidad, la nueva creación de todas las cosas, la glorificación de la Iglesia, la glorificación de Dios, el reino de paz, gozo y fiesta eterna. Esos son los signos escatológicos de primer orden.

CAPÍTULO 5

Escatología bíblica cristiana

La escatología bíblica cristiana se identifica con aquellas enseñanzas que giran alrededor de Cristo, el *Éschaton*, en el Nuevo Testamento y aquellas profecías del Antiguo Testamento que apuntan hacia él; incluye los eventos de las realidades últimas del hombre, del mundo, la segunda venida y todos los eventos escatológicos que se derivan de esta. Y no se ocupa con gran extensión la mayor parte de la apocalíptica que se centra en las señales, conmociones cósmicas, bestias, números, imágenes y demás cuestiones apocalípticas.

Por tanto, no abordo este capítulo desde el punto de vista estricto de "la doctrina acerca de las últimas cosas" o "del fin de las últimas cosas". Pues pensar así es enfocarse en el sentido apocalíptico y no escatológico, pero eso no significa alejarse del entendimiento de la escatología en sentido cristiano. Sí trato los pocos temas apocalípticos que registran los evangelios, las cartas, y los temas más importantes del libro de Apocalipsis.

La escatología se relaciona con el último día, con la última palabra de victoria, con la última acción de Dios en Cristo quien tiene siempre la última palabra; pero sin dejar de vivir el *mientras tanto* aquí en la tierra con esperanza, justicia, amor y "no echar a perder el gusto por las penúltimas cosas por causa de las últimas cosas apocalípticas", como dice Moltmann (p. 13, 2004).

5.1 Los fundamentos de la escatología

Cristo es el fundamento central de la escatología

Toda la escatología se agrupa y se expande en Cristo quien es el basamento principal, por ello, la escatología es cristología. Pero esta se expande específicamente por medio de la muerte redentora y la resurrección justificadora de Cristo que están en el origen del acontecimiento escatológico y dan el lado orientador de la doctrina, la fe y la vida escatológicas. En la Escritura se observa que Jesucristo se enmarca en un contexto de expectativas mesiánicas. Es el reino de Dios que en su tensión presente-futuro está en el centro de la predicación de Jesús y conforma su vida, su actuar. Moltmann ve que Jesús introduce el futuro de esperanza en su primera venida con su vida y su obra: "El decisivo carácter escatológico de Jesús significa que con él ya ha sido introducido en el mundo el futuro de Dios... la escatología cristiana arranca hablando de Jesucristo y el futuro de este. La escatología se funda en una persona y en su historia: la historia de Jesucristo, todos sus enunciados acerca del futuro representan la piedra de toque de los espíritus escatológicos y utópicos" (Moltmann, 1981).

De igual manera, V. Balthasar destaca que la escatología cristiana tiene un fundamento cristológico: "Los *Éschata* ha de entenderse de un modo totalmente cristológico" y el objeto de la escatología es parte integrante de la obediencia de la fe a Cristo. La muerte y la resurrección en el origen del acontecimiento escatológico, son el dato orientado de la doctrina y vida escatológica (Von Balthasar, 1964).

Es comprensible entonces que la muerte y especialmente la resurrección de Cristo son las únicas que le dan sentido y razón de ser a la Escatología Cristiana. Si estas no hubieran ocurrido, vana sería nuestra fe, afirma Pablo. De nada serviría hablar, especular, de lo que acontece al hombre después de la muerte, o si hay vida después de la muerte y qué acontecería a todo lo creado en determinado momento si no tuviéramos los cristianos un anticipo escatológico en la resurrección de Cristo; no tendríamos una esperanza real. Pero Cristo es nuestra esperanza de gloria (Col. 1:27).

Las Sagradas Escrituras otro fundamento esencial

Toda escatología cristiana se fondea sobre las Sagradas Escritura, pues ellas dan testimonio de Jesucristo y del plan de salvación del Dios creador que se cumple en la obra de Cristo: su nacimiento, su vida, su carácter, su enseñanza, su muerte, su sepultura y su resurrección. Jesús dijo: "Ellas son las que dan testimonio de mí". Sin la Escritura no sabríamos nada acerca de la creación del hombre, del pecado, de la misericordia de Dios, de las profecías concernientes al Mesías y su magna obra.

Con razón Grau afirma la necesidad de que la Escatología parta de la Biblia: "Creemos que solo puede haber escatología bíblica, porque solo en la relación bíblica se nos ofrece el concepto adecuado del tiempo como dinamismo histórico que se dirige a una meta, que puede trazar planes para un futuro, que puede en cierta medida colaborar a la realización de dicho futuro, todo lo cual contrasta con la idea pagana de ciclos eternos e incesantemente repetidos… como círculos cerrados de los que es imposible escapar; inflexibles, cruelmente rutinarios y siempre los mismos…"(Grau, 1990).

La Biblia enseña que el tiempo transcurre de manera lineal hacia un desenlace en el que a los creyentes se nos concede la esperanza de una consumación feliz. Cobra fuerza y sentido de verdad el testimonio de la resurrección de Cristo porque en ella queda un anticipo de lo que acontecerá a la Iglesia y a todos los creyentes, esa es la garantía de nuestra esperanza basada en la Palabra de Dios escrita.

5.2 Germen de la escatología en el Antiguo Testamento

Distinción entre profecías mesiánicas y escatológicas

Realizar una distinción entre las profecías sobre el Israel pre y post exílico, el advenimiento del Mesías y las que ocurrirán en la segunda venida, es una ventana que ilumina la correcta interpretación de lo eminentemente escatológico anunciado en el Antiguo Testamento. Pero esa tarea no es fácil. Si no se pone bien los pies sobre la exégesis, se resbala en la pendiente de la imprecisión y se confunde a qué eventos, circunstancias o personajes, corresponden las profecías. Uno de los desafíos frecuentes en las profecías es el hecho de que en un mismo versículo, versículos o capítulos se encuentran unidas distintas clases de profecías.

Profecías escatológicas directas y las que tienen doble cumplimento

Muestro un ejemplo que descubrí y otro que describe Grau.

Primer ejemplo:

El evangelio de Lucas relata que Jesús en la Sinagoga, tomó el rollo de Isaías y leyó esta porción:

Lc. 4:18-19: "El Espíritu del Señor está sobre Mí, Porque me ha ungido para anunciar el evangelio a los pobres. Me ha enviado para proclamar libertad a los cautivos, y la recuperación de la vista a los ciegos; Para poner en libertad a los oprimidos; [19] Para proclamar el año favorable del Señor".

Este pasaje corresponde literalmente al libro del profeta Isaías 61:1-2: "El Espíritu del Señor Dios está sobre mí, Porque me ha ungido el Señor para traer buenas nuevas a los afligidos. Me ha enviado para vendar a los quebrantados de corazón, Para proclamar libertad a los cautivos y liberación a los prisioneros; [2] Para proclamar el año favorable del Señor, y el día de venganza de nuestro Dios; Para consolar a todos los que lloran".

¿Por qué Jesús leyó solamente hasta "... para proclamar el año favorable del Señor..." y no continuó con "... y el día de venganza de nuestro Dios; para consolar a todos los que lloran"? La explicación es que la primera parte del pasaje de la profecía de Isaías se refiere a Cristo en su primera venida en relación al ministerio de la proclamación del evangelio del reino de Dios, en los que el favor de Dios se mostraría con generosidad, con gracia sobre gracia. Y la segunda parte final se relaciona con el anuncio escatológico de la segunda venida de Cristo, en la que establecerá justicia por medio de juicio y venganza para los malvados que no se arrepienten y no se vuelven de sus malos caminos.

En un mismo pasaje hay profecía mesiánica y profecía escatológica. Segundo ejemplo:

Jl. 2:28-29: "Y sucederá que después de esto, Derramaré Mi Espíritu sobre toda carne; y sus hijos y sus hijas profetizarán, Sus ancianos soñarán sueños, Sus jóvenes verán visiones. [29] Y aun sobre los siervos y las siervas, derramaré mi Espíritu en esos días".

Jl. 2:30-31: "Haré prodigios en el cielo y en la tierra: sangre, fuego y columnas de humo. [31] El sol se convertirá en tinieblas, y la luna en sangre, Antes que venga el día del Señor, grande y terrible".

Los versículos 28 y 29 tienen cumplimiento cabal en la Iglesia primitiva en el relato de Hechos capítulo 2. Allí ocurre el inicio de "los tiempos finales", "los postreros tiempos". Luego viene el tiempo de la historia de la Iglesia.

Los versículos 30 y 31, tendrán cumplimiento en la segunda venida. Varios exégetas y teólogos eruditos están de acuerdo en esta interpretación.

Esta son pruebas claras de que en un mismo pasaje de profecía hay una diferencia grande de tiempo y de cumplimiento; asimismo que en el Antiguo Testamento encontramos atisbos de la escatología, pero tenemos que identificarlos con propiedad para que nos ayude a entender la diversidad de profecías mesiánicas y escatológicas que existen.

Conceptos escatológicos antiguo testamentarios

Los conceptos "promesa y esperanza" son los que abren paso a los asomos de la escatología en el Antiguo Testamento. La promesa y la esperanza son el motor de la apertura a un futuro mejor. El pueblo hebreo, luego llamado el pueblo de Israel, se ha sostenido precisamente por las promesas dadas por Dios a sus antepasados. Con razón, se ha dicho que el fundamento de la pervivencia de Israel a todos los imperios que lo dominaron, las guerras sufridas, los hostigamientos de muerte y tortura que soportó ha sido por la promesa de Dios, no tanto a causa de su fuerza militar, su raza o su cultura. Bultmann lo describe así: "La existencia misma de Israel tiene su fundamento en las promesas. Ahí encuentra el pueblo hebreo la garantía de su esperanza" (Bultmann, 1976).

La idea de la promesa y de la esperanza en el Antiguo Testamento, en la historia de Israel tiene varias connotaciones en cuanto a la posibilidad de una "escatología" en el sentido pleno. La expectación de que Dios salvará a su pueblo, porque él es un refugio seguro y un Dios fiel, confiando en que el desenlace de su caminar histórico, las promesas del Señor se cumplirán dándoles la victoria frente a sus enemigos y la permanencia finalmente en paz y seguridad (Ruiz de la Peña, 1986).

Un ejemplo destacado de promesas son las que se confirman como hilo conductor comenzando con los patriarcas de Israel: Abraham, Isaac y Jacob. Las promesas hechas a los patriarcas y su cumplimiento se describen en los siguientes pasajes:

Abraham: Gn. 22:18: "En tu simiente serán bendecidas todas las naciones de la tierra, por cuanto atendiste a mi voz".

Cumplimiento en el Nuevo Testamento: Gá. 3:16: "Ahora bien, las promesas fueron hechas a Abraham y a su simiente. No dice: «Y a las simientes», como si hablara de muchos, sino: «Y a tu simiente», como de uno, que es Cristo".

Isaac: Gn. 26:4: "Multiplicaré tu descendencia como las estrellas del cielo, y a tu descendencia le daré todas estas tierras. Todas las naciones de la tierra serán bendecidas en tu simiente".

Cumplimiento en el Nuevo Testamento; Ro. 9:7: "Ni todos los descendientes de Abraham son verdaderamente sus hijos, pues dice: Tu descendencia vendrá por medio de Isaac".

Jacob: Gn. 28:14: "Tu descendencia será como el polvo de la tierra, y te esparcirás hacia el occidente y el oriente, hacia el norte y el sur. En ti y en tu simiente serán bendecidas todas las familias de la tierra".

Cumplimiento en el Nuevo Testamento: Ro. 9:13: "Como está escrito: A Jacob amé, pero a Esaú aborrecí".

Desde el inicio Israel es un pueblo que es llevado en esperanza contra esperanza, venciendo obstáculos, enemigos, desiertos grandes y terribles. Sale de Egipto, camina por el desierto, llega a la tierra prometida con la esperanza de convertirse en un reino, para finalmente vivir el ansiado estado de paz integral. Esas promesas empujan a Israel a ponerse en marcha con miras hacia el futuro donde espera que se cumpla el tiempo de su paz, su riqueza y su seguridad, caminan en la esperanza de la construcción de un orden nuevo. El Dios de ellos es el que se muestra como el que los lleva en éxodo, en camino, en la historia, hacia una redención y liberación totales.

Otros autores opinan que hay que buscar con mesura los conceptos escatológicos en el Antiguo Testamento. Se escucha y se lee que algunos proclaman que "todos los profetas del Antiguo Testamento son escatologístas" o "ninguno de los profetas preexílicos predicó escatología". Son sentires opuestos de Volts y Mowinckel respectivamente sobre el tema (Tamayo, 2017).

¿Habrá acaso una posición intermedia? ¿Hay un germen escatológico en los profetas que se desarrolla progresivamente? o ¿no hay nada escatológico en el sentido exacto? O el concepto escatológico ¿es tardío en el Antiguo Testamento? Como lo enseña Van Gall que lo sitúa en el periodo en que se vislumbra la apocalíptica, con su rasgo fundamental de ruptura entre historia y escatología.

Más así, lo que corresponde es clarificar hasta donde se pueda estas opiniones opuestas y examinar algunas otras posturas.

Bultmann va más en el camino de Mowinckel. Cree que toda la profecía del Antiguo Testamento que habla del futuro se refiere al final de los tiempos con la llegada de la época mesiánica, no corresponde en nada a una escatología. Para sustentar su propuesta cita a Pablo:

1Co. 10:11: "Todo eso les sucedió para servir de ejemplo, y quedó escrito para advertencia nuestra, pues a nosotros nos ha llegado el fin de los tiempos".

Ro. 15:4: "Porque todo lo que fue escrito en tiempos pasados, para nuestra enseñanza se escribió" (Bultmann, 1976).

Bultmann concluye que todas las profecías del Antiguo Testamento se cumplen con el acontecimiento de Cristo, no van más allá de ese hecho.

Otros que van en la línea Olts como Th. C. Vriezen afirma que son cuatro etapas por las que pasa la escatología del Antiguo Testamento. La primera etapa es la preescatológica antes de los profetas; la segunda protoescatológica que va desde los profetas anteriores al destierro; y cree que existe una eminente escatología que inicia con el destierro con los profetas Hageo y Zacarías. La última etapa la asocia con la apocalíptica en el libro de Daniel.

Fohrer, L. Durr, O. Prockch y Dietrich Preuss piensan que las ideas escatológicas están en la base de la fe de Israel. Toman como fundamento el nombre del Dios de Israel, Yahveh, en su definición etimológica que significa YO SOY EL QUE SOY, pero también significa *"yo soy el que seré"*, *"yo soy el que demostraré que soy"*. Así, la intervención de Dios es dinámica, lineal que avanza desde el éxodo hasta la conquista de la tierra prometida. Espera aún un futuro en los anuncios de los profetas en la alianza pactada con su pueblo que resulta en la espera del cumplimento de lo anunciado. De este modo la experiencia del pasado y del presente se proyecta siempre hacia el futuro glorioso de Israel (https://revistas.unav.edu/index.php/scripta-theologica).

Von Rad afirma que, sí hay sustratos escatológicos en los mensajes de los profetas, donde lo nuevo por esperar no se relaciona con la restauración de la gloria de Israel, sino con algo totalmente nuevo que trasciende. Cita pasajes de Isaías para sustentar su punto de vista: Is. 43:18-19: "No os acordéis de las cosas pasadas, ni traigáis a memoria las cosas antiguas. [19] He aquí que yo hago cosa nueva; pronto saldrá a luz; ¿no la conoceréis? Otra vez abriré camino en el desierto, y ríos en la soledad", Is. 42:11 en el que se encuentra un cántico nuevo; Is. 55:1-2 que habla del llamado a todos los sedientos y hambrientos para que beban y coman gratuitamente del alimento. Y ve allí un llamado a la universalización del futuro del *Éschaton*, pues ya no se refiere solo a Israel, sino a todas las naciones (Von Rad, 1972).

Moltmann si ve una incipiente escatología en los profetas, en las promesas que se dirigen a lo histórico y a lo futuro. Distingue un actuar de Dios en el pasado y un nuevo actuar en el futuro. Y sostiene que las promesas del futuro de Dios se alejan del exclusivismo histórico de Israel. Continúa afirmando que en principio esas promesas giran alrededor de Israel, pero en la medida que rompen los límites nacionales y espaciales, se descubre las "primeras huellas de una escatología de la humanidad" (Moltmann, 1981).

Otros conceptos que tienen connotación escatológica

El día de Yahvé

Tamayo describe que uno de los pasajes que es interpretado escatológicamente con la más alta consideración es "El Día de Yahvé" de Am. 5:18-20. Es uno de los más antiguos. Data del siglo XVIII a.C., Am. 5:18-20: "¡Ay de los que anhelan que llegue el día del Señor! ¿Para qué quieren que llegue el día del Señor? Será un día de tinieblas, y no de luz. [19] Será como cuando alguien huye de un león, y se topa con un oso. O como cuando alguien entra en su casa y, al apoyarse en la pared, una culebra le muerde la mano. [20] El día del Señor no será de luz, sino de tinieblas. ¡Será un día sombrío, sin resplandor alguno!".

Según Tamayo, el pasaje que le sigue en antigüedad es del siglo VII a.C., Sof. 1:7-8: "Guardemos silencio en presencia de nuestro Señor y Dios. Ya está cerca el día del Señor. Ya el Señor ha preparado el sacrificio, y ha purificado a sus convidados. [8] En el día del sacrificio, yo, el Señor, castigaré a los magnates y a los hijos del rey, y a todos los que visten como extranjeros".

Luego Ez. 7:10, 10:12, 30:2-3, que data del siglo VI a.C., y por último el libro de Joel que también se refiere al "Día del Señor" o "El día de Yahvé".

Tamayo y otros exégetas al referirse a los pasajes citados, describen que su significado va más en la línea del trato de Yahvé para juzgar al pueblo de Israel y a los pueblos. Se refiere a una disciplina contra las falsas seguridades de Israel y un castigo para los pueblos enemigos. Afirma que no se refiere al fin de este mundo, sino al triunfo de Yahvé sobre las divinidades naturales, aunque el lenguaje con que se narra es bélico, catastrófico y cósmico (Tamayo, 2017).

El hijo del hombre, una aportación de la apocalíptica a la escatología

El origen del concepto es arameo y lo hace suyo el pensamiento hebreo. La expresión se registra más de noventa veces en el Pentateuco, los Salmos y los Profetas. Es interesante la expresión que se encuentra en el libro de Daniel que lo conecta con la apocalíptica judía y le da bases mesiánicas que se cumplen en la primera venida de Jesús y luego en la etapa de futuro cumplimiento al final de los tiempos señalando el domino eterno y el reino que no tendrá fin:

Dn. 7:13-14: "Seguí mirando en las visiones nocturnas, y en las nubes del cielo venía uno como un Hijo de Hombre, que se dirigió al Anciano de Días y fue presentado ante Él. [14] Y le fue dado dominio, Gloria y reino, para que todos los pueblos, naciones y lenguas le sirvieran. Su dominio es un dominio eterno que nunca pasará, y su reino uno que no será destruido". He aquí una aportación de la apocalíptica a la escatología.

El hijo del hombre mencionado en el Antiguo Testamento se conecta en el Nuevo Testamento en una perspectiva escatológica.

5.3 Los temas que engloba la escatología

No seguiré el camino tradicional de la clasificación de la escatología individual y general o colectiva. Abordaré todos los temas que abarcan ambas subdivisiones en el orden más natural y coherente posible, yendo hacia una culminación.

5.4 La vida y su fragilidad

Descripción bíblica

Stg. 4:14: ¿Sin embargo, no sabéis cómo será vuestra vida mañana? sois un vapor que aparece por un poco de tiempo y luego se desvanece.

Santiago describe que la vida es como un vapor efímero. Sigue la línea que se expresa en algunos pasajes del Antiguo Testamento en los que aparecen palabras parecidas al vapor: soplo, sombra, "pronto pasan y volamos".

Job 7:6-7: Mis días pasan más veloces que la lanzadera, y llegan a su fin sin esperanza. Recuerda, que mi vida es un soplo, mis ojos no volverán a ver el bien.

Sal. 39:4-6: Señor, hazme saber mi fin, y cuál es la medida de mis días, para que yo sepa cuán efímero soy. He aquí, tú has hecho mis días muy breves, y mi existencia es como nada delante de ti; ciertamente todo hombre, aun en la plenitud de su vigor, es solo un soplo. Sí, como una sombra anda el hombre; ciertamente en vano se afana; acumula y no sabe quién las recogerá.

Sal. 90:10: Los días de nuestra vida llegan a setenta años; y en caso de vigor, a ochenta años. Con todo, su orgullo es trabajo y pesar, porque pronto pasa, y volamos.

La Biblia describe la vida por medio de metáforas de corta existencia. Los escritores están conscientes que la vida aquí en la tierra posee sus tiempos de satisfacción y sus tiempos de sufrimiento. Pero lo que más afirman con claridad es la brevedad de la vida.

Los seres humanos que no son creyentes igualmente se percatan de la brevedad de la vida, porque el ser humano es el único que sabe que morirá. Esa muerte que tarde o temprano llegará le condiciona en buena medida. Depende donde el hombre se encuentre parado en cuanto a convicciones, así será su respuesta: atea, agnóstica, existen-cialista, nihilista o deísta.

Pese a todo, la vida dada por Dios es bella en sí misma, opacada por el pecado sí, pero tiene sus destellos de gloria en la satisfac-ción de amar y ser amados; la experiencia única de convertirse en padres; disfrutar de salud, alimento, sueño, amistad, buenos libros, deporte, trabajo y otros; el apreciar las cosas bellas de este planeta: las flores, los pajarillos, el sol, los paseos al aire libre y el compartir con los demás. Estos destellos de la vida bella, aunque limitada, los pueden experimentar los que no son cristianos, pero lo cierto es que siempre tendrán un vacío en su interior y no encontrarán plena satisfacción. El resultado será que muchos se vuelquen a los place-res legítimos e ilegítimos, a las acciones licenciosas, a los afanes de este mundo, aun así, lo que experimentarán será insatisfacción más que bienestar.

Los creyentes encontramos la verdadera felicidad, la satisfacción plena y el sentido de la vida en Cristo. Tenemos las respuestas a las preguntas existenciales sobre la vida y la muerte, el sufrimiento digno y el sufrimiento indigno. Enfrentamos con fe y esperanza las ironías y las injusticias de la vida; la enfermedad y la vejez; la agonía y la muerte.

Como dice Moltmann: "La vida es vitalidad humana y eso sig-nifica estar interesado y el interés por la vida le llamamos amor, se halla vida en el amor y por medio del amor vivifica toda la vida" (Moltmann, La Venida, 2004).

Pero todos los seres humanos sabemos que moriremos y ante esa realidad existen diferentes actitudes. Los ateos y los materialistas dialécticos piensan que todo termina con la muerte; los agnósti-cos afirman que no se puede saber si habrá algo o no después de la muerte; otros creen en la reencarnación, o la liberación del alma del cuerpo que vuelve al depósito de las almas preexistentes. Contrario a esas posturas, los cristianos tenemos la esperanza de que la vida no termina con la muerte, sino que disfrutaremos de una vida transfor-mada, plena y eterna.

5.5 La muerte

¿Qué es la muerte?

Perspectivas humanistas y pseudocristianas:

*–Materialismo histórico y dialéctico.*Descarta la existencia de Dios. Para este, la creencia del hombre como criatura a la imagen y semejanza de Dios es ficción, pues el hombre es solo materia y se destruye con la muerte (Lacueva, Escatología, 1990).

–La teoría de la reencarnación. Enseña que una misma alma después de abandonar un cuerpo muerto, puede animar sucesivamente diferentes cuerpos en diferentes vidas y épocas (Lacueva, Escatología, 1990).

–Existencialismo. Plantea que la muerte es uno de los acontecimientos más importantes sobre la vida, por el hecho de que la vida está amenazada todos los días por la muerte. Concluye que la vida humana carece de sentido, es un absurdo porque no hay esencia, ni dirección en la que pueda ser fructífera. Los filósofos existencialistas han definido la existencia y la muerte con frases fatalistas: "Naufragio total", "existencia trágica", "el ser para la muerte" (Heidegger); "la conciencia de la muerte conduce a la angustia y al sentido trágico de la vida" (Unamuno); "la náusea, el sentimiento de la contingencia del mundo", "el hombre es una pasión inútil" (Sartre). El único mérito que tiene el existencialismo es estar muy consciente de la realidad inevitable de la muerte. Ahora, su respuesta ante dicha realidad solo puede llevar al desmejoramiento de los individuos, a la desesperación, a la apatía de la vida. Ante ese escenario desdichado frente a la muerte, el tema principal de la filosofía sería el suicidio, según Camus (Grau, 1990).

–Positivismo. Expone que la muerte no se vive, porque cuando se está vivo no se experimenta la muerte y cuando la muerte llega, la vida ya no está (Grau, 1990).

-*Platonismo*. Fishl, señala que Platón cree que el alma la crearon los dioses, por consiguiente, es divina; pero fue lanzada al cuerpo como castigo por la injusticia cometida en una vida anterior, por lo que fue sentenciada a permanecer dentro del cuerpo. Esa condena es en proporción a la injusticia y la culpa cometidas. Platón enseña que el cuerpo es el mayor impedimento para el alma porque este la domina y la obliga a sumergirse en la concupiscencia, oscureciendo el recuerdo de que es divina. Así, el alma con el cuerpo es lo que el piloto es para la nave, el encarcelado respecto del calabozo, el cadáver respecto del sepulcro. El resultado es un hombre convertido en un doble ser de unidad, puramente externo. De ahí el dualismo platónico (Fischl, 1994).

Con razón hay una diferencia de cómo Sócrates enfrenta la muerte y cómo la enfrenta Jesús de Nazaret el Cristo, el Hijo de Dios. Sócrates la enfrenta con serenidad, sin angustia, porque, según su creencia, él va a ser liberado de la maldición de su cuerpo. En contraposición, Jesucristo enfrenta la muerte con aflicción y lo expresa: "Mi alma está angustiada hasta la muerte"; porque él sabía de la realidad de la muerte como pago del pecado de todos los seres humanos.

-*La ciencia cristiana*. Promueve la negación del hecho necrológico, razonando que la materia, el pecado, la enfermedad y la muerte no son cosas reales (Hendriksen, 1987). Es un reduccionismo psicológico, que socaba la antropología bíblica y acarrea una perturbación mental.

-*La creencia estoica*. Los estoicos[1] niegan el dolor de la muerte porque eliminan el miedo, el temblor, la angustia a través del dominio de sus pensamientos; por ello si les viene una enfermedad incurable que los amenace de muerte, optan por el suicidio, al que tampoco le temen.

---

[1] El propósito de la filosofía estoica es la supresión de las pasiones para llegar a la tranquilidad estoica. Los medios para lograrlo son la lógica, la razón cósmica y, sobre todo, la ética. La apatía o carencia de virtudes, la autarquía o carencia de necesidades, la obediencia, la conciencia del deber son el fruto de la ética estoica. Estas producen una razón clara, una tranquilidad inamovible, una satisfacción plena, enseñan (Fischl, 1967).

En esa perspectiva la muerte como tragedia no existe para ellos, es un fenómeno natural.

Así el panorama, estas creencias sobre la muerte no dan respuestas satisfactorias. A su manera, quieren negar el hecho de la muerte y deshumanizarla. En la vida diaria todos los seres humanos creyentes o no, tendemos a evitar hablar sobre la realidad de la muerte, pese a que es parte de la realidad humana.

Estas creencias describen la muerte de manera técnica, elegante. En el caso del existencialismo desvirtúa el vivir de manera digna y morir de manera digna sugiriendo el suicidio o la eutanasia; el materialismo falla porque el hombre tiene la noción innata de eternidad. Al pensar que todo se acaba con la muerte del cuerpo que es materia, le resulta al ser humano una gran frustración. El existencialismo truncó de tajo el deseo por vivir esta vida por la concepción trágica de la misma. Si así fuese en verdad, la solución es el suicidio, porque no da esperanza al anhelo de la trascendencia de todo ser humano.

La reencarnación, aunque suene razonable, incluso atractiva para algunos, por la idea de volver a vivir en cuerpo diferente, no resuelve el problema, destruye el empeño del hombre de permanecer en su identidad. La reencarnación anula la singularidad de cada ser humano.

El positivismo niega con malabarismo mental la experiencia de la muerte, afirma que no vivimos la muerte. Pero la experiencia de la muerte de un ser querido del núcleo familiar nos sacude, impacta más la muerte del que muere lentamente, agoniza y fallece ante nosotros. El mensaje es claro: cada día nos aproximamos a la muerte.

La filosofía griega dualista da falsas expectativas de liberación y de la inmortalidad del alma. La muerte la define como una auténtica liberación del alma inmortal del cuerpo malo que es como un presidio. Es una grave equivocación desde el punto de vista de la antropología bíblica.

La ciencia cristiana resbala en un reduccionismo mental y fideista. Sus razonamientos no anulan el hecho de la muerte.

Los estoicos no toman en serio la gravedad antropológica de la muerte. Están conscientes que son mortales, pero el hecho de tomarlo como algo meramente natural, no conmueve en ellos ningún tipo de pasión.

La muerte, perspectiva bíblica:
La muerte ha sido explicada de distintas maneras: de forma descriptiva, con metáforas, analogías y sentencias. Grau señala algunas de ellas:

La muerte como:

–*Dormir, sueño*: "Lázaro duerme" afirmó Jesús, luego tuvo que explicar a los discípulos, que Lázaro había muerto (Jn 11:11-14).

–*Separación del alma del cuerpo*: "El Señor escuchó la voz de Elías, y el alma del niño volvió a él y revivió" (1Re. 17:22).

–*Destrucción de la casa terrenal,* de una tienda de campaña: "De hecho, sabemos que, si esta tienda de campaña en que vivimos se deshace, tenemos de Dios un edificio, una casa eterna en el cielo, no construida por manos humanas" (2Co. 5:1).

–*Separación del cuerpo terrenal*: "Sabiendo que mi separación del cuerpo terrenal es inminente, tal como me lo ha declarado nuestro Señor Jesucristo" (2Pe. 1:14).

–*Pedir el alma de parte de Dios*: "Pero Dios le dijo: ¡Necio! Esta *misma* noche te reclaman el alma; y *ahora*, ¿para quién será lo que has provisto?" (Lc. 12:20).

–*Expirar*: "Al instante ella cayó a los pies de él, y expiró" (Hch. 5:10).

–*Volver al polvo*: "Comerás el pan con el sudor de tu frente, hasta que vuelvas a la tierra, pues de ella fuiste tomado; porque polvo eres, y al polvo volverás" (Gn. 3:19).

–*Partir de este mundo*: "Me siento presionado por dos posibilidades: deseo partir y estar con Cristo, que es muchísimo mejor" (Fil. 1:23).

La universalidad de la muerte

La muerte es una realidad universal, por el precepto y por la experiencia se comprueba, vino como resultado directo del pecado, varios textos lo atestiguan:

Ro. 6:23: "El salario de pecado es la muerte".

Ro. 5:12: "Por tanto, tal como el pecado entró en el mundo por medio de un hombre, y por medio del pecado la muerte, así también la muerte se extendió a todos los hombres, porque todos pecaron".

1Co. 15:22a: "Y así como en Adán todos mueren...".

La transformación del hombre sin experimentar muerte física

Hay un evento escatológico extraordinario que se concreta en la generación en la que acontece la segunda venida. Ocurre que la muerte física no afecta a los de esa generación, es la transformación del hombre vivo a una persona glorificada. Es pasar de la vida terrenal a la vida glorificada sin que medie la muerte física. Los textos que explican esta verdad maravillosa son lo suficientemente claros:

1Ts. 4:15-17: "Conforme a lo dicho por el Señor, afirmamos que nosotros, los que estemos vivos y hayamos quedado hasta la venida del Señor, de ninguna manera nos adelantaremos a los que hayan muerto. [16] El Señor mismo descenderá del cielo con voz de mando, con voz de arcángel y con trompeta de Dios, y los muertos en Cristo resucitarán primero. [17] Luego, los que estemos vivos, los que hayamos quedado, seremos arrebatados junto con ellos en las nubes para encontrarnos con el Señor en el aire. Y así estaremos con el Señor para siempre".

1Co. 15:51-53: "Pero permítanme revelarles un secreto maravilloso. ¡No todos moriremos, pero todos seremos transformados! [52] sucederá en un instante, en un abrir y cerrar de ojos, cuando se toque la trompeta final. Pues, cuando suene la trompeta, los que hayan muerto resucitarán para vivir por siempre. Y nosotros, los que estemos vivos, también seremos transformados. [53] Pues nuestros cuerpos mortales tienen que ser transformados en cuerpos que nunca morirán; nuestros cuerpos mortales deben ser transformados en cuerpos inmortales".

La causa de la muerte

La Biblia dice que la causa de la muerte es el pecado y ese pecado vino por la transgresión de Adán. Esa transgresión la heredó a toda la descendencia humana con la concerniente consecuencia de la muerte física y espiritual. Los creyentes llegamos a la conclusión experimental de que pecamos porque somos pecadores de nacimiento y por eso lo practicamos, aunque no queramos. Comprobamos personalmente lo que dice la Biblia, respecto de que el pecado vive en nosotros y que estamos condenados a muerte, porque la muerte es el salario del pecado. Pablo lo expresa así: "Por tanto, como el pecado entró en el mundo por un solo hombre, y por medio del pecado entró la muerte, así la muerte pasó a todos los hombres, por cuanto todos pecaron" (Ro. 5:12), "El pago que da el pecado es la muerte" (Ro. 6:23).

¿Qué es lo que muere en la muerte de la persona?

Para responder con certeza es necesario aproximarse a los conceptos de lo que el hombre es: espíritu, alma y cuerpo. ¿Qué significa cada uno de estos en la Escritura? y ¿qué acontece en la muerte del hombre? ¿Qué sobrevive al hecho necrológico?

El hombre es una unidad pneumapsicosomática, no tiene tres partes divisibles, es un ser completo. Eso es lo que expresa el texto de 1Ts. 5:13: "Y que el mismo Dios de paz los santifique por completo; y que todo su ser, espíritu, alma y cuerpo".

Ayuda a que se entienda mejor esa verdad cuando se capta la aproximación que realiza acertadamente Bultmann en el griego bíblico:

–*Espíritu, en griego: Pneuma*. Bultmann explica que Pablo utiliza en algunas ocasiones el vocablo *Pneuma* humano como sinónimo de *Psiqué*. Y aún en el texto de 1Ts. 5:23 el énfasis de Pablo es que "permanezcan enteros y libre de reproche, o que permanezcan totalmente preservados". Da la impresión que sea una descripción que se refiere a la tricotomía del hombre, pero no. El significado es que el creyente completo esté santificado y Pablo está hablando de un

Pneuma humano. Es normal que en algunos pasajes signifique a la persona y hace las veces de un pronombre personal como sucede con el concepto de *Soma* y *Psiqué*. Ejemplos que cita Bultmann:

1Co. 16:18 (NVI): "Ya que han tranquilizado mi espíritu y también el de ustedes. Tales personas merecen que se les exprese reconocimiento".

1Co. 16:18 (DHH): "Ellos me han dado tranquilidad, lo mismo que a ustedes. Tengan en cuenta a personas como ellos".

Con justa razón la traducción Dios Habla Hoy ha traducido *Pneuma* por persona.

2Co. 7:13: "Por esta razón hemos sido consolados. Y aparte de nuestro consuelo, mucho más nos regocijamos por el gozo de Tito, pues su espíritu ha sido confortado por todos ustedes".

Lo que Pablo expresa es sencillamente que "Tito ha sido reconfortado", el hombre entero llamado Tito (Bultmann, teología, 1987).

Es claro que el énfasis de *Pneuma*, el espíritu humano, es lo que nos une con Dios, es por medio de este que entramos en comunión con Dios, pero ello no sucede independiente del alma y del cuerpo: *Psiqué* y *Soma*.

-Alma, en griego: Psiqué. Aparece muchas veces relacionado como *Soma*, para designar al hombre en su totalidad. En los escritos de Pablo se encuentra relativamente pocas veces. La investigación del empleo que Pablo hace de *Soma*, muestra que no contrapone entre sí en sentido dualista cuerpo alma. Más bien significa la fuerza de la vida natural (Bultmann, Teología, 1987).

Psiqué, según Grau, es el principio de vida natural que anima al cuerpo y es sinónimo de "vida". Se usa varias veces como sustituto de "persona": "Se añadieron aquel día como 3000 personas (*Psiqué)*" (Hch. 2:41). Se refiere a la vitalidad específicamente humana como fuerza de la vida natural. En el pensamiento de Jesús y de Pablo el alma es el principio de toda vida física en el hombre, es la misma vida del hombre. En muchos pasajes es sinónimo del hombre completo y de la vida misma (Grau, 1990).

-Cuerpo, en griego: Soma. Bultmann ve que la palabra *Soma* tiene un concepto amplio y que Pablo deja entrever que la única vida humana que existe es la somática, la corporal, como presencia personal. En varios versículos el significado de soma designa a la persona entera. Y varias traducciones traducen correctamente la palabra griega "cuerpos" por "ustedes mismos":

En Ro. 12:1(BLH): "Por tanto, hermanos, les ruego por las misericordias de Dios que presenten *sus cuerpos como* sacrificio vivo y santo, aceptable a Dios, que es el culto racional de ustedes".

Ro. 12:1(DHH): "Por tanto, hermanos míos, les ruego por la misericordia de Dios que *se presenten ustedes mismos* como ofrenda viva, santa y agradable a Dios. Este es el verdadero culto que deben ofrecer".

1Ts. 5:23: "Y el mismo Dios de paz os santifique por completo; y todo vuestro ser, espíritu, alma y cuerpo, sea guardado irreprensible para la venida de nuestro Señor Jesucristo".

Aunque el texto se refiere a una petición para santidad de los creyentes preparados para la venida del Señor Jesucristo, deja entrever claramente que es un "todo", "todo un ser", "una unidad indivisible: espíritu, alma y cuerpo".

Es acertado que en otros versículos el *Soma* no es algo separado externamente del yo auténtico del hombre o de su alma. Sino que pertenece esencialmente a él, de manera que puede decirse que "el hombre no tiene un cuerpo, es un cuerpo":

1Co. 9:27(NVI): "Más bien, golpeo mi cuerpo y lo domino, no sea que, después de haber predicado a otros, yo mismo quede descalificado".

1Co. 9:27(TLA): "Al contrario, vivo con mucha disciplina y trato de dominarme a mí mismo. Pues si anuncio a otros la buena noticia, no quiero que al final Dios me descalifique a mí".

De resultas, el *soma* designa al cuerpo como al hombre entero, a la persona en su totalidad, al cuerpo físico que palpa, ve, huele, siente, piensa; que lleva "las marcas de Cristo, o cicatrices". El *Soma* es el que siente hambre, tiene sueño, padece dolor, pero es uno solo.

Ahora se entiende por qué Pablo combatió con tanta energía por la resurrección del *Soma*, del cuerpo, ante los corintios que no la creían por su trasfondo griego.

Bultmann tiene claro que el concepto paulino de la vida de la resurrección es somático y lo describe como algo glorioso. Desmorona el concepto dualista que enseña equivocadamente que el alma se esclaviza cuando entra al cuerpo, porque el cuerpo es un presidio. Y cuando el hombre muere, el alma preexistente e inmortal, se libera, vuelve feliz al depósito de almas. Pablo no distingue entre el yo del hombre, el alma, del *soma* corporal, como si este fuera una envoltura inadecuada de aquel, y su esperanza no apunta a una liberación del yo del alma del cuerpo, como cree el dualismo, sino que apunta a la resurrección corporal. Deja en claro que el cuerpo es el templo del Dios viviente, por ello es santo, aunque todavía tenga una naturaleza pecaminosa que le incita a los malos deseos. Cuando el hombre muere en Cristo no se libera del cuerpo, sino de la carne, de la *Sarx*, en griego (Bultmann, 1987).

Por lo expuesto, se demuestra con suficiente fundamento bíblico que el hombre es una unidad *Pneuma-psico-somática*. Para referirse al hombre completo, la Escritura usa a veces la palabra *Pneuma*, *Psiqué* o *Soma*, de manera intercambiable. No es un ser en el que el alma cayó presa en la cárcel del cuerpo y que se librará cuando el cuerpo muera.

Hendriksen concluye que los que mueren en Cristo no entran en un estado de inconciencia plena, sino que están presentes con el Señor gozándose en la presencia del Señor (Hendriksen, La Biblia sobre, 1987).

5.6 Estado intermedio

Aunque es una creencia generalizada, no existen parámetros bíblicos para asegurar la doctrina del estado intermedio. Pero aplicando el método deductivo a la lectura de la Biblia en ciertos pasajes se llega a la conclusión de que hay una especie de estado intermedio. De allí que la escatología trate el tema como tal.

Cito algunas definiciones del estado intermedio:

"Con la clase de claridad acumulativa que tipifica su desarrollo de la historia, la Escritura establece como premisa fundamental la continuidad de nuestra existencia como criaturas humanas... una vida después, realidad posterior a esa vida es un axioma incuestionable" (Spikman, 1994).

Una definición clara y corta: "Es el estado de los muertos durante el periodo de tiempo que va desde la muerte del hombre hasta la resurrección" (Pearlman, 1990).

El origen de la creencia de un lugar intermedio surge del argumento que, entre la muerte física y la resurrección de los muertos, las almas desencarnadas están sobreviviendo en algún lugar, pero sin conciencia. Si así fuera, eso es volver otra vez a la concepción griega del alma inmortal que, tras la muerte física, se libera y vuelve al lugar de origen. Claro que la variante evangélica es que cada una de las almas salvas están de alguna manera en la presencia de Dios, pero en un lugar indefinido hasta que se una de nuevo con el cuerpo en la resurrección. La diferencia de la creencia de los Testigos de Jehová y los adventistas es que las almas son conscientes del estado en que se encuentran (Lacueva, Escatología, 1990).

Así, el lugar intermedio como algo geográfico o cronológico es ficticio, no se puede sostener bíblica y teológicamente. El Nuevo Testamento da a entender que quien muere en Cristo está presente ante el Señor de manera inmediata con la vida eterna, que esta se completará en la resurrección de los muertos. El punto es que ningún cristiano al morir se encuentra en un lugar previo, como en sala de espera, para luego entrar al cielo.

5.7 *El purgatorio*

El purgatorio es un concepto tradicional medieval y romano. Grau lo define así: "Es un lugar y un estado de purificación penal temporal a similitud de fuego purificador, en el que no se perdonan pecados ni mortales ni veniales, solo se expía la pena temporal de los mismos". Rastrea el origen de esta doctrina y expone que esta cobra vida el 6 de marzo de 1254, en el Concilio I de Lion, bajo Inocencio IV. Expresa que: "Las almas de los que mueren después de recibir la penitencia, pero sin llevarla a cabal cumplimiento, o mueren sin pecado mortal, pero con pecados veniales y diminutos son purificadas después de la muerte y pueden ser ayudadas por los rezos, penitencias, misas en la Iglesia. Usan algunos textos fuera de contexto para apuntalarla: Mt. 5:26, 12:32". Y agrega que esta doctrina fue ratificada por el Concilio de Trento (Italia), realizado en varios periodos que van de 1545 a 1563 d.C., y que es el resultado de la mezcla de la influencia gnóstica platónica, pagana, con una pésima interpretación de ciertos pasajes de la Escritura canónica y apócrifa. Como toda doctrina que responde a los anhelos del pueblo para satisfacer su propia imaginería religiosa, es atractiva. Es una de las razones por las que permanece en la confesión romana (Lacueva, Escatología, 1990).

La creencia del purgatorio posee ciertos rasgos del espiritismo vulgar el cual enseña que es posible que los vivos se comuniquen con los espíritus de los muertos. Invocaciones, rituales, rezos, y prácticas mágico-supersticiosas, son los medios que hacen posible esa comunicación ultramundana.

Los creyentes sabemos que Cristo murió por todos nuestros pecados; que fuimos justificados de una vez por todas a través de la sola fe en su muerte y su resurrección. Y solamente por él tenemos acceso al Dios y Padre. Estamos limpios, somos justos, por los méritos de Cristo; ningún creyente necesita ir a un purgatorio ficticio.[2]

---

[2] El papa Benedicto XVI anuló el concepto de un purgatorio como lugar físico en cualquier parte del universo. Afirmó que el purgatorio es un fuego interior que purifica el alma del pecado (https://www.rtve.es/noticias/20110112/benedicto-xvi-purgatorio-no-lugar-del-espacio-sino-fuego-interior/394518.shtml).

5.8 ¿Inmortalidad del alma o resurrección de la carne?

Agustín de Hipona (354-430 d.C.) ha sido uno de los padres de la Iglesia más respetado de todos los tiempos y ha influenciado la teología en varios temas teológicos hasta hoy. Es uno de los impulsores de la doctrina de la inmortalidad del alma, en la etapa temprana de la historia; la cree y la defiende con argumentos filosóficos y teológicos. Sus razones son las siguientes: el alma es inmortal porque es sujeto de la ciencia que es eterna; para Agustín, el conocimiento verdadero de la ciencia es permanente al igual que el alma. Cree que la esencia del alma es inmortal en cuanto que es inmutable, agrega que el alma no es susceptible de cambio, por tanto, es inmortal, sempiterna y asegura que el alma no perece ni aun cuando su esencia tienda al menoscabo. Equipara la vida con el alma misma y asevera que ningún acontecimiento le afecta a esta, luego no puede carecer de vida: "Si alguien objeta que esa muerte por la que sucede que algo que fue no sea nada, no ha de ser temida por el alma, siendo la verdad causa del alma, no por eso perece a causa del error contrario a la verdad" (Agustín, La inmortalidad del alma, 2018).

La inmortalidad del alma[3] y la resurrección de los muertos son las dos creencias que campean en la cultura occidental frente a la realidad de la muerte. La primera enseña que el alma es preexistente[4] e inmune al hecho necrológico. La segunda se muestra como la esperanza que Dios creará de la muerte del cuerpo en la tumba, nueva vida en base al hecho anticipado de la resurrección de Cristo.

---

[3] La inmortalidad del alma no se creyó de manera unánime en la civilización griega. El pensamiento aristotélico anuló la herencia mítica respecto del concepto alma. Definió el alma como la *entelequia*: el alma en forma de cuerpo natural que tiene vida conforme a su posibilidad. El alma es una conversión orgánica que se une a la materia y con ella, son juntamente pasajeras. Para Aristóteles no tenía sentido hablar de una inmortalidad del alma (Ratzinger, Escatología, 2007).

[4] Al *sí* de la preexistencia del alma, le corresponde un *sí* a la supervivencia después de la muerte. En esta perspectiva el alma ya existe antes de que nazca el ser humano, y sigue existiendo después de la muerte. Es inmortal.

De las dos posturas, la más creída es la de la inmortalidad del alma, preexistente. Lo inaudito es que ocurre dentro de las confesiones cristianas y puede ser por la combinación de unos cuantos factores:

a. El pensamiento de Platón plasmado en sus escritos,[5] con sus mitos y leyendas, son una influencia que perdura hasta hoy.

b. Algunas biblias traducen "alma" en pasajes en los cuales lo justo es traducir "vida" refiriéndose al hombre completo.

c. Las abundantes predicaciones populares, movimientos de evangelismo anunciando la salvación de "las almas".

d. Sermones con temas sobre la muerte y la supervivencia del alma, carentes de un estudio profundo, exégesis y hermenéutica.

e. En el caso de América Latina, resulta fértil la enseñanza de la inmortalidad del alma por nuestro trasfondo supersticioso y espiritista, heredado de las culturas precolombinas que catapultaron la creencia con la cristianización resultando en sincretismo potente. Se suma la idea enraizada de que se sobrevive en el más allá.

La palabra inmortalidad en el Nuevo Testamento aparece como adjetivo y como nombre. El adjetivo *Aphthartos* en griego, algunas versiones los traducen por inmortal en 1Ti. 1:17, pero el significado es incorruptible y, por tanto, tener vida para siempre. Lo mismo con el nombre *aphtharsia*, que algunos traducen inmortalidad en Ro. 2:7, 2Ti. 2:10 significa incorrupción. Se refiere a una vida incorruptible no a la supervivencia del alma (Vine, 1984).

La otra palabra griega es *athanasia* y literalmente significa inmortalidad. En el concepto bíblico posee un matiz diferente del concepto de la filosofía griega; no hace alusión en nada a la preexistencia de las almas y, por tanto, eternas en esencia. El concepto bíblico de la creación del hombre refiere que fue hecho un ser viviente, en el momento de su creación fue espíritu, alma y cuerpo, su

---

[5] Sobre todo, los escritos de Platón en su libro *Los Diálogos de Platón*. Puntualmente el diálogo de Fedón, su tema focal es la inmortalidad del alma.

alma no preexistía. En 1Co. 15:53-54, la palabra *athanasia* significa más el cuerpo glorificado del creyente; en 1Ti. 6:16 se refiere a Dios en quien está y ha estado siempre libre de muerte. En conclusión, en el Nuevo Testamento *athanasia* significa más que inmortalidad del concepto de la filosofía griega, una calidad de la vida disfrutada, como se constata en 2Co. 5:4-2: "Porque, asimismo, los que estamos en esta tienda, gemimos agobiados, pues no queremos ser desvestidos, sino vestidos, para que lo mortal sea absorbido por la vida". El hombre mortal, en Cristo será absorbido por la vida (Vine, 1984).

En sentido opuesto a la inmortalidad del alma, la Escritura narra en varios pasajes la resurrección del cuerpo, del creyente en Cristo, "la resurrección de la carne literalmente". Todo el capítulo de 1Co. 15 describe detalladamente la resurrección de los muertos o resurrección de la carne. Y se refiere sencillamente a la resurrección del hombre completo, el hombre pecador, redimido por la sangre de Cristo. Esa prometida resurrección es la consumación de la vida plena, no es la continuación de esta vida temporal. Es la transformación de esa vida: se deposita en el ataúd al hombre corrompido por la muerte, más resucitará en incorrupción; en deshonra y resucitará en gloria; en debilidad y se resucitará en poder; en cuerpo material y resucitará con un cuerpo espiritual. Se deduce del texto que los creyentes resucitaremos con nuestra identidad.

En esa perspectiva, Barth niega la preexistencia y supervivencia del alma por medio de una metáfora: "los paganos creen que tras el acontecimiento muerte el alma a semejanza de una mariposa sale revoloteando sobre la tumba y todavía se conserva en algún lugar viviendo de manera inmortal" (Barth, Esbozo, 2000).

Así y todo, no hay base bíblica para creer la inmortalidad del alma eterna, pre y postexistente a la muerte. Tampoco hay sustrato para afirmar que el alma creada, se separa del cuerpo en la muerte y es la que se va a la presencia de Dios. La Escritura habla de resurrección de los muertos, inmortalidad, vida eterna, pero no de inmortalidad del alma.

Postura contraria a la de la mortalidad del alma y la unidad de esta con el cuerpo como un todo

Desde la perspectiva bíblica hay unos pocos textos que dan indicios que el alma es distinta del cuerpo y que se separa de este a la hora de la muerte:

Mt. 10:28: "No teman a los que matan el cuerpo, pero no pueden matar el alma. Más bien, teman a aquel que puede destruir alma y cuerpo en el infierno".

1Re. 17:22: "El Señor escuchó la voz de Elías, y el alma del niño volvió a él y revivió".

2Pe. 1:14: "Sabiendo que mi separación del cuerpo terrenal es inminente, tal como me lo ha declarado nuestro Señor Jesucristo".

El texto de Mateo explica que cuando matan al cuerpo, el alma no la pueden matar, en el sentido natural de la expresión se entiende que el alma es distinta del cuerpo. En la segunda parte del texto enseña que el alma puede ser destruida en el infierno. Ello implica que el alma no es inmortal.

En el pasaje del primer libro de Reyes, la traducción citada da la impresión que el alma en el momento de la muerte del niño salió y luego de la oración de Elías, el alma entró y volvió a la vida. El texto lo que quiere decir es que después del fallecimiento ocurrió un milagro y el niño volvió a respirar, volvió a la vida. No habla literalmente de un entrar y salir del alma como tal.

En el texto de 2Pe. 1:14, Pedro habla de su muerte inminente como una separación de su cuerpo terrenal, no hace mención del alma y el espíritu, pero se infiere que hay separación de esta y el espíritu del cuerpo.

Desde la óptica teológica filosófica persiste la postura de la inmortalidad del alma y la separación del alma del cuerpo en la muerte física. Tomás de Aquino sostiene que el alma es diferente del cuerpo. Rechaza la enseñanza de que el cuerpo sea alma y el alma cuerpo como un todo; para él resulta cierto que el alma no es el cuerpo. Esa doctrina la señala como una falsedad y la refuta con un solo argumento de los varios que hay, según él: "Es evidente que no cualquier principio de operación vital es alma. Pues, de ser así, el ojo sería alma, ya que es principio de visión. Lo mismo puede decirse de los otros instrumentos del alma. Pero decimos que el primer principio vital es el alma... pero un determinado cuerpo no puede ser el primer principio vital. Ya que es evidente que ser principio vital, o ser viviente, no le corresponde al cuerpo por ser cuerpo. De ser así, todo cuerpo sería viviente o principio vital. Así, pues, a algún cuerpo le corresponde ser viviente o principio vital en cuanto que es tal cuerpo. Pero es tal cuerpo en acto por la presencia de algún principio que constituye su acto. Por lo tanto, el alma, primer principio vital, no es el cuerpo, sino, el acto del cuerpo" (Aquino, Tomás, *Suma Teológica* I, cuestión 75, artículo 1, 1988).

Pero hay un matiz en el pensamiento de Aquino en el que afirma que la unión entre el alma y el cuerpo es parecida a la que existe entre la materia y la forma substancial; a pesar de ser de naturaleza diferente, el alma y el cuerpo del hombre no poseen una autonomía propia antes de la unión; en el momento de la unión, el alma se hace forma, es decir, actúa, vivifica a la materia, que a su vez recibe de ella la existencia, la perfección y las determinaciones esenciales.[6]

Algunos filósofos teólogos siguen sosteniendo la creencia en la inmortalidad del alma. Afirman que el Nuevo Testamento revela la inmortalidad del alma, y que la Iglesia del principio decidió creer que el alma es inmaterial. Agregan que no se equivocaron respecto a la inmortalidad, porque los evangelios evidentemente lo anuncian; fue con el tiempo que los teólogos, maestros y obispos de la patrística erraron al convenir que el alma era corporal. Ireneo, Tertuliano, Hilario, Ambrosio, Clemente y otros expresaron con distintas palabras el mismo concepto de que no hay nada de lo creado que no sea corporal, incluyendo el alma. Dios escogió un alma para alojarla en nuestros cuerpos y es la que toma nombre de alma humana. Los libros santos nos enseñan que esa alma es inmortal, la razón junto a la

---

[6] Para ahondar sobre la temática del cuerpo y el alma, léase: Salvati G. M. en F. P. Fiorenza – JB. Metz, *El hombre como unidad del alma y cuerpo*, pp. 661-715, 1979).

experiencia concuerda con esa enseñanza (https://www.e- torrede-babel.com/Biblioteca/Voltaire/alma-Diccionario-Filosofico.htm).

Aunque es cierto que hay algunos indicios de la inmortalidad del alma, un dualismo y una tricotomía humana, como se describe en los párrafos anteriores, la mayoría de los eruditos declaran que esos asomos se basan sobre argumentos frágiles importados de la filosofía griega. No soportan el filtro de toda la Escritura. Hay muchos más argumentos bíblicos y teológicos en favor de que el alma es mortal y forma un todo con el espíritu y el cuerpo humano.

5.9 ¿Qué es lo que sobrevive tras la muerte del creyente?

En el Nuevo Testamento se encuentran fácilmente indicios de que los creyentes sobreviven inmediatamente tras la muerte física, yendo a la presencia del Señor antes de la resurrección final. Pablo expresa en 2Co. 5:6-8 que lo que limita al creyente de estar en la presencia de Dios es el cuerpo físico, si el cristiano está en el cuerpo, está ausente del Señor, pero si está ausente del cuerpo, entonces está presente con el Señor.

Sayés explica la pervivencia del creyente después de la muerte física basándose en los pasajes del rico y Lázaro y del ladrón crucificado que se arrepintió. El ejemplo de la parábola del rico y del pobre Lázaro (Lc. 16:19-31), donde se habla de la retribución del rico, mientras sus hermanos todavía vivían en el mundo y el rico ansiaba desesperadamente que ellos supieran la realidad de la condenación de los incrédulos, para no pecar e ir a ese lugar de tormento, pero ya era imposible. Esa idea aparece también en las palabras de Cristo al ladrón arrepentido cuando este le pide a Jesús que se acuerde de él cuando venga *en su reino,* y un judío entiende por ello el *reino mesiánico* que aparece junto a la resurrección. En contraste a esa creencia, Jesús le dice al penitente suplicante te aseguro que "hoy mismo" estarás conmigo en el paraíso. Y por supuesto Jesucristo sabía que la resurrección ocurriría en un tiempo futuro en "el último día" (Sayés, 2006).

Después de esta introducción bíblica sobre el tema indicado, es importante que se conozcan las cuatro siguientes respuestas teológicas a la pregunta ¿qué es lo que sobrevive a la muerte del creyente? Porque son relevantes y están bien estructuradas.

La propuesta de la inmortalidad de la vida vivida

Moltmann sale al paso con esta respuesta teológica a la pregunta si sobrevive algo del hombre al morir físicamente. Sin tanteos, rechaza la inmortalidad del alma preexistente y la pretensión de que el hombre con toda su existencia muere totalmente. Expone que el Espíritu vivificador ya reside en el cristiano; que la vida eterna comenzó en su vida temporal; porque en nosotros mora el poder de la resurrección. Ese poder del Espíritu de vida es inmortal y ya da forma viva a la vida eterna; en ese Espíritu el hombre ya es inmortal desde aquí, ya no morirá eternamente. Ello resulta en una vida paradójica, pues, es una vida perecedera e imperecedera, mortal e inmortal a la vez.

Otro argumento de Moltmann es que la relación de Dios con el hombre en Cristo es de filiación de Padre e hijo, por lo que no puede ser destruida por el pecado en cuanto que Cristo ya pagó todos nuestros pecados. Tampoco en la muerte se desmorona esa filiación porque Cristo ya venció la muerte. Expresa que Dios resucita a los muertos por medio de su Espíritu en base a la obra de Cristo; y ese mismo espíritu vivificador se experimenta ya en la vida como el poder de la resurrección (Moltmann, La Venida, 2004).

Moltmann propone una relación mutua entre el Espíritu de Dios y el espíritu del hombre: la unión del Espíritu de Dios y el espíritu del hombre se trata de una relación recíproca entre Dios y el hombre, no es como la propuesta de Barth de una sola vía de arriba hacia abajo, una relación de Dios hacia el hombre. Tampoco como lo sugiere Rahner, una relación de abajo hacia arriba, una relación del hombre hacia Dios. Por esa razón, tenemos una presencia eterna ante Dios en virtud de esa relación recíproca en el Espíritu de vida. Nuestra vida se halla presente eternamente frente a Dios antes de la muerte, durante la muerte, después de la muerte. Claro que no es una presencia como una placa fotográfica que recuerde los pecados, las desgracias, las tristezas, es una memoria llena de amor en la que hemos sido limpios y cubiertos por ese amor, dice Moltmann.

El cristiano sobrevive a la muerte porque Dios es Dios de vivos no de muertos. En el poder del Espíritu de vida nos sentimos seguros de que somos hijos de Dios, participamos ya de la naturaleza divina. No se trata del alma, del núcleo personal, ni de un punto interno de identidad, sino de la configuración entera de la vida y toda su historia. Si nuestro espíritu significa la configuración de nuestra vida, significa también nuestra vida como una totalidad que cualitativamente es más que la suma de nuestros miembros. El hombre vive enteramente, aunque en la muerte se disgrega con el cuerpo que yace, subsistirá, no obstante, la nueva cualidad de la totalidad de la persona, como principio y resultado de su vida vivida en la relación de Dios con él, no desde luego como la organización de sus partes la cual se disgrega, pero sí como la forma vivida por él ante Dios. En la muerte de esa forma no se disgrega en sus partes, sino que subsiste ante Dios, porque el todo es más que la suma de sus partes, la forma vivida de una persona será transformada en aquella otra forma de vida que denominamos vida eterna. Al final, la muerte no es una separación del alma del cuerpo o la separación del ser humano de Dios. La muerte es una transformación del espíritu que incluye la vida del hombre entero (Moltmann, La Venida, 2004).

La propuesta del nuevo concepto del alma como cuerpo que trasciende la muerte física

Se ha explicado en páginas anteriores que la tradicional creencia de inmortalidad del alma preexistente es elaborada por Platón y absorbida, en buena medida, por el cristianismo. Pero es poco conocido el punto de vista de Aristóteles, el cual es diferente, enseña que el alma es indisoluble con el cuerpo.

Ratzinger argumenta de modo elaborado, con sustento bíblico, que el dualismo de cuerpo y alma atacó por otro frente: "Las ideas que se desarrollaron en la antigua Iglesia sobre la supervivencia del hombre entre la muerte y la resurrección, se apoyan en las tradiciones en las que, sobre la existencia del hombre en el Seol, se daban en el judaísmo y que se transmitieron en el Nuevo Testamento corregidas cristológicamente" (Ratzinger, 2007).

El nuevo concepto de alma es producto de la revelación cristiana. Por eso la doctrina cristiana de la inmortalidad de la vida, no del alma en el sentido platónico, está configurada por el centro cristológico, en el cual se certifica la indestructibilidad de la vida adherida a la fe salvadora en Cristo. La doctrina cristiana es la que revela que "el alma es la vida de la persona", "el alma es cuerpo de la persona", "el alma es forma de cuerpo", "igualmente es espíritu" convirtiendo al hombre en persona concreta impulsándolo a la eternidad tras la muerte física (Ratzinger, 2007).

La propuesta del estar en Cristo en comunión eterna

Aunque Grau no dice abiertamente el nombre de esta propuesta, se deduce en base a los argumentos que presenta. Según él, la comunión espiritual del creyente y Cristo no se rompe jamás; ese estar en Cristo y esa comunión que obtienen para siempre aquí en la tierra, no se altera tras la muerte; el hombre sobrevive a la muerte física. Si bien el hombre es un todo indivisible: espíritu, alma y cuerpo, en la parte física es el *soma* físico el que es visible a la muerte física. Y aunque la carne humana, piel, huesos, sangre, tejidos, músculos, órganos, sistemas están sujetos a la fragilidad extrema, al deterioro, la enfermedad, la vejez y la muerte, el creyente sobrevive a la muerte. Grau lo grafica desde la perspectiva de la teología bíblica *ese estar en Cristo*: "Ahora bien, si seguir viviendo en este mundo representa para mí un trabajo fructífero, ¿qué escogeré? ¡No lo sé! [23] Me siento presionado por dos posibilidades: deseo partir y estar con Cristo, que es muchísimo mejor, [24] pero por el bien de ustedes es preferible que yo permanezca en este mundo" (Fil. 1:22-24).

Es como un sueño: según 1Ts. 4:14: "Porque si creemos que Jesús murió y resucitó, así también Dios traerá con Él a los que durmieron en Jesús". Grau afirma que este pasaje y otros que hablan acerca de la muerte como "el dormir", da sustento, para interpretar que es un estado en el que ocurre una comunión plena con Cristo, incluso, más completa que la que se tiene en la vida terrenal. Así los argumentos, al morir el creyente en Cristo pasa a la presencia del Señor por medio de su identidad personal en la que su conciencia permanece: el alma o componente espiritual de su personalidad. Tal cuestión, se define como "dormición"[7] para designar su temporalidad, transitoriedad, pero con una clara conciencia (Grau, 1990).

La propuesta de la inmortalidad del Espíritu a partir de la conversión

Lacueva también expone que, tras la muerte, los espíritus de los creyentes son los que van a la presencia de Cristo, con un gozo maravilloso, incompleto todavía, sí, pero muy real, no las almas como tales. El cuerpo es el que yace en un estado de dormición hasta la resurrección de los muertos: "1Ts. 5:10, da a entender que la vida del espíritu humano no se interrumpe con la muerte, por otra parte, el hecho de ser espíritu no implica inactividad. La similitud de Hch. 7:59 con Jn. 19:30 nos da también a entender que el espíritu de los justos, cuyo cuerpo duerme está consciente y activo".

Por el contrario, el fin de los injustos tras la muerte, es entrar de inmediato a un estado de condenación consciente e irreversible. Sufrimientos, tormentos, lamentos, miseria, son el equitativo pago a los espíritus de los injustos mientras acontece la segunda resurrección que completará el castigo eterno. La parábola del Rico y Lázaro en labios de Jesús confirma el castigo eterno. Pedro dice esta verdad desde el punto de vista del gran juicio reservado a los injustos. Entre la muerte física de los creyentes y los incrédulos y sus respectivas

---

[7]   Los primeros cristianos designaron a los lugares de entierro de sus muertos con la palabra griega *koimētērio*, una de las más frecuentes, quizá la más antigua, no aparece en el Nuevo Testamento. Pero sí aparece el verbo *koimasthai*, de donde se origina. Este se traduce por "yacer para descansar", "dormir", ocurre tanto en sentido literal como metafórico, usualmente el segundo en el Nuevo Testamento. En sentido metafórico: Mt. 27:52; Hch. 7:60; 13:36; 1Co. 7:39; 15:6, 18, 20, 51; 1Ts. 4:13; 2Pe. 3:4; literal: Mt. 28:13; Lc. 22:25; Hch. 12:6.

resurrecciones, los espíritus de ambos cambian a un estado diferente, unos al cielo y los otros a condenación (Lacueva, Escatología, 1990).

Al reflexionar sobre las posturas de lo que sobrevive del hombre tras la muerte física, considero que quien da una respuesta mejor estructurada bíblica y teológicamente es Moltmann. Pero reconozco que las otras propuestas contienen elementos de verdad y dejan en claro la refutación de la concepción platónica y judaica de la inmortalidad del alma que se ha introducido en algunos sectores de la Iglesia Evangélica Protestante.

5.10 Acontecimientos previos a la segunda venida

En Mt. 24:3 los discípulos le preguntaron a Jesús ¿Cuándo sucederán estas cosas y qué señal habrá de tu venida, y del fin del siglo? Pero Jesús no respondió puntualmente ninguna de las tres preguntas planteadas. Sí mencionó varios acontecimientos como guerras y rumores de guerras, pestes, hambres y terremotos en diferentes lugares, pero les aclaró que no sería el fin, solo "principio de dolores". Luego habla de falsos profetas sin mencionar el fin (Stam, 1998).

En Mt. 24, el Señor anuncia con claridad tres acontecimientos previos al fin y uno en Lc. 21; el primero es la evangelización a todo el mundo; el segundo acontecimiento previo a la venida del Señor, es que la humanidad estará viviendo como en los días de Noé; el tercer acontecimiento es la abominación desoladora que describe Mateo, pero Lucas explica que esa abominación es la invasión repentina sobre Israel por diez países enemigos: Lc. 21:20-22: "[20] Pero cuando veáis a Jerusalén rodeada de ejércitos, sabed entonces que su desolación está cerca. [21] Entonces los que estén en Judea, huyan a los montes, y los que estén en medio de la ciudad aléjense; y los que estén en los campos, no entren en ella; [22] porque estos son días de venganza, para que se cumplan todas las cosas que están escritas"; el cuarto acontecimiento es la gran tribulación futura y final focalizada en Israel seguida de signos en el cielo. Los otros dos acontecimientos previos a la venida del Señor los enseña Pablo: la gran apostasía final y la manifestación del hombre de pecado.

Con el fin de prepararnos debemos estar atentos a todos estos acontecimientos descritos, no a las señales apocalípticas comunes a lo largo de la historia de la Iglesia.

En conclusión, los acontecimientos previos a la segunda venida de acuerdo a la Escritura son seis y los expongo en el orden siguiente:

El evangelio será predicado en todo el mundo

Este acontecimiento se encuentra en Mt. 24:14: "Y este evangelio del reino se predicará en todo el mundo como testimonio a todas las naciones, y entonces vendrá el fin".

Esta es una de las señales escatológicas más claras y previas a la venida del Señor. Esta señal no pudo cumplirse plenamente antes del año 70 d.C., en la destrucción de Jerusalén, como lo aseguran los preteristas. Si bien es cierto hay expresiones en los escritos del Nuevo Testamento que expresan que el evangelio ha llegado al mundo entero, tales como: "Del evangelio, que ha llegado hasta vosotros, así como a todo el mundo, y lleva fruto y crece también en vosotros"(Col. 1:5-6); "… la esperanza del evangelio que habéis oído, el cual se predica en toda la creación que está debajo del cielo" (Col. 1:23); "vuestra fe se divulga por todo el mundo" (Ro. 1:8); estas afirmaciones se quedan cortas, pues la predicación del evangelio a todo el mundo de esa época antes del 70 d.C., dejó fuera buena parte de los habitantes de otras regiones del planeta no descubiertas. Y del año 70 d.C., para acá, han pasado casi dos mil años. Hoy sí existen todas las naciones del mundo localizadas en todo el globo terráqueo. No hay más lugares geográficos por descubrir, ni más lugar para fundar nuevas naciones.

Ahora el desafío es que todas esas naciones escuchen el evangelio. Hoy se conocen datos fidedignos[8] sobre países no alcanzados, por consiguiente, hay millones de personas por evangelizar. Son varios los países que bloquean al cristianismo para que no entre por medio

---

[8] Las naciones sin evangelizar representan el 97% de los más de tres mil millones de personas menos evangelizadas y se encuentran en la ventana 10, 40. Los bloques principales religiosos que domina e impiden la evangelización son estos tres: islam, hindúes, budistas. https://www.edehm.net/ventana1040.htm.

de la tecnología de los distintos medios de comunicación y todas las redes sociales; rechazan la llegada de misioneros cristianos. En este momento es cuando la misión de la Iglesia necesita apresurar el paso, ser creativa, inteligente y no desmayar en la proclamación, pues la venida del Señor se retrasa cuando no realizamos la evangelización, como lo expresa 2Pe. 3:3-4, 9. "Pero antes deben saber que en los días finales vendrá gente blasfema, que andará según sus propios malos deseos [4] y que dirá: «¿Qué pasó con la promesa de su venida? Desde el día en que nuestros padres murieron, todas las cosas siguen tal y como eran desde el principio de la creación...» [9] El Señor no se tarda para cumplir su promesa, como algunos piensan, sino que nos tiene paciencia y no quiere que ninguno se pierda, sino que todos se vuelvan a él".

La humanidad estará viviendo como en los tiempos de Noé

Este acontecimiento se describe en el Nuevo Testamento, con referencia clara a Gn. 6:2, 5, 8, "los hijos de Dios vieron que las hijas de los seres humanos eran hermosas. Entonces tomaron como mujeres a todas las que desearon... Y vio Jehová que la maldad de los hombres era mucha en la tierra, y que todo designio de los pensamientos del corazón de ellos era de continuo solamente el mal... Pero Noé halló gracia ante los ojos de Jehová".

Jesucristo revela que el modo de vida licencioso en los tiempos de Noé, se repetiría antes de su segunda venida: Mt. 24:37-39: "La venida del Hijo del hombre será como en tiempos de Noé. [38] Porque en los días antes del diluvio comían, bebían y se casaban y daban en casamiento, hasta el día en que Noé entró en el arca; [39] y no supieron nada de lo que sucedería hasta que llegó el diluvio y se los llevó a todos. Así será en la venida del Hijo del hombre".

Este pasaje es directo y claro. Cuando el Señor venga la humanidad vivirá con apatía a la Palabra de Dios. Sus malos deseos carnales dominarán sus pensamientos y sus acciones de tal manera que vivirán cautivos a las pasiones desenfrenadas. En el tiempo de Noé, los hombres lo que buscaban era satisfacer sus placeres carnales sensuales. Tomaban sin ningún miramiento a todas las mujeres que se les antojaba y se casaban también con todas las que querían, vivían en festines constantes. Así lo describe el texto que citamos unos párrafos atrás. Esa será la forma de vida de los años previos a la venida del Señor. Esta condición es muy probable que se relacione con la gran apostasía final, otra señal en los años previos al advenimiento del Cristo.

Un detalle digno de aludir es que, en esta señal-acontecimiento de los tiempos de Noé, Jesús no la conecta con una gran tribulación a nivel mundial. Creemos que, sí habrá una gran tribulación, pero será para el pueblo de Israel específicamente otra vez, pero mucho más potente que la acontecida en el año 70. d.C., en la que no se derribó una buena parte de una muralla de Jerusalén y que permanece hasta hoy. Mientras el mundo vivirá como en los días de Noé, Israel padecerá una gran tribulación de tres años y medio.

La gran apostasía final

Este suceso se registra en 2Ts. 2:1-3: "Pero con respecto a la venida de nuestro Señor Jesucristo y a nuestra reunión con Él, les rogamos, hermanos, ² que no sean sacudidos fácilmente en su modo de pensar, ni se alarmen, ni por espíritu, ni por palabra, ni por carta como si fuera de nosotros, en el sentido de que el día del Señor ha llegado. ³ Que nadie los engañe en ninguna manera, porque no vendrá sin que primero venga la apostasía y sea revelado el hombre de pecado, el hijo de perdición".

Una de las verdades que resalta este texto es que Pablo no creyó nunca en el arrebatamiento y la venida inminentes. Él enseña a los creyentes que respecto de la venida del Señor no se dejen engañar con argumentos que apelen al intelecto, ni se inquieten por la información que les llegue por visiones espirituales que otros tengan, por conversaciones, o por escrito, *que les haga creer que la venida del Señor está cerca*. Y les da razones: porque primero debe venir la apostasía, y manifestación del hombre de pecado, de iniquidad.

La palabra apostasía en 2Ts. 2:3 es *Apostasía* en el griego bíblico. Significa: revuelta, rebelión, abandono y rechazo de la fe (Vine, 1984). En el contexto del pasaje citado, Pablo da a entender que habrá una gran rebelión contra toda la obra de Dios, su evangelio, su Iglesia y contra la fe una vez dada a los santos. El destacado exégeta Aterson, opina que en principio Pablo está refiriéndose a una revuelta religiosa, pero no hay certeza si se refiere a una revuelta de los judíos contra Dios. La otra posibilidad es que sea de los gentiles contra Dios, o de los cristianos contra Dios o si es una rebelión de todas las clases dentro y fuera de los cristianos. En mi opinión se refiere a todos los cristianos nominales del mundo entero porque tenemos antecedentes. Sabemos por la historia sagrada que hubo apostasía de parte del pueblo de Israel, está descrito en el Antiguo Testamento y en los tiempos que narra el Nuevo Testamento. Pablo advierte que habrá una apostasía singular en los tiempos posteriores: 1Ti. 4:1: "El Espíritu dice claramente que en los últimos tiempos algunos se apartarán de la fe, prestando atención a espíritus engañadores y a doctrinas de demonios".

La historia eclesiástica cuenta que en las distintas épocas de la Iglesia hay ejemplos específicos de apostasía. A la sazón, la apostasía está en acción desde que la Iglesia existe. Pero aquí es una apostasía escatológica a gran escala, porque Pablo la conecta con la venida del Señor. Este período se caracteriza por el abandono de la profesión de fe cristiana. Cientos de miles de personas que practican externamente la fe, que asisten a las congregaciones locales, que tienen nombre de cristianos, se apartan de todo lo que se relaciona con Dios, Cristo, el evangelio, la congregación local y la fe cristiana. Mi firme postura en el contexto de toda la Escritura con relación a los salvos, siempre salvos, no son ellos los que apostatan, sino aquellos que, habiendo recibido el evangelio, este no echó raíces profundas en ellos, así estos apóstatas nunca nacieron de nuevo, jamás tuvieron un encuentro real con el Señor Jesucristo, aunque saborearon algo del evangelio. Para los verdaderos cristianos es imposible que dejen la vida eterna ya experimentada, pues, ya son propiedad de Cristo, sellados por el Espíritu Santo y templos del Dios viviente, del Espíritu.

La revelación del hombre de pecado, el inicuo

Se describe específicamente en 2Ts. 2:3b-5, 8-9: "... y sea revelado el hombre de pecado, el hijo de perdición. [4] Este se opone y se exalta sobre todo lo que se llama Dios o es objeto de culto, de manera que se sienta en el templo de Dios, presentándose como si fuera Dios. [5] ¿No se acuerdan de que cuando yo estaba todavía con ustedes les decía esto? [8] entonces será revelado ese impío, a quien el Señor matará con el espíritu de Su boca, y destruirá con el resplandor de Su venida. [9] La venida del impío será conforme a la actividad de Satanás, con todo poder y señales y prodigios mentirosos".

Hay una creencia generalizada que asocia al hombre de pecado con el gran anticristo que confirmará el pacto con Israel, y lo luego lo quebrantará a los tres años y medio durante la gran tribulación. Él hará que los sacrificios del templo cesen y en su lugar ofrecerá un sacrificio inmundo, al que se le ha llamado la abominación desoladora descrita por Daniel y mencionada por Jesús. He desmentido con suficientes bases bíblicas y teológicas esas especulaciones en el apartado: "El gran anticristo con gran poder visible". Otros exegetas relacionan al hombre de pecado con la bestia del mar, otros con la bestia de la tierra y otros con el falso profeta. Como ven, estamos ante uno de los pasajes más oscuros y difíciles de interpretar. Se ha discutido desde tiempos antiguos si es un personaje escatológico concreto o una colectividad. Si correspondiera a una colectividad sería dirigida por alguien de todos modos, pero con el consenso del grupo.

Ante las serias dificultades de una interpretación certera de los exégetas eruditos y la diversidad de opiniones de los intérpretes en toda la historia, hay que aceptar con humildad que el pasaje es muy complejo, por ello, me inclino por el camino de afirmar lo que el texto dice y nada más, no quiero sumar más especulaciones.

La frase "Y sea *revelado*", la palabra griega para "revelado" es *Apocalipto* y designa el carácter sobrehumano del acontecimiento (Aterson, 2003). La implicación es que el inicuo estará oculto, disfrazado y luego se revelará como "ángel de luz" como suele hacerlo Satanás, aparentando divinidad y santidad.

"El hombre de pecado" muestra una característica de iniquidad. Es un hombre malvado, practicante de pecado en extremo. Es interesante el otro adjetivo que utiliza Pablo: "El hijo de perdición" por el hecho de que esa frase la utilizó Jesús para designar a Judas el traidor, puede ser un indicio que este hombre estará dentro de la iglesia, pero la traicionará, y está destinado a la perdición sin la posibilidad de salvación, al igual que Satanás y sus ángeles.

En cuanto a la actividad del hombre inicuo "Se opone a todo lo que se llama Dios o es objeto de culto y se sienta en el templo de Dios, presentándose como si fuera Dios". El oponerse a Dios y a todo lo que es objeto de culto y usurpar el lugar de Dios queriendo ser como Dios, coincide con las primeras intenciones de Luzbel en el cielo. Y el hecho que mencione que se sienta sobre el templo de Dios, nos da luz para comprender que cuando Pablo ha dicho en varias ocasiones que los creyentes somos el templo de Dios, templos del Dios viviente, se comprenda que Pablo no habla en absoluto de un templo físico al estilo judaico como lo enseña la creencia tradicional evangélica. En el versículo 5, Pablo les dice que recuerden que él ya les había enseñado que la Iglesia es el verdadero templo. Esa declaración paulina desmorona la apreciada pero falsa creencia de esperar la reconstrucción física del templo en Jerusalén como señal y preparativo para la venida de Cristo.

La expresión "la venida del impío será conforme a la actividad de Satanás" quiere decir que es por obra e influencia directa de Satanás que viene este inicuo.

La otra locución "con todo poder y señales y prodigios mentirosos" significa que tiene el poder diabólico para realizar milagros, pero son engañosos irreales e ilusorios. Esta descripción encaja menos con el o los anticristos porque estos se oponen contra todo lo que es de Cristo, no lo imitan. Ninguno de los anticristos definidos por Juan o en la historia de la Iglesia se les atribuye poder sobrenatural para realizar milagros, maravillas y señales. Esto es más compatible con los magos y hechiceros de Faraón que realizaron señales milagrosas, entre otras, convertir una vara en una serpiente.

Y la proposición "Entonces será revelado ese impío a quien el Señor matará con el espíritu de su boca, y destruirá con el resplandor de Su venida". Destaca que el hombre de pecado tendrá un espacio de tiempo de operación en el que engañará a los incrédulos y a varios creyentes, hasta que aparezca Cristo en su segunda venida y lo destruya con su Palabra, su presencia y el resplandor de su gloria; así como la vara de Aarón se comió las varas de los hechiceros que realizaron milagros, igualmente el poder de Cristo destruirá al hombre de pecado por cuanto el poder de Dios es insuperable.

En resumen, el hombre de pecado es un personaje escatológico concreto, su esencia es la iniquidad, la maldad, el pecado y el engaño. Está dotado de poder sobrenatural diabólico para realizar milagros engañosos, bajo la influencia directa de Satanás, y está destinado para ser el segundo hijo de perdición, después de Judas el traidor. Engañará, se sentará y dominará a una buena parte de la Iglesia, engañará a los cristianos de nombre y a los carnales, más no a los espirituales que permanecen en comunión con el Señor.

El hombre de pecado no encaja dentro del anticristo o de los anticristos como tales, encuadra más como un ministro de Satanás que engaña y se hace pasar por Dios. Tampoco encaja con el falso profeta del capítulo 19 de Apocalipsis porque este se relaciona directamente con la bestia.

Algunos eruditos lo asocian con el sacerdocio del culto imperial con su magia y hechicería para que adoraran el Imperio Romano, las imágenes de su emperador de turno, recordando que en los dos primeros siglos los cristianos llamaban La Bestia a ciertos emperadores que representaban a dicho imperio, pero tengo mis reservas que se refiera a un hombre específico del pasado, todo apunta a un personaje futuro que aparecerá en escena antes de la segunda venida de Cristo.

Se infiere del texto que Pablo no está pensando en el anticristo o el falso profeta de Juan. Una razón lógica es que el libro de Apocalipsis se escribió, más o menos 50 años más tarde que 2Ts. Y cuando Juan escribe Apocalipsis, lo más seguro es que ya tenía conocimiento de la carta de 2Ts. a la sazón, hubiese confirmado que el hombre de pecado era el falso profeta.

Con estas características descritas y lo expuesto confío que la verdadera Iglesia guiada por el Espíritu Santo identificará tal acontecimiento.

La invasión repentina sobre Israel por diez países enemigos

Esa invasión es llamada "la abominación desoladora" por Daniel y por Jesús. Pero Lucas interpreta esa abominación como ejércitos invasores: Lc. 21:20-22: "²⁰ Pero cuando veáis a Jerusalén rodeada de ejércitos, sabed entonces que su desolación está cerca. ²¹ Entonces los que estén en Judea, huyan a los montes, y los que estén en medio de la ciudad, aléjense; y los que estén en los campos, no entren en ella; ²² porque estos son días de venganza, para que se cumplan todas las cosas que están escritas".

Los ejércitos que invadirán a Jerusalén antes de la segunda venida de Cristo son los 10 países árabes que rodean a Israel hoy en el siglo XXI. Sus nombres están escritos en el Sal. 83:6-8 con los nombres antiguos: *edomitas, ismaelitas, moabitas, guebalitas, agarenos, amonitas, amalecitas, filisteos, los de Tiro y los asirios.* Y parte de ellos hicieron la guerra a Israel cuando fue constituido como nación en 1948, en la guerra de los Seis Días, pero fueron vencidos. Pese a todo, lo harán de nuevo previo al retorno del Señor, esta verdad se sostiene en el mismo Salmo 83 en los versículos 2-4: "Porque, he aquí, tus enemigos rugen, y los que te aborrecen se han enaltecido. ³ Hacen planes astutos contra tu pueblo, y juntos conspiran contra tus protegidos. ⁴ Han dicho: Venid, y destruyámoslos como nación, para que ya no haya memoria del nombre de Israel".

La nación de Irán ha dicho muchas veces que destruirá a Israel, ha estimulado a los demás países árabes para que se unan y lo destruyan; es impresionante que ha usado casi las mismas palabras del Salmo 83: "No permitamos que Israel sea nación, borrémoslo del mapa, echémoslo al mar". Este acontecimiento inaugurará la gran tribulación sobre el pueblo de Israel. Así que cuando los cristianos veamos que estos diez países árabes invadan repentinamente a Israel con la ayuda de otros países poderosos y comience la guerra, entonces estemos listos porque la venida del Señor está en pleno curso y se concretará al final de los tres años y medio de la gran tribulación.

La gran tribulación final sobre Israel

Los argumentos dispensacionalistas sobre la gran tribulación intentan encajar la enseñanza del anticristo, la confirmación del pacto y el quebrantamiento del mismo, para dar soporte a ese periodo de gran sufrimiento descrito en el libro de Daniel: "El capítulo 12 revela el papel de Israel en ese tiempo. La expresión *en aquel tiempo* tiene una relación directa con la frase *el tiempo del fin* en 11:40. Este es el periodo cuando el anticristo desencadenará su persecución universal del pueblo judío. Cronológicamente eso ocurrirá cuando dicho personaje quebrante el pacto firme que él mismo impuso sobre la nación de Israel" (Carballosa, p. 271, 1979).

He explicado en apartados anteriores en base a las Escrituras; que no es un anticristo el que confirma el pacto, lo quebranta y hace cesar los sacrificios, sino es Jesucristo el que confirma el nuevo pacto en su sangre; con su sacrificio en la cruz, hace cesar los sacrificios; y que el pasaje que describe la gran tribulación tuvo parte de cumplimiento en el año 70 d.C., pero es una profecía de doble cumplimento. Por ello, en este apartado nos referimos a la gran tribulación final de Israel, no a la gran tribulación que vivió en el año 70 d.C. Allí se cumplió buena parte de lo que el Señor anunció. En esa destrucción todavía quedó piedra sobre piedra en una buena parte de la muralla de la ciudad de Jerusalén, que se conserva hasta hoy. El muro de los lamentos es la parte visible de dicha muralla. Además, sería una temprana gran tribulación si fuera verdad como lo enseñan los preteristas totales. Pues Israel ha sobrevivido hasta hoy casi dos mil años después del año 70 d.C. Y sigue rodeado de los mismos 10 países árabes que odian a Israel y que los enumera el Salmo 83 con los nombres antiguos. Estas naciones quieren desaparecerlo lanzándolo al mar Mediterráneo. Y es muy significativo que el evangelio de Lc. 21:20 nos dé una luz sobre cuál es la Abominación Desoladora de la que habló Daniel, porque en lugar de escribir la frase "abominación desoladora" de Mt. 24, la sustituye por "cuando vean a Jerusalén rodeada de ejércitos entonces sepan que su destrucción ha llegado". Es claro que esa profecía se cumplió en el año 70 d.C., con la destrucción causada por el Imperio Romano, pero también se refiere a la última gran tribulación en la que será rodeada por los ejércitos de estos países árabes con el apoyo de otros países que son potencias mundiales.

Pero aclaro que nuestro enfoque en este apartado es mostrar que la gran tribulación final anunciada por Daniel es sobre Israel, no sobre el mundo entero, ni la Iglesia de Cristo. Mientras Israel sufre la gran tribulación final, el resto del mundo "vive como en los tiempos de Noé" gozando más de los placeres de este mundo y el hombre de pecado engañando a una parte de la Iglesia de Cristo.

Si leemos cuidadosamente la Escritura veremos los detalles que confirma lo que enseñamos. El pasaje de Dn. 12:1: "Entonces se levantará Miguel, el gran príncipe protector de tu pueblo. Habrá un período de angustia, como no lo ha habido jamás desde que las naciones existen. Pero tu pueblo será liberado: todos los que están inscritos en el libro", indica dos veces "tu pueblo" y en la última parte "Tu pueblo será liberado". No habla de un acontecimiento mundial, como en el caso de la gran estatua que simbolizaba el reino de los grandes imperios históricos desde Babilonia hasta el Imperio romano. Otro texto que nos alumbra sobre que la tribulación siempre ha sido más sobre Israel que en otras regiones, o en el mundo entero es Hch. 7:11: "Vino entonces hambre en toda la tierra de Egipto y de Canaán, y *grande tribulación*; y nuestros padres no hallaban alimentos". Al examinar el texto del libro de Éxodo habla de una gran aflicción que vivieron los antepasados de los Israelitas a causa de una hambruna.

Otro pasaje en la que aparece la frase "gran tribulación" es en Ap. 2:22: "He aquí, yo la arrojo en cama, y en gran tribulación a los que con ella adulteran, si no se arrepienten de las obras de ella".

Este versículo menciona que algunos miembros de la Iglesia de Tiatira padecerían "gran tribulación". Esta declaración nos enseña que la frase "gran tribulación" es focalizada, no representa una gran tribulación mundial.

El último texto donde aparece la misma frase es en Ap. 7:13-14: "Entonces uno de los ancianos me preguntó: ¿Quiénes son los que están vestidos de blanco y de dónde vienen? Yo le respondí: usted lo sabe, Señor. Entonces me dijo: Son los que han pasado por un gran sufrimiento. Han lavado sus ropas y las blanquearon en la sangre del Cordero". Otras traducciones dicen "una gran tribulación". Pero una vez más, no dice que se refiera a un tiempo específico. Incluso puede referirse a la gran tribulación que han pasado todos los creyentes de todas las épocas con los grandes sufrimientos, por ejemplo, los llamados héroes de la fe y otros tantos.

La frase "gran tribulación" aparece una sola vez en los labios de Jesús de Nazaret: Mt. 24:21: "Porque habrá entonces una gran tribulación, tal como no ha acontecido desde el principio del mundo hasta ahora, ni acontecerá jamás". La descripción minuciosa de la gran tribulación se encuentra en los versículos 16 al 20 de Mt. 24, y nos relata detalles que encajan solo en el lugar geográfico de Israel: "Entonces los que estén en Judea huyan a los montes". Si fuese una gran tribulación mundial sería inútil que escaparan hacia cualquier parte. Lc. 21:21 completa la perspectiva con otro detalle acerca de los que están en los campos lejos de Judea: "… y los que estén en los campos no entren en ella"; "orad, pues, para que vuestra huida, no sea en invierno, ni en día de reposo", se sabe que quien guarda el día de reposo de manera oficial es el pueblo de Israel.

Así las descripciones, cuando Israel esté rodeado repentinamente por los ejércitos de los países enemigos, y se desate la gran matanza, el resto del mundo estará viviendo como en los tiempos de Noé, entonces inicia la gran tribulación final.

Jesucristo declara en los evangelios la parte final de la gran tribulación y su advenimiento: "E inmediatamente después de la tribulación de aquellos días, el sol se oscurecerá, y la luna no dará su resplandor y las estrellas caerán del cielo, y las potencias de los cielos serán conmovidas. Entonces aparecerá la señal del Hijo del Hombre en el cielo, y entonces lamentarán todas las tribus de la tierra y verán al Hijo del Hombre, viniendo sobre las nubes del cielo, con poder y gran gloria" (Mt. 24:29-30). Es interesante que la única señal como tal, es la misma "señal" de la venida del Hijo del Hombre.

Luego acontecerá el gran suceso de la segunda venida del Señor y el arrebatamiento que son simultáneos, en un solo evento. El Señor viene, y los creyentes subimos para encontrarnos con él en el aire. Esto lo explica con claridad Pablo en 1Ts. 4:15-17: "[15]Conforme a lo dicho por el Señor, afirmamos que nosotros, los que estemos vivos y hayamos quedado hasta la venida del Señor, de ninguna manera nos adelantaremos a los que hayan muerto. [16] El Señor mismo descenderá del cielo con voz de mando, con voz de arcángel y con trompeta de Dios, y los muertos en Cristo resucitarán primero. [17] Luego los que estemos vivos, los que hayamos quedado, seremos arrebatados junto con ellos en las nubes para encontrarnos con el Señor en el aire. Y así estaremos con el Señor para siempre".

El texto es claro, muestra que los que estén vivos cuando el Señor venga en su segunda venida, serán arrebatados juntamente con los muertos en Cristo que serán resucitados en ese mismo "instante escatológico", "en un abrir y cerrar de ojos". El Señor baja, desciende a las nubes, y por el poder de su Espíritu, simultáneamente suben los vivos arrebatados transformados y los resucitados que murieron en Cristo para reunirse con él por la eternidad.[9]

Con una lectura reposada poniéndole sentido y con una exégesis correcta, lo veremos como la luz de medio día. Este pasaje también nos ilumina con relación al juicio final y los otros mencionados, se infiere que acontecen prácticamente en el instante teológico, puesto que el juicio de condenación para los incrédulos comienza aquí en la tierra según la teología Juanina, así como la vida eterna comienza en los creyentes aquí en la tierra, así el instante escatológico básicamente los finiquita.

En cuanto al milenio, el mismo texto nos da luz. No hay un milenio literal después de la segunda venida del Señor: una vez llevados los vivos transformados y los muertos resucitados con el Señor en las nubes: "Y así estaremos con el Señor para siempre", pues ha entrado

---

[9]   Es como la analogía en la que la nueva Jerusalén desciende: Ap. 21:2-3: "Vi además la ciudad santa, la nueva Jerusalén, que bajaba del cielo, procedente de Dios, preparada como una novia hermosamente vestida para su prometido. [3] Oí una potente voz que provenía del trono y decía: ¡Aquí, entre los seres humanos, está la morada de Dios! Él acampará en medio de ellos, y ellos serán su pueblo; Dios mismo estará con ellos y será su Dios".

la eternidad, la gloria de Dios, los cielos nuevos y la tierra nueva, la nueva creación, la nueva Jerusalén; allí el Dios trino será nuestro Dios y nosotros su pueblo.

Todas las posturas anteriores a la que propongo, creen en los siete años de tribulación. Los unen de manera continua: tres años y medio que son la primera parte de la gran tribulación, con una aparente paz, más los otros tres años y medio de la gran tribulación que acontecerán en los últimos tiempos. ¡Craso error! En ninguna parte de la Escritura se encuentran esos siete años, ni sumados, menos de manera continuada. Están en un punto ciego al profesar la grave herejía mencionada en varias ocasiones: es el anticristo quien actúa durante esos primeros tres años y medio; realizando un pacto con Israel que rompe al terminar esos tres años y medio, se manifiesta abiertamente en contra de Dios y se sienta sobre el trono del nuevo templo reedificado, ofreciendo una ofrenda inmunda, la cual es la "abominación desoladora".

Otras posturas hablan que primero ocurre el rapto, luego pasan los mencionados 7 años, y exactamente al terminar acontece la segunda venida. Son errores graves resultado de mala interpretación impregnada de especulación. Estos y otros temas los abordo con más detalle en la apocalíptica evangélica dudosa.

5.11 La segunda venida de Cristo

La centralidad de la venida del Señor

En la iglesia primitiva la doctrina de la segunda venida era central en la predicación y la evangelización; tanto era el anhelo sobre el retorno del Señor que algunas iglesias se obsesionaron y algunos creyentes comenzaron a enseñar que la segunda venida ya había ocurrido. Pablo corrigió ese grave error por medio de cartas explicando que no era cierto y les dijo que antes tenía que ocurrir la aparición del hombre de pecado y la apostasía.

Bancroft comenta que, al pasar los primeros siglos, la iglesia se fue al otro extremo, relegando la enseñanza de la segunda venida;

debido a la elevación esplendorosa del cristianismo de parte del Imperio romano que decretó la fe cristiana como la creencia oficial de todo el imperio, confinó dicha doctrina en toda la época del oscurantismo. En la Reforma se reanimó un poco la doctrina. Bancroft, agrega que muchos siglos después los milenaristas avivaron la doctrina del retorno del Señor, pero cayeron en el error de anunciar que la venida del Señor ocurriría en el año 1840. Pero no vino. Luego un siglo y medio después un movimiento liberal enseña que la segunda venida es simbólica, es espiritual. Ante estos movimientos extremos es tiempo de volver a la enseñanza de la Escritura para comprender la claridad de la segunda venida en su justa dimensión (Bancroft, 1986).

La segunda venida es una de las doctrinas que incluyen todas las posturas teológicas. La razón es la abundante evidencia bíblica clara en todo el Nuevo Testamento. Le da valor agregado el hecho que con tres palabras griegas diferentes se describa este gran acontecimiento:

–*Parousía*. Del verbo *páremi* = estar presente, presencia, presentación: "Porque, así como el relámpago sale del oriente y resplandece hasta el occidente, así será la venida del Hijo del Hombre" (Mt. 24:27).[10]

–*Apokalupsis*. Revelación, remoción de un velo, implica que el retorno de Jesús será una especial revelación de sí mismo: "De manera que nada les falta en ningún don, esperando ansiosamente la revelación de nuestro Señor Jesucristo" (1Co. 1:7).

–*Epiphaneía*. De *Epi* = sobre, y *Phaino* = brillar o alumbrar. Significa una aparición o manifestación repentina desde arriba: "Entonces será revelado ese impío, a quien el Señor matará con el Espíritu de Su boca, y destruirá con el resplandor de Su venida" (2Ts. 2:8) (Lacueva, 1998).

El primer fundamento de toda la fe cristiana es la resurrección de Jesús de Nazaret, el Cristo Resucitado, atestiguada pródigamente.

---

[10] Moltmann sugiere que es incorrecto emplear el término parusía para designar la nueva venida, la segunda venida, porque presupone una ausencia temporal. El término que prefiere es "adviento", palabra latina que significa venida del redentor.

El segundo fundamento esencial es la segunda venida o el retorno de Cristo. Esa es la esperanza gloriosa de todo el Nuevo Testamento. El mensaje de la predicación del reino de Dios comienza con el anuncio del resucitado y finaliza con el advenimiento del Cristo glorificado. La misión de la Iglesia comienza con la resurrección del Señor y termina con la venida del Señor. Es la consumación de la meta, la glorificación de los creyentes y la nueva creación del cosmos.

Brunner expresa la centralidad de la venida de Cristo en la revelación cristiana así: "La venida de Cristo no es un tema entre otros, sino el tema de nuestra fe, que domina a todos los demás temas" (Stam, 1999).

Algunos autores ven la enseñanza de la segunda venida del Señor como la única y grande esperanza de la Iglesia: "Aquí es el Mesías en su personalidad claramente definida como el Dios-hombre y en su carácter como el Redentor glorificado, que en su venida en gloria es anunciada como la gran esperanza de la Iglesia" (Fairbarn, 1985).

La segunda venida en la escatología del Nuevo Testamento es cristología pura. Toda gira en círculos concéntricos alrededor de Jesucristo el Señor. Es presentista porque él ha venido en carne, se ha hecho hombre, realiza su ministerio público anunciando que el evangelio del reino de Dios ha llegado. Las evidencias son que los ciegos ven, los cojos andan, los muertos son resucitados, los demonios son expulsados y a los pobres se les anuncia el evangelio. Pero también es futurista porque después de padecer rechazo, persecución, calumnias, injurias, burla, menosprecio, traición, abandono, juicio injusto, golpes, despojo, es crucificado, muerto, sepultado, resucitado, es el que ha de venir, el que vendrá, el que regresará en gloria sin relación al pecado. Su manifestación será gloriosa en su venida para los hijos de Dios y una tragedia para los que rechazaron a Cristo como el Mesías. Esa verdad resalta en un pasaje de los evangelios sinópticos: los que en esta vida terrenal se escandalicen de él y de su mensaje, se avergüencen, delante de esta gente infiel y pecadora, Cristo, el hijo del hombre se avergonzará de ellos cuando venga con la gloria de su Padre y con los santos ángeles (Mr. 8:38b): "Esta es una clara predicción de la definitiva venida escatológica de Cristo" (AT Robertson, 2003).

Los evangelios narran que Jesús enseñó sobre su segunda venida con distintos recursos pedagógicos: la exhortación, la advertencia, sentencias, parábolas como la de los talentos, las minas y las diez vírgenes; en las que él aparece como el amo, el Señor, el novio, que se va lejos por un tiempo, pero ha de volver para recibir cuentas o para las bodas. En el caso de la parábola de las 10 vírgenes como el novio que regresa para ser recibido por las vírgenes prudentes que le acompañarán a la boda. Cito algunos textos que hablan de manera directa, clara, sobre el retorno del Señor:

Mt. 24:44: "Por eso, también ustedes estén preparados, porque a la hora que no piensan vendrá el Hijo del Hombre".

Mt. 24:27: "Porque, así como el relámpago sale del oriente y resplandece hasta el occidente, así será la venida del Hijo del Hombre".

Mr. 13:24-36: "Pero en aquellos días, después de esa tribulación, el sol se oscurecerá y la luna no dará su luz, [25] las estrellas irán cayendo del cielo y las potencias que están en los cielos serán sacudidas. [26] entonces verán al Hijo del Hombre que viene en las nubes con gran poder y gloria".

Lc. 21:27-28: "Entonces verán al Hijo del Hombre que viene en una nube con poder y gran gloria. [28] Cuando estas cosas empiecen a suceder, levántense y alcen la cabeza, porque se acerca su redención".

Jn. 14:1-3: "No se angustien ustedes. Crean en Dios y crean también en mí. [2] En la casa de mi Padre hay muchos lugares donde vivir; si no fuera así, yo no les hubiera dicho que voy a prepararles un lugar. [3] Y después de irme y de prepararles un lugar, vendré otra vez para llevarlos conmigo, para que ustedes estén en el mismo lugar en donde yo voy a estar".

Cómo esperar la venida del Señor

Así, el advenimiento o segunda venida del Señor está suficientemente atestiguada en el Nuevo Testamento. Pero ¿con qué actitud debemos esperarla los cristianos? Pues, para iniciar, de manera semejante a los siervos de la parábola que esperan diligentemente que su Señor regrese; como Jesús dijo a sus discípulos: que velaran por ellos mismos, cuidando su conducta, para que "sus corazones no se llenaran de glotonería y embriaguez". Pablo explica a los cristianos la manera correcta de la espera del retorno del Señor: viviendo de manera justa, sobria y piadosa en medio de este mundo malo. Y el apóstol Pedro hace el llamado tiernamente pidiéndoles a los creyentes que esperen la venida del Señor con presteza para ser hallados sin mancha e irreprensibles. El apóstol Juan después de exponer que veremos a Cristo tal cual es, anima a que la Iglesia mantenga esa esperanza gloriosa porque así se purifica así misma, como Jesús es puro.

Así las exhortaciones de como esperar el advenimiento del Señor en el Nuevo Testamento; se observa que la expectación de la venida de Dios es un fuerte motivo para vivir en santidad, con un temor reverente y en obediencia a sus mandamientos, dado que el camino de la obediencia en el discipulado es el que conduce a la espera gozosa del encuentro con nuestro Señor Jesucristo (Erb, 2014).

Con qué actitud enfrentamos la muerte antes de la segunda venida del Señor

García provee argumentos y ejemplos de la manera correcta de enfrentar la muerte antes de la segunda venida del Señor. Se refiere al actuar de Pablo en coherencia con lo que él enseñaba; él decía a los hermanos, por medio de sus cartas: que prefería ir a estar con Cristo lo cual era "muchísimo mejor" (Fil. 1:23) que quedarse aquí en la tierra. Los pastores, predicadores, evangelistas y demás ministros, hemos predicado este texto y los cristianos lo saben, pero cuando pasamos momentos difíciles y vemos peligros de muerte que nos acechan nos deprimimos y nos cuesta creer esta magnífica verdad. Y mayormente cuando un ser querido muere o algunos cristianos están próximos a morir se afligen porque en realidad para ellos no es "muchísimo mejor" estar con Cristo, quieren aferrarse a la vida terrenal. Pablo decía lo que realmente creía, y fue puesto a prueba cuando llegó la proximidad de su muerte, en lugar de aferrarse a la vida temporal respondió con gran firmeza, convicción y alegría lo siguiente: "Porque yo ya estoy siendo derramado, y el tiempo de mi partida es inminente. He peleado la buena batalla, he acabado la carrera, he guardado la fe. Por lo demás, me está guardada la corona de justicia, la cual me dará el Señor, juez justo, en aquel día; y no solo a mí, sino también a todos los que aman su venida" (2Ti. 4:6-8) (García, 2019).

Eso es lo que debemos expresar los creyentes cuando nos llegue el turno, porque nos fortalece el saber que es verdad lo que Dios nos prometió por cuanto Cristo murió, pero también resucitó y ha prometido reiteradamente en la Biblia que Cristo vendrá por segunda vez para consumar la victoria final.

La venida de Jesús el Hijo del Hombre

La señal, en el sentido estricto, en el retorno del Señor es la "señal del hijo del hombre", "hijo de hombre" viniendo en las nubes. Creo que la intención del autor al mencionar dichas expresiones es comunicar que es Jesús de Nazaret, el hombre de carne y hueso, pero sin pecado, el que se proclamó a sí mismo como el hijo del hombre, el que resucitó al tercer día es el que viene con poder en su gloriosa segunda venida con un cuerpo glorificado.

Otro detalle relacionado con la venida del Hijo del Hombre es que habrá una conmoción cósmica apocalíptica sin precedentes descrita en Mt. 24:28-31: "[28] El sol no dará su luz, la luna tampoco brillará, las estrellas caerán, las potencias de los cielos serán conmovidas". En labios de Jesús el texto sigue diciendo: "[30] Entonces aparecerá en el cielo la señal del Hijo del Hombre; y todas las tribus de la tierra harán duelo, y verán al Hijo del Hombre que viene sobre las nubes del cielo con poder y gran gloria. [31] Y Él enviará a Sus ángeles con una gran trompeta y reunirán a Sus escogidos de los cuatro vientos, desde un extremo de los cielos hasta el otro".

Bover, señala otro detalle significativo al destacar que el apóstol Pablo no toma los antecedentes de las manifestaciones previas a la venida del Señor descritas en los evangelios, sino que agrega otros: la apostasía, el hombre de pecado, como acontecimientos previos a la segunda venida del Señor. Describe conjunta y abiertamente el hecho de la venida del Señor con ciertas características, aunque su enseñanza no es muy clara en cuanto al tiempo del retorno del Señor (Bover, 1967).

Pablo menciona repetidamente la venida del Señor con las siguientes expresiones: "vendrá", "descenderá del cielo", "se manifestará", "aparecerá", "será visto".

Esa segunda venida la expresa en varios versículos en sus distintas cartas. Escribiré uno que corresponda a cada una de las palabras griegas:

–*Parousía*: presencia o presentación: 1Co. 15:23: "Pero cada uno en su debido orden: Cristo, las primicias; luego los que son de Cristo en Su venida".

–*Epifanía*: manifestación: 1Ti. 6:14: "Que guardes el mandamiento sin mancha ni reproche hasta la manifestación de nuestro Señor Jesucristo".

–*Apocalipsis*: revelación: 2Ts. 1:7-10: "Pero que Él les dé alivio a ustedes que son afligidos, y también a nosotros, cuando el Señor Jesús sea revelado desde el cielo con sus poderosos ángeles en llama de fuego, [8] dando castigo a los que no conocen a Dios, y a los que no obedecen al evangelio de nuestro Señor Jesús. [9] Estos sufrirán el castigo de eterna destrucción, excluidos de la presencia del Señor y de la gloria de Su poder, [10] cuando Él venga para ser glorificado en Sus santos en aquel día y para ser admirado entre todos los que han creído; porque nuestro testimonio ha sido creído por ustedes".

–*Día del Señor:* Fil. 1:6: "Estoy convencido precisamente de esto: que el que comenzó en ustedes la buena obra, la perfeccionará hasta el día de Cristo Jesús" (Vine, 1999).

Pablo nunca menciona la cercanía del retorno del Señor. Más bien afirma su ignorancia sobre este punto. 2Ts. 2:1-2: "Pero con respecto a la venida de nuestro Señor Jesucristo y a nuestra reunión con Él, les rogamos, hermanos, [2] que no sean sacudidos fácilmente en su modo de pensar, ni se alarmen, ni por espíritu, ni por palabra, ni por carta como *si fuera* de nosotros, en el sentido de que el día del Señor ha llegado".

Este pasaje echa por tierra la creencia del rapto y la segunda venida inminentes.

5.12 La resurrección

Marchadour afirma que solo la resurrección autentifica la exigencia enorme de la vida, ministerio y muerte de Cristo como la expresión concluyente de Dios entre los hombres. Los primeros cristianos reconocieron en la resurrección el suceso escatológico que culmina el largo peregrinaje de Israel y da valor universal al destino de Jesús de Nazaret. Después de su resurrección Jesús es la novedad radical que, según la expresión de la carta de Bernabé, comprende el pasado, explica el presente y da el conocimiento y la esperanza del porvenir. La resurrección fue la nueva luz que iluminó y dio respuesta a las interrogantes de los primeros cristianos sobre la muerte y la vida (Marchadour, 1980).

En ese sentido, cuando los teólogos hablamos de la resurrección de los muertos partimos indefectiblemente de la resurrección de Jesús de Nazaret, el Cristo. Es el acto más grande y magnífico de todo el universo, el anticipo escatológico central para la fe cristiana: 1Co. 15:20: "pero el hecho es que Cristo ha resucitado de entre los muertos, como primicias de los que murieron". Jesús de Nazaret es el primero y más grande fruto de la gran cosecha de la resurrección de los muertos que acontecerá en la segunda venida de Jesucristo.

En esa perspectiva, Pannenberg describe la grandeza de la resurrección de Cristo: "Por la resurrección de Jesús, el futuro del reino de Dios, que Él proclamó, queda abierto a cada uno de los seres humanos. Pero solo participa en el Resucitado quien está también unido a Jesús en su muerte. El resucitado es idéntico con el crucificado. Dios ha resucitado al Jesús crucificado, obediente a su misión hasta la muerte en la cruz, es el segundo Adán. Él es el hombre nuevo del futuro, a la vez Espíritu vivificador, emancipado sobre la muerte, el que muere con Cristo también resucitará con él" (Pannenberg, 1983).

La resurrección es la piedra de toque de la fe cristiana, no es una doctrina que se suma a la fe, ¡no! es la doctrina fundamental para la fe. Sin resurrección no hay fe, sin la resurrección de Cristo no habría salvación para los hombres, "vana sería nuestra fe". La resurrección es la radicalización de la fe en Dios, basada en la resurrección de Cristo.

La Escritura del Antiguo Testamento habla de manera implícita de la resurrección en unos pocos pasajes. Un ejemplo: Mt. 22:31-32: Y en cuanto a la resurrección de los muertos, ¿no han leído lo que les fue dicho por Dios? cuando dijo: [32] "Yo soy el Dios de Abraham, y el Dios de Isaac, y el Dios de Jacob, Él no es Dios de muertos, sino de vivos". Y de manera directa solo el pasaje de Dn. 12:1-3 en hebreo; todos los exégetas están de acuerdo que ese pasaje describe la resurrección de los muertos en el sentido estricto: "En aquel tiempo se levantará Miguel, el gran príncipe que vela sobre los hijos de tu pueblo. Será un tiempo de angustia cual nunca hubo desde que existen las naciones hasta entonces. Y en ese tiempo tu pueblo será librado, todos los que se encuentren inscritos en el libro. [2] Y muchos de los que duermen en el polvo de la tierra despertarán, unos para la vida eterna, y otros para la ignominia, para el desprecio eterno. [3] Los entendidos brillarán como el resplandor del firmamento, y los que guiaron a muchos a la justicia, como las estrellas, por toda la eternidad".

Este pasaje fue escrito en un contexto de persecución, destierro, crueldad y muerte, con el fin de resaltar el concepto de la retribución para los malvados y la justicia para la fidelidad de los mártires. El propósito es fortalecer a los que habrían de sufrir y que ellos comprendieran que vale la pena ser fiel, aunque en esta vida sufran penurias, pues, tras la muerte, les espera en su debido tiempo, la resurrección a la vida eterna. Despertarán con su humanidad completa y a los que en esta vida se conducen por el sendero de la iniquidad su fin es camino de vergüenza eterna.

Jesucristo fue el primero en anunciar de manera contundente la resurrección de los muertos comenzando con el anuncio de su propia resurrección. El evangelio de Marcos muestra que el mensaje escatológico de Jesús comienza a vislumbrase cuando él anuncia a sus discípulos que morirá, pero que resucitará al tercer día (Mr. 8:31-32).

Les está enseñando la verdad de que su vida no terminará con la muerte en la cruz, porque en la resurrección él asumirá una vida nueva, transformada, invencible, sin perder la identidad.

Jesús afirma que "él es la resurrección y la vida y el que cree en él, aunque esté muerto vivirá", "Y todo aquel que vive y cree en él no morirá eternamente" (Jn. 11:25-26), y que él resucitará a los muertos salvos: "Y esta es la voluntad del que me ha enviado: Que todo aquel que ve al Hijo, y cree en él, tenga vida eterna; y yo le resucitaré en el día postrero" (Jn. 6:40).

Los discípulos cuando oyeron la enseñanza de la resurrección no la entendieron hasta que se convirtió en una realidad palpable. Es comprensible en alguna medida.

El cristianismo primitivo creyó en la resurrección de Cristo y participó en el anuncio de que habría resurrección de los justos e injustos: "teniendo esperanza en Dios, la cual ellos también abrigan, de que ha de haber resurrección de los muertos, así de justos como de injustos" (Hch. 24:15).

Los testimonios de la resurrección en los relatos de los evangelios son posteriores a los de las cartas paulinas, los que estudiamos teología lo sabemos.[11] El testimonio de la resurrección más antiguo registrado en el Nuevo Testamento se describe en la primera carta a los corintios en el capítulo 15. Pablo testifica que recibió y luego transmitió a la Iglesia de Corinto la noticia de la resurrección de Cristo, cumplida conforme a la profecía de la Escritura. Para dar peso a lo expuesto, registra un listado de los testigos del Cristo resucitado: Cefas, los doce discípulos, quinientos hermanos a la vez, que estaban vivos y podían testificar a quienes les preguntaran, a Jacobo,

---

[11] Las cartas de Pablo se sitúan en las siguientes fechas: alrededor de los años 54-58 d.C.; escritas durante el tercer viaje misionero: Primera a los Corintios, Segunda a los Corintios, Gálatas, Romanos.

Alrededor de los años 59-63 d.C.; escritas durante la primera encarcelación de Pablo en Roma: Colosenses, Efesios, Filemón, Filipenses.

Alrededor de los años 64-67 d.C.; escritas después de su liberación de la primera encarcelación y durante la segunda encarcelación de Pablo en Roma: Primera a Timoteo, Tito, Segunda a Timoteo.

http://sallomo.es/cronologia-las-cartas-Pablo-tarso

después a todos los apóstoles y por último como un "nacido fuera de tiempo" al mismo Pablo.

De paso afirmo que por siglos se ha enseñado equivocadamente que el sepulcro vacío es una prueba contundente de la resurrección de Cristo. Para comenzar no se sabe exactamente cuál es la tumba verdadera, puesto que no es posible la verificación histórica científica. La tradición sugiere que hay un mínimo de dos tumbas vacías, aunque es mucho más probable que sea la "tumba del jardín". Y si tuviéramos la certeza al ciento por ciento de que esa es, el mensaje justo sería "aquí no está". Los mismos evangelistas señalaron algunas posibilidades para rechazar los rumores sesgados de los judíos religiosos: simulación de los discípulos, sustracción del cadáver, cambio de persona, muerte aparente.

Pero sí son pruebas de la resurrección de Cristo, las siguientes dos:

a) *El cambio radical de actitud y de las acciones de los discípulos después del encuentro con el resucitado.* Según Moltmann esta es la prueba más concluyente, pues les otorgó valentía para anunciar, enseñar, evangelizar, testificar que Cristo era el Mesías muerto y crucificado por los romanos con la presión de los religiosos de Jerusalén: "Ustedes mataron al autor de la vida", exclama el transformado Pedro. Anuncian a todo el pueblo, delante de las altas autoridades religiosas perseguidoras, sin temor a ser apedreados, encarcelados, torturados y aun muertos por la causa de Cristo, que ese Jesús ha resucitado, ascendido al cielo y posee toda la autoridad en el cielo y la tierra como Señor. Antes de la resurrección, durante el juicio y la muerte de Jesús todos huyeron, negando conocer a Jesús de Nazaret, asustados, escondidos, temerosos (Moltmann, La Venida, 2004).

b) *Las apariciones del Cristo resucitado:* A Cefas, a los doce discípulos, a más de quinientos hermanos a la vez, a Jacobo, posteriormente a todos los apóstoles, finalmente a Pablo, quien junto a los otros apóstoles eran testigos fieles de esa resurrección: "Un apóstol que sabía distinguir minuciosamente entre las opiniones propias y las revelaciones divinas, no se equivoca. En este asunto no podría engañarse a sí mismo ni mucho menos engañar al pueblo de Dios" (Vila, 1983).

Lo determinante para Pablo en la predicación de la resurrección, era la total transformación de conducta y ministerios de los apóstoles después de la resurrección de Cristo, y los testimonios de la aparición del resucitado a los mencionados y su propio encuentro. Así, las pruebas de primera mano para Pablo y su encuentro con el resucitado son el secreto de su fuerza, su perseverancia, su determinación y lo vigorizan para soportar lapidaciones, persecución, azotes, cárcel, hambre, frío, calumnias, juicios, naufragios, hasta el mismo martirio.

La resurrección no se puede demostrar por la ciencia, pero sí es un acontecimiento real, testificado por el cristianismo primitivo. Legitimado, además, por la fe de todos aquellos que hemos tenido un encuentro espiritual real con nuestro Señor Jesús, el Cristo resucitado, por la transformación asombrosa que experimentamos desde el día que tuvimos un encuentro con él. De igual manera, el Espíritu Santo da testimonio a nuestro propio espíritu de esa maravillosa esperanza.

La esperanza real sobre la que caminamos en este mundo incierto es que participaremos de la primera resurrección en "el instante escatológico", en ese abrir y cerrar de ojos, en el cual seremos levantados o transformados, con un cuerpo glorificado, con una nueva vida. Ello nos abre a la presencia plena de nuestro Dios trino en la nueva Jerusalén, en la nueva creación de todas las cosas.

5.13 El juicio final

El juicio final o universal para los incrédulos se enseña en varios pasajes de la Escritura. He aquí algunos:

Hch. 17:30-31: "Dios pasó por alto en otros tiempos la ignorancia de la gente, pero ahora ordena a todos, en todas partes, que se vuelvan a él. [31] Porque Dios ha fijado un día en el cual juzgará al mundo con justicia, por medio de un hombre que él ha escogido; y de ello dio pruebas a todos cuando lo resucitó".

Ro. 3:5-6: "Pero si nuestra injusticia hace resaltar la justicia de Dios, ¿qué diremos? ¿Acaso es injusto el Dios que expresa su ira? Hablo en términos humanos. [6] ¡De ningún modo! Pues de otra manera, ¿cómo juzgaría Dios al mundo?".

Ro. 2:16: "El día en que Dios juzgará los secretos de todos por medio de Cristo Jesús, conforme al evangelio que yo anuncio".

2Ti. 4:1-2: "Delante de Dios y de Cristo Jesús, que vendrá glorioso como Rey a juzgar a los vivos y a los muertos, te encargo mucho [2] que prediques el mensaje, y que insistas cuando sea oportuno y aun cuando no lo sea. Convence, reprende y anima, enseñando con toda paciencia".

Mt. 25:31-34: "Pero cuando el Hijo del Hombre venga en Su gloria, y todos los ángeles con Él, entonces Él se sentará en el trono de Su gloria; [32] y serán reunidas delante de Él todas las naciones; y separará a unos de otros, como el pastor separa las ovejas de los cabritos. [33] Y pondrá las ovejas a Su derecha y los cabritos a la izquierda, [34] entonces el Rey dirá a los de Su derecha: vengan, benditos de Mi Padre, hereden el reino preparado para ustedes desde la fundación del mundo".

Los pasajes descritos son claros en enseñar ese juicio universal. Varios y buenos comentaristas clásicos titulan este pasaje "El juicio Final"[12] y las mejores traducciones al español han seguido su ejemplo.

Hay otra referencia cruzada: Mt. 16:27: "Porque el Hijo del Hombre ha de venir en la gloria de Su Padre con Sus ángeles, y entonces recompensará a cada uno según su conducta".

En relación al pasaje escatológico de Mt. 25, sobre el juicio final, no hay unanimidad en qué clase de recurso literario es: una narración o una parábola, pero sí coinciden en que Jesús, el Cristo, el Hijo del Hombre ejecuta en su venida el juicio para todos los seres humanos, creyentes e incrédulos a similitud de ovejas y cabritos y les dará su retribución según sus obras.[13]

---

[12] Hendriksen, Barclay, Henry, Robertson, Sanner.

[13] Hay que recordar la teología del Nuevo Testamento sobre las obras de los creyentes, las cuales fueron dispuestas por el Señor para que fueran ejecutadas desde antes de la fundación del mundo. Así, los creyentes no tienen el mérito. Le son tomadas en

Es sugestivo el hecho que el texto diga con claridad que los creyentes, que son ovejas, son bien recibidas, bendecidas e invitadas a gozar del reino de Dios preparado de antemano para ellos desde la fundación del mundo. Se les toma en cuenta las obras que realizaron después de su conversión. Por el contrario, a los incrédulos, llamados cabritos, serán puestos a la izquierda, recibirán la sentencia: "Entonces dirá también a los de su izquierda: Apártense de mí, malditos, al fuego eterno que ha sido preparado para el diablo y sus ángeles" (Mt. 25:41).

Otros pasajes que contienen el anuncio del juicio universal:

Mt. 11:24: "Pero te digo que en el día del juicio será más tolerable el castigo para Sodoma que para ti".

Heb. 9:27: "Y así como está decretado que los hombres mueran una *sola* vez, y después de esto, el juicio".

El juicio final es parte del mensaje escatológico central de Jesús. Esta doctrina es ampliada por los escritores del Nuevo Testamento en los libros y cartas. Así, los abundantes textos, Hodge afirma que está demostrado que el juicio es un acontecimiento futuro concreto, en el que se confirma la sentencia del destino eterno de los hombres y de los ángeles. Adiciona que el juicio acontecerá en un periodo definido y limitado, no hay razones bíblicas ni teológicas para pensar en que se realiza durante un tiempo prolongado. La manifestación de Cristo, la resurrección de los muertos, la reunión de las naciones y el juicio no son acontecimientos que se extienden.

Otro detalle que menciona es que el actor principal de juicio es Jesucristo el Juez. Las razones bíblicas son buenas y suficientes: "A él le entregó el Padre el juicio; el Padre le dio autoridad para ejecutar el juicio" (Jn. 5:22-23, 27). Pablo reitera que es el varón quien fue levantado de entre los muertos el que realizará el gran juicio: "Porque él ha establecido un día en que, por medio de aquel varón que escogió y que resucitó de los muertos, juzgará al mundo con justicia" (Hch. 17:31).

---

cuenta porque son justificados por medio de Jesucristo. Ef. 2:10: "Porque somos hechura Suya, creados en Cristo Jesús para *hacer* buenas obras, las cuales Dios preparó de antemano para que anduviéramos en ellas.

Es apropiado que el hombre Cristo Jesús, Dios manifestado en carne, sea el juez de todos los hombres porque sufrió la etapa de la humillación plena en obediencia y santidad, por tanto, Dios lo exaltó hasta lo sumo como expresa Fil. 2:8-9: "y estando en la condición de hombre, se humilló a sí mismo y se hizo obediente hasta la muerte, y muerte de cruz. [9] Por lo cual Dios también lo exaltó hasta lo sumo, y le dio un nombre que es sobre todo nombre". Es justo que el que fue condenado por Pilato se siente entronizado en el trono del juicio universal y es un gozo en confianza esperanzada para todos los creyentes que Cristo su Señor y Salvador será el juez en el día postrero (Hodge, 1991).

Cristo y los creyentes juzgarán al mundo y a los ángeles caídos

Esta verdad sorpresiva y agradable para nosotros los creyentes se describe en 1Co. 6:2-3: "¿Acaso no saben que los creyentes juzgarán al mundo? Y, si ustedes han de juzgar al mundo, ¿cómo no van a ser capaces de juzgar casos insignificantes? [3] ¿No saben que aun a los ángeles los juzgaremos? ¡Cuánto más los asuntos de esta vida!".

El pasaje se encuentra dentro del contexto de la corrección de los errores doctrinales y el desorden moral en que vivían los hermanos de la Iglesia de Corinto. Ellos como hermanos se entramparon en pleitos y optaron por demandarse unos a otros en los tribunales humanos ante jueces inconversos. Pablo los llama al orden y les revela el grande privilegio cósmico que tendrán: el ser constituidos jueces a la par de Cristo para juzgar al mundo y a los ángeles caídos, por lo que ellos no deben llevar a tribunales a otros hermanos.

El juicio individual y recompensas de los creyentes

Cito algunos pasajes de la Escritura que identifican el juicio y las recompensas de los cristianos:

2Co. 5:10: "Porque todos nosotros debemos comparecer ante el tribunal de Cristo, para que cada uno sea recompensado por sus hechos estando en el cuerpo, de acuerdo con lo que hizo, sea bueno o sea malo".

Ro. 14:10, 12: "Pero tú, ¿por qué juzgas a tu hermano? O también, tú, ¿por qué desprecias a tu hermano? Porque todos compareceremos ante el tribunal de Dios... [12] De modo que cada uno de nosotros dará a Dios cuenta de sí mismo".

1Co. 4:3-5: "En cuanto a mí, es de poca importancia que yo sea juzgado por ustedes o por cualquier tribunal humano. De hecho, ni aun yo me juzgo a mí mismo. [4] Porque no estoy consciente de nada en contra mía. Pero no por eso estoy sin culpa, pues el que me juzga es el Señor. [5] Por tanto, no juzguen antes de tiempo, sino esperen hasta que el Señor venga, el cual sacará a la luz las cosas ocultas en las tinieblas y también pondrá de manifiesto los designios de los corazones. Entonces cada uno recibirá de parte de Dios la alabanza que le corresponda".

2Ti. 4:8: "En el futuro me está reservada la corona de justicia que el Señor, el Juez justo, me entregará en aquel día; y no solo a mí, sino también a todos los que aman Su venida".

Heb. 4:13: "Nada de lo que Dios ha creado puede esconderse de él; todo está claramente expuesto ante aquel a quien tenemos que rendir cuentas".

El juicio de los creyentes no es para dilucidar si son salvos o no. La situación de la salvación eterna se finiquitó de una vez por todas en el momento de la conversión, en el encuentro personal con Cristo aquí en la tierra. La salvación se recibe por medio de la fe sola, no se pide a las personas realizar obras. En ninguna parte del Nuevo Testamento dice, por ejemplo, el que deje todo para seguir a Jesús será salvo o el que es limpio de corazón será salvo. En el caso de los galardones sí se pide a los creyentes realizar buenas obras que serán galardonadas.

Este juicio conlleva el recibir o no premios, galardones o recompensas, en simetría a las obras realizadas como cristianos. Pero muchos confunden la doctrina de las recompensas y premios, con la doctrina de la salvación. Pasajes que se relacionan con la gracia de la salvación eterna, se los atribuyen a las obras que los cristianos tienen que hacer para ganar o contribuir con la obtención de la salvación. Y otros pasajes, que se enfocan con las obras resultantes de una genuina fe, las relacionan con la obtención de la salvación. Esto ha ocasionado a lo largo de siglos fuertes e interminables discusiones, acerca de si la salvación se pierde o no. Si logramos entender, que todo lo revelado sobre las recompensas, premios o galardones, se relaciona con las obras del creyente se quitará toda duda, como la luz desplaza la oscuridad.

Puntualizo algunos de los aspectos de los galardones y la salvación, que he mencionado. Al hablar de recompensas y galardones, la Escritura se refiere a la premiación en el reino consumado de Dios y Cristo. Allí será recompensado el trabajo y servicio de los creyentes. Se menciona decenas de veces en los evangelios y las cartas del Nuevo Testamento, pero en ninguno se dice o se insinúa, ni una sola vez, que las recompensas o galardones se obtienen por fe, por creer o por gracia, en ninguno. Al contrario, se mencionan acciones concretas tales como: ser pobres en espíritu, ser sufridos, ser valientes, estar dispuestos a abandonar todo, incluso a los seres queridos, vender posesiones y seguir a Jesús, hacer la voluntad de Dios y enseñarla a otros, dar frutos, ser mansos, misericordiosos, de corazón limpio, pacificadores, como niños, padecer persecución, golpear nuestros cuerpos y ponerlos en servidumbre, superar la justicia de los maestros fariseos, padecer diversidad de tribulaciones.

A continuación, cito algunos pasajes:

"No todo el que me dice: Señor, Señor, entrará en el reino de los cielos, sino el que hace la voluntad de mi Padre que está en los cielos" (Mt. 7:21).

"Bienaventurados los pobres en espíritu, porque de ellos es el reino de los cielos" (Mt. 5:3).

"Bienaventurados los que padecen persecución por causa de la justicia, porque de ellos es el reino de los cielos" (Mt. 5:10).

"... Al ver la paciencia y la fe de ustedes para soportar las persecuciones y sufrimientos. [5] Esto es evidencia del justo juicio de Dios, de que ustedes son considerados dignos de su reino, por el cual sufren" (2Ts. 1:4b-5).

"Para entrar en el reino de Dios nos es necesario pasar por muchas tribulaciones" (Hch. 14:22).

Al reflexionar sobre estos pocos versículos, de los muchos que hablan sobre los premios o recompensas, se nota inmediatamente, que para entrar o poseer, gobernar o recibir recompensas con Cristo en el reino, se tiene que padecer o hacer buenas obras como las indicadas.

Está claro que en ninguna parte de la Escritura se pide eso, o cosas semejantes para ser salvos. Pero sí se nos exige para participar de las recompensas.

Si los creyentes discernimos esas diferencias, entonces vemos el enfoque correcto de las recompensas y el de la salvación como dos cosas distintas. Las recompensas son sinónimos de satisfacción, triunfo, premio, y resultado de poner en práctica los principios de la revelación y de la fe cristianas, la salvación acontece por gracia sola, como regalo inmerecido de Dios solo, por medio de la fe sola en Jesucristo solo.

Jesús anima a los discípulos comunicándoles que los creyentes fieles tendrán recompensa, comenzando con aquellos que padecen persecución por causa de su nombre: "Gócense y alégrense, porque su galardón es grande en los cielos, porque así persiguieron a los profetas que fueron antes de vosotros" (Mt. 5:12).

5.14 El infierno

Aclaración de palabras y conceptos

Los errores de comprensión de la palabra hebrea Seol:
Hendriksen argumenta de manera muy clara las cuatro equivocaciones con la traducción y enseñanza del *Seol*.

-*El primer error* es que la palabra *Seol* se ha traducido mal en algunos pasajes del Antiguo Testamento. No siempre significa infierno. Ejemplos: no sería exacto traducir por infierno en el Sal. 116:3: "Me encontraron las angustias del infierno (Seol)" o cuando Jonás está en el vientre del pez, "… Invoqué en mi angustia a Jehová y el me oyó, desde el seno del Infierno (Seol) clamé".

–El segundo error es común en escritos, libros, incluso en léxicos, diccionarios y enciclopedias. Es la idea de que en el pensamiento del Antiguo Testamento todos los que mueren van a un mismo lugar. Un lugar sombrío, en el que cesa toda actividad, la región de las sombras. ¿Si así fuera entonces por qué Moisés escribe "la ira de Dios está encendida en el Seol"? (Dt. 32:22).

–El tercer error es creer que el Seol es el lugar del mundo inferior con sus dos divisiones geográficas y espaciales, ya clásicas, por cierto: una para los justos y otra para los incrédulos. Pero en el Antiguo Testamento no se muestra nada con respecto a un Seol con dos divisiones. Hendriksen sostiene que la idea del Seol con dos lugares proviene de fuentes paganas y que ni el Seol del Antiguo Testamento, ni del Hades en el Nuevo Testamento posee semejante significado.

–El cuarto error es darle el significado de olvido o no existencia. Ese significado no concuerda con lo que dice Dt. 32:22: "Porque fuego se ha encendido en mi ira, que quema hasta las profundidades del Seol, la región de los muertos".

La conclusión de Hendriksen nos parece certera en que el término Seol contiene varios significados y hay que distinguir cual es el adecuado dependiendo del contexto.

En algunos pasajes es obvio que se refiere a un lugar o estado de castigo para los incrédulos. En estos casos es más acertado traducir infierno. En otros textos significa el lugar donde se deposita el cuer-po de los difuntos, la sepultura. Y en otros lugares de la Escritura es sinónimo de condición de muerte no del estado corporal. Pero el énfasis de Hendriksen es que la Biblia enseña de manera sostenida que al morir los incrédulos son condenados y malditos para siempre, entretanto los justos en Cristo son benditos para siempre.

Los errores y facetas de la palabra griega Hades:

Hendriksen rechaza el significado tradicional del pasaje del rico y Lázaro, sobre el cual los predicadores enseñan que el Hades es un lugar con dos divisiones donde van los justos y los impíos al morir. Él afirma que este texto no enseña que el Hades es un submundo de dos divisiones: el seno de Abraham en una división y en la otra división un lugar con cualquier nombre. Al contrario, allí el Hades significa el lugar de tormentos y de la llama que no se apaga. Asimismo, el infierno es la traducción correcta de Hades en Mt. 11:23: "Y tú, Cafarnaún, que te elevas hasta el cielo, hasta el Hades caerás abatida. Porque si en Sodoma se hubieran hecho los milagros que se han hecho en ti, hasta el día de hoy habría permanecido". En este versículo el significado de infierno es más figurativo porque la frase "te elevas hasta el cielo" es simbólica, entonces lo apropiado es que, "Hasta el Hades serás abatida" tiene que ser simbólica. El pasaje de Mt. 16:18 que contiene la expresión "Ni las puertas del Hades prevalecerán contra ella" sugiere el significado de "ni un torrente de demonios que saliera de las puertas del infierno, podría destruir jamás a la Iglesia de Cristo". En Hch. 2:27, 31, la palabra Hades es interpretada por muchos como la indicación de que el alma (el cuerpo, la vida) de Jesús no fue dejada a la condición o estado de muerte física. Así los términos, el cuerpo de Jesús en contraste con el de David, no fueron dejados para ver corrupción en la tumba. Eso sí, en los cuatro versículos de Ap. 1:8, 6:8, 20:13, 14, el término Hades se refiere, probablemente, al estado de muerte eterna. Pero, otra vez, dicho estado apunta a un significado figurativo, como si fuese un lugar que finalmente es lanzado al lago de fuego (Hendriksen, 1987).

Geena la otra palabra que se traduce como infierno:
Geena, significa literalmente el lugar de perdición, el equivalente en hebreo a *Hinnom* transcrito por *Geena* en la traducción griega del hebreo llamada la Septuaginta.

El saber los matices de las palabras que se traducen por infierno, alumbra para comprender mejor el significado en otros pasajes del Nuevo Testamento, tales como: Mt. 10:28: "No teman a los que matan el cuerpo, pero no pueden matar el alma más bien, teman a aquel que puede destruir alma y cuerpo en el infierno", sucesivamente en Mt. 5:22, 29-30, 18:9, 23:15, Mr. 9:43, Lc. 12:5. Las frases que describen el infierno en el Nuevo Testamento lo relacionan con el fuego que no se apaga (Mt. 9:43); con un daño eterno (Mt. 18:18); con un lugar de castigo (Mt. 25:46); se describe con un lugar en el que la entrada es irreversible. En Ap. 20:10 se le concibe como tormento consciente, sin fin, para el diablo y sus ángeles. En algunas traducciones la palabra *Hades* en griego la traducen por infierno, por ejemplo, en Ap. 20:14, pero la traducción correcta es más un estado en el que predomina el "imperio de la muerte" o "reino de la muerte", no infierno.

Versículos en los que aparece la palabra Geena como el lugar de perdición eterna y lo describen con metáforas: lugar del lloro y crujir de dientes (Lc. 13:28), lugar de tinieblas en (Mt. 25:30), de cárcel en (1Pe. 3:19), de muerte (Ap. 2:11), de perdición y exclusión de la presencia del Señor (2Ts. 1:9), lugar de deuda que hay que pagar (Mt. 5:25-26), del gusano que no muere (Mr. 9:48), como muerte segunda (Ap. 2:11). El único lugar en que aparece la palabra traducida *arrojar al infierno*, o arrojar a las *partes inferiores* usando la palabra *tártaros* es 2Pe. 2:4 (Douglas-Hillyer, 1982).

En la perspectiva de la teología bíblica, todas esas imágenes se extraen de la experiencia humana: dolor, desesperanza, lloro, frustración, impotencia, putrefacción. Muchas de ellas ya descritas en el Antiguo Testamento.

El hombre fue creado y llamado a vivir en tranquilidad, paz, libertad, alegría, luz, vida, compañía divina, en solvencia, en incorrupción, pero si el hombre en su soberbia rechaza el amor de Dios en Cristo, peca de autosuficiencia, orgullo, y obstinación, entonces su destino es el infierno que es exactamente todo aquello para lo que no fue creado: intranquilidad, confusión, temor, cárcel, frustración, tinieblas, muerte, soledad, separación eterna lejos de Dios. Todas las imágenes y metáforas conllevan un mensaje real del infierno: la frustración total del hombre condenado.

Para Jesucristo es una realidad futura el Hades y el Geena. Él mismo enviará a sus ángeles para arrojar al horno de fuego a los agentes de iniquidad y es el que pronuncia la sentencia "apartaos de mí, malditos, al fuego eterno" (Mt. 25:41), Él es quien anuncia "No os conozco", "echadles a las tinieblas de afuera", el alma y el cuerpo pueden ser echados en el Geena eternamente. El infierno o Geena es la exclusión de la luz y la cercanía de Dios para el perdido.

Pablo amplía la doctrina de la condenación eterna en 2Ts. 1:7-9: "Pero que Él les dé alivio a ustedes que son afligidos, y también a nosotros, cuando el Señor Jesús sea revelado desde el cielo con sus poderosos ángeles en llama de fuego, dando castigo a los que no conocen a Dios, y a los que no obedecen al evangelio de nuestro Señor Jesús. Estos sufrirán el castigo de eterna destrucción, excluidos de la presencia del Señor y de la gloria de Su poder". Este castigo de condenación eterna no es causado por Dios, es la consecuencia directa de la decisión humana de ignorar a Cristo y al evangelio.

Así la cuestión bíblica, se tiene, además, una perspectiva teológica de la creación del infierno. El Dios que se revela en el Nuevo Testamento es un Dios de amor. El cristianismo primitivo mostró sus credenciales de amor absoluto a Dios, a Cristo, al hermano, al prójimo. Fue un movimiento de amor que conquistó el mundo y el Imperio Romano, sin una sola espada. El anuncio del Evangelio de parte de Cristo es la buena noticia del amor y del perdón de Dios al hombre que desea creer y arrepentirse. El evangelio abrió el camino hacia la libertad, un futuro nuevo, con un final feliz de la historia, afirmando que el mal será vencido con el bien y el odio con el amor que se da en libertad, no se impone.

Si el hombre rechaza el amor incondicional de Dios se absolutiza así mismo. Se condena para ir al infierno corriendo el mismo fin que el diablo y sus ángeles malignos (Mt. 25:41). El hombre mientras vive tiene infinidad de posibilidades de cambiar, comenzando con el volverse a Dios, pero el infierno encarna la realidad de ya no tener futuro, ninguna salida, ni realizar lo que desea, ya no está en su competencia (Boff, 1985).

5.15 El cielo

En las Escrituras se encuentra el significado del cielo en tres direcciones. El significado como el que se integra con las aves voladoras, las nubes, el mar y la tierra; el cielo considerado como la bóveda celeste: el cielo visible de las estrellas, el sol, la luna y; el cielo como la dimensión de los ángeles, arcángeles, la gloria divina, el trono de Dios, donde reina, el cual el hombre no puede ver ni comprender.

Moltmann se refiere al cielo de la gloria de Dios: "En la mayoría de las expresiones referidas al cielo se expresa objetivamente la incapacidad fundamental del hombre para definir ese ámbito de la creación. La tierra es el ámbito que le ha sido confiado al hombre y con el que este está familiarizado… Pero el cielo e incluso "los cielos" son el espacio de la realidad inaccesible e incognoscible para él" (Moltmann, Dios en la Creación, 1987).

Erickson[14] hace una buena distinción académica, sobre el significado del cielo. Explica que el término cielo se usa de tres maneras distintas:

La *cosmológica* que se usa para designar a todo el universo: "En el principio creó Dios los cielos y la tierra" (Gn. 1:1), "Señor del cielo y de la tierra" (Mt. 11:25), es la creación material y se refiere al cielo en el que existen las estrellas.

La *divina* es la que se usa casi como sinónimo de Dios: "Padre he pecado contra el cielo y contra ti", la pregunta de Jesús a los fariseos sobre el bautismo que realizaba Juan: ¿el bautismo de Juan era del cielo o de los hombres? Otro ejemplo "Juan les respondió: nadie puede recibir nada, si no le es dado del cielo" (Jn. 3:27).

La *escatológica* es la que se refiere a la morada de Dios que no es construida con manos humanas, es donde la manifestación de Dios es plena y los cristianos la miraremos en "un cara a cara", ya no como por espejo.

¿El cielo es un estado o un lugar?

Algunos teólogos conservadores enseñan que el cielo es un "lugar" que está diseñado dentro de lo que se llama el lugar intermedio. Di-

---

[14] Millard, Erickson, *Christian Theology*, Baker Academic, Michigan, 2017.

cho lugar existirá entre la muerte del creyente y la segunda venida de Cristo. La razón es que los creyentes al morir van al cielo con su espíritu y su alma, pero no es la glorificación plena que ocurrirá cuando Cristo venga a levantar a los muertos. Entonces todos los salvos irán definitivamente a la nueva Jerusalén, en la nueva creación a vivir en plenitud y el festejo eterno. Así, según esa postura, todo orienta a un lugar y a un estado físico.

Otros eruditos optan por la creencia de que el cielo es un estado no un lugar físico, aunque es muy real, es una dimensión espiritual no identificable geográficamente.

Los evangelios, las cartas, en general no hablan de manera simbólica del cielo. Es algo real, aunque no necesariamente un lugar físico. Pero en principio es el lugar de habitación de Dios, los ángeles, arcángeles y donde Cristo tiene toda la autoridad: 1Pe. 3:22: "quien subió al cielo y tomó su lugar a la derecha de Dios, y a quien están sometidos los ángeles, las autoridades y los poderes". Es el lugar donde Dios muestra plenamente su presencia y su gloria.

Un representante de la postura del cielo como un lugar físico es la de Grudem. Su planteamiento es que, si la tierra donde vivimos es un lugar físico y ocupa un lugar en el espacio, el cielo tendrá que ser un lugar de alguna manera. Exhorta a que no caigamos en la tentación de pensar como algunos eruditos evangélicos que ahora dudan de que el cielo sea un lugar. Luego expresa: "El Nuevo Testamento enseña de varias maneras y con mucha claridad que el cielo es un lugar. Cuando Jesús fue llevado al cielo, el hecho de que iba a un sitio era todo el objetivo de la narración" (Grudem, 2007).

En la otra perspectiva, Erickson afirma que la característica principal del cielo es su cercanía y comunión con Dios que es puro Espíritu (Jn. 4:24). Y reflexiona: "Como Dios no ocupa espacio, que es una característica de nuestro universo, parece que el cielo debería ser un estado, una condición espiritual, y no un lugar". Esa afirmación la relaciona con el hecho de que tendremos un "cuerpo espiritual" 1Co. 15:44, "se siembra un cuerpo natural, se resucita un cuerpo espiritual. Si hay un cuerpo natural, hay también un cuerpo espiritual", y Cristo seguirá teniendo un cuerpo glorificado, no físico, pero la resurrección del cuerpo parece hacer necesario un lugar, razona, pero es más sensato creer que es un estado más que un lugar. Y si fuese un lugar no sería con las características físicas del concepto lugar que conocemos. El cielo es otra dimensión, es otra esfera, no tendremos sexualidad como los ángeles, no habrá comida ni bebida física como la que ingerimos acá. Con todo, el cielo superará con creces la paz, la alegría y los placeres legítimos de este mundo, que son nada comparados con la paz, la gloria y gozo eternos. Otros detalles simbólicos: si el matrimonio de Cristo y la Iglesia, no es real físicamente, tampoco las bodas del cordero y la cena de las bodas son físicas, tienen que ser simbólicas, pero son reales espiritualmente y ambas muestran la realidad de la comunión íntima entre Cristo y su Iglesia. El estado del cielo no es un lugar físico, es un estado de plenitud que sobrepasa nuestro entendimiento, pero es muy real (Erickson, 2017).

Me inclino más hacia la postura de que el cielo es un estado espiritual, pero este no puede salirse, ni aislarse de toda la nueva creación física, así como Dios, que es Espíritu, no puede desunirse de su creación material. De todos modos, el cielo, la vida eterna, el gozo eterno, con nuestro Dios trino son una dimensión glorificada, bella y real. Esa es la maravillosa esperanza cristiana.

5.16 La vida eterna

¿Qué significa la *vida eterna*? La frase en griego bíblico es *zoé aionios*, corresponde a la traducción *vida eterna* en español (Vine, 1989). La vida eterna, es la vida que Dios promete a los que creen en Jesucristo. Comienza aquí en la tierra por medio de la conversión: Jn. 5:24: "De cierto, de cierto os digo: El que oye mi palabra, y cree al que me envió, tiene vida eterna; y no vendrá a condenación, más ha pasado de muerte a vida".

La Escritura deja entrever que la vida eterna acontece con más realidad al finalizar esta vida espacio temporal con la muerte y llega a la plenitud en la resurrección de los muertos. Dios ha preparado la vida eterna en el sentido pleno como el destino glorioso final. Es la vida que ya no perece, que ya no muere más e inicia en el instante escatológico del "abrir y cerrar de ojos" (1Co. 15:52) en la segunda venida de Cristo en sincronización con el arrebatamiento y con la primera resurrección.

Es una vida sin fin en la gloria del Señor, estable, sin amenazas e incertidumbres de ningún tipo. Es una vida de seguridad, en la que no cabe la preocupación, el temor, la ansiedad. Es el reposo pleno y la herencia eterna de la vida de paz, del festejo eterno, que solo la disfrutan los que han recibido la potestad de ser hechos hijos de Dios por cuanto han creído y recibido a Jesucristo en sus vidas (Jn. 1:12).

"He aquí todo es hecho nuevo" (2Co. 5:17). Es la vida nueva en Cristo que comienza aquí en la tierra y no le afecta ningún acontecimiento, incluido el de la muerte. Esta vida se completará en la segunda venida de Cristo y la consumación de todas las cosas, en la nueva creación, en plena comunión con Dios por medio del Espíritu.

Es una vida llena de luz (Jn. 8:12) en la que desaparece para siempre la oscuridad de la noche, la oscuridad de la creación vieja. Esa luz es sustentada continuamente con la luz de la gloria divina y la luz del Cordero que resplandece en toda la nueva creación, en la nueva Jerusalén de la cual el Dios trino irradiará luz al universo entero.

La vida eterna integral la gozará el creyente completo como tal, a partir de la resurrección, con su única identidad personal, nadie puede tomar su lugar. Es la condensación de "la vida vivida en Cristo".

En el sentido opuesto, es necesario comprender lo que no es la vida eterna, con el propósito de evitar confusiones sobre el concepto de la vida maravillosa sin fin. Resumiré el contenido de esta explicación dada por el famoso teólogo suizo H. Küng:

-*No es un retorno a la vida espacio temporal.* No es la reanimación de un cadáver, tal como sucedió con milagros descritos en la Biblia. Las personas resucitadas volvieron a la vida natural que tenían antes de morir, y volvieron a morir fisiológicamente. Un ejemplo emblemático es el de Lázaro, un milagro extraordinario, después de cuatro días de muerto el Señor le devolvió la vida física. En sentido opuesto, la vida eterna es una vida transformada a partir de la vieja, en la que la muerte es superada de una vez por todas. Es una vida celestial en la vida de Dios.

–No es una continuación de esta vida natural temporal. La vida eterna se desarrolla en la dimensión de lo invisible e imperecedero. Es una vida nueva en una nueva creación, donde el tiempo cronos ya no castiga, ni desgasta. Está fuera del alcance porque ya no pertenece a ese tiempo, es un estar en Dios con la nueva vida definitiva.

–No es un futuro de espacio y tiempo como el de aquí y ahora. Es un futuro nuevo, distinto y el último itinerario del hombre en Cristo a la luz, la gloria, la paz eterna de Dios (Kung, 1983).

5.17 El reino de Dios

La máxima revelación y expresión del reino de Dios es Jesús de Nazaret, el Cristo, por ello, en él se agrupan y se expanden las verdades del reino. También es quien lo predica desde sus comienzos y es el centro, la meta del ministerio de la predicación y la enseñanza de Jesús. Las evidencias y signos de que el reino ha llegado proceden de la obra de Jesucristo: "Pero si yo por el dedo de Dios echo fuera los demonios, entonces el reino de Dios ha llegado a ustedes" (Lc. 11:20).

Jesús es el mensaje del reino y al mismo tiempo el mensajero del reino. Él realiza un abordaje claro escatológico del reino del que dan testimonio los evangelios y al leer con detenimiento los pasajes que se relacionan con cuestiones escatológicas se detecta que describen los puntos centrales de lo que se cumple escatológicamente en el ministerio de Jesús, de las señales previas a su segunda venida y la consumación de su reino.

La doctrina del reino de Dios es el punto de partida y de llegada en los relatos de los evangelios: "reino de Dios", "reino de los cielos", "reino", son las frases que se refieren al reinado de Dios y se hallan 52 veces, 31 veces, 138 veces, respectivamente (Strong, 2002).

Hay otras frases registradas en los evangelios que conectan con el reino de Dios: "El reino de Dios y su justicia", "venga tu reino", "para que comáis y bebáis a mi mesa en mi reino", "las buenas nuevas del reino", "hijo del reino", "Palabra del reino", "Y dijo a Jesús: acuérdate de mí cuando vengas en tu reino". El libro de los Hechos 8:12, narra que "… creyeron a Felipe que anunciaba el evangelio del reino de Dios y el nombre de Jesucristo".

Pablo anima a los creyentes a enfrentar con esperanza los sufrimientos porque "… Es necesario que a través de muchas tribulaciones entremos en el reino de Dios" (Hch. 14:22b). Los últimos versículos del libro de los Hechos describen a un Pablo que permaneció dos años en una casa alquilada "predicando el reino de Dios y enseñando acerca de Jesucristo, abiertamente y sin impedimento" (Hch. 28:31).

De ahí la instrucción de Jesús acerca del imperante actuar de la Iglesia con miras a la recompensa o desaprobación futura. Además de las advertencias de los acontecimientos previos al fin de los tiempos, la gran tribulación, la comparación de los tiempos de Noé con los tiempos previos al tiempo de su segunda venida.

En los evangelios abundan las metáforas que aclaran la verdad de la desaprobación del Señor en su reino, para quienes no actuaron en esta vida con una conciencia escatológica: "Expulsión a las tinieblas de afuera", "allí será el lloro y crujir de dientes", "fuego eterno", "el Geena". Por esa causa hace un llamado a velar y orar porque nadie sabe el día ni la hora en que el Hijo del Hombre ha de venir. Mateo muestra el "ya" de la irrupción del reino por medio de Jesús de Nazaret, pero abunda más en el "todavía no", es decir, en lo que está por venir al fin de la historia: el juicio futuro, el juicio a las naciones, el juicio a Israel por el rechazo al Mesías, el castigo, la recompensa final en el reino que produce gozo, alegría, el disfrute de la vida eterna en el cielo.

Jesús enseñó sobre la naturaleza del reino de Dios por medio de parábolas e historias. A través de las enseñanzas del sermón del monte instruyó la ética del reino, pero fue con su ejemplo que mostró a todos la vivencia de dicho reino. Con estas verdades, se deduce que, si para Jesús el reino de Dios fue el eje de toda su enseñanza, debe serlo para los evangélicos, que tienen en grande estima las Sagradas Escrituras y la obra de Jesús de Nazaret. Pero, curiosamente, se han inclinado a los eventos apocalípticos tales como el rapto, el milenio, el anticristo y otros temas parecidos. De resultas, pierden de vista la escatología del reino cumplida en Jesucristo y colocan en el futuro todo el cumplimiento del reino de Dios.

Kuzmic expresa que la escatología del reino es presente a partir de la resurrección de Cristo y futura en el advenimiento de Jesucristo. El futurismo del reino es una perversión de la enseñanza neotestamentaria, enseñando solo en términos futuros dicho reino (Kuzmic, p. 90, 1992).

En la enseñanza del Nuevo Testamento hay una escatología realizada y una futura. Por tanto, la escatología del reino no se sustenta en los eventos apocalípticos, sino en los hechos concretos de la llegada del reino en el ministerio de Cristo, su muerte, su resurrección y el derramamiento del Espíritu Santo. Y llegará a su consumación con la segunda venida de Cristo. Así que los cristianos estamos viviendo por lo realizado del reino en Cristo, con esperanza en lo que todavía habrá de realizarse del reino; y ello debe reflejarse en nuestra conducta hacia el prójimo, la sociedad y el mundo.

La iglesia está viviendo en la tensión escatológica del reino del "ya, pero todavía no", puesto que ya tenemos la vida eterna, pero todavía falta la consumación de esa vida. Mientras tanto, debemos ser pertinentes y responsables aquí en este mundo. Como Iglesia no tenemos que desentendernos del dolor, sufrimiento, injusticia, pobreza y desnutrición que vive este mundo, tampoco mirar con desprecio a la creación de Dios que fue afectada por el pecado, como lo expresa Kuzmic: "gran parte de la escatología evangélica, es muy pesimista, en cuanto al mundo y, en consecuencia, está marcada por un alejamiento del mundo. Recalca un rompimiento radical entre la tierra presente y los esperados nuevos cielos y nueva tierra. Esta enseñanza es una discontinuidad total. Mira el presente completamente irredimible y bajo el juicio de destrucción divina. Considera la nueva tierra como un tipo de nueva creación de la nada, en lugar de la transformación de esta. Este punto de vista se debe en general a una errónea comprensión de la doctrina bíblica de la creación y la enseñanza del Nuevo Testamento en cuanto al aspecto presente de reino" (Kuzmic, p. 94, 1992).

Gil coincide en la tensión escatológica que vivimos los cristianos: "El reino de Dios, el gobierno de Dios, se ha manifestado a través de la historia en ciertos momentos claves que la palabra profética de Dios ha revelado, haciendo comprender ciertos sucesos históricos y que tuvo su máxima expresión en la primera venida de Jesucristo, está a punto de revelarse por medio de la segunda venida de Jesucristo" (Diestre Gil, p. 622, 1995).

Me pregunté desde hace algún tiempo ¿si esta doctrina escatológica del reino es central? Entonces ¿qué pasó en el recorrido histórico de la escatología? ¿Dónde se desvío? ¿Cuándo tropezó? y ¿cómo cayó en la pendiente de la marginalidad? Al leer sobre esta temática encontré que Pannenberg pasa lista a la escatología patrística, medieval, reformada, moderna y afirma que la doctrina del reino de Dios prácticamente está ausente. Algunos cuantos le han apuntado de lejos al tema, luego ponen la mira en otras doctrinas ciertamente relevantes como la resurrección de los muertos, el juicio final, la conformación de los fieles a Cristo y otras, pero se quedan anclados allí. Otros, cuando abordan el tema, se extravían en los laberintos de la filosofía de la religión, el moralismo, la transformación del mundo y la ética. Pannenberg traza el desvío del enfoque de la escatología de la clarísima centralidad que traía la doctrina del reino de Dios, desde los tiempos de Jesús, incluso hasta los escritos apostólicos para desfigurarse en la época de los padres apologetas en adelante.

En las propias palabras de Pannenberg: "A la vista de la importancia de este hecho y del claro testimonio que de él dan las tradiciones sobre el mensaje de Jesús, sorprende que el tema del reino de Dios no haya desempeñado en absoluto, en la historia de la escatología cristiana un papel tan preponderante como cabría esperar. Es verdad que la Primera Carta Clementina aún caracterizaba el mensaje de los apóstoles como el evangelio de la proximidad del reino de Dios, y es frecuente en los demás padres apostólicos hablar del reino de Dios como objeto de la esperanza cristiana. En los padres apologetas aparece raramente el concepto *Basilea* (Pannenberg, T. III, 2007).

En vista de ello, es preocupante que el tema escatológico del reino de Dios sea escaso en el desarrollo de las doctrinas posteriores a la época apostólica. En la historia de las doctrinas hasta mediados del siglo XX se encuentran asomos y cabos sueltos del reino escatológico. A duras penas se habla de su irrupción, recorrido y consumación.

La escatología evangélica no es la excepción, la enseñanza del reino de Dios está ausente; en su lugar entroniza los eventos de la apocalíptica mal interpretados. De resultas, aparecen las predicaciones sensacionalistas y enseñanzas explosivas que aterran a los oyentes.

Jesús no menciona en absoluto las doctrinas secundarias y terciarias que la apocalíptica evangélica pregona. Jesús se concentra en las doctrinas escatológicas esenciales: el reino de Dios, la condenación eterna, la vida eterna, la resurrección, la segunda venida, el juicio universal de las naciones y los incrédulos, la recompensa de los creyentes y la Iglesia, la gloria del Padre.

Grau acierta al aseverar que, de acuerdo a los evangelios sinópticos, el primer mensaje de Jesús se relaciona con el reino de Dios: "El tiempo se ha cumplido, decía, y el reino de Dios se ha acercado; arrepiéntanse y crean en el evangelio" (Mr. 1:15). El reino que anuncia nuestro Señor Jesucristo es un reino escatológico, que ha irrumpido en el mundo, pero no es del mundo, que viene de Dios sin ninguna aportación humana, y que ya está presente por medio de la vida, el mensaje y el ministerio de Jesús de Nazaret. Está al alcance de todos y eso es lo que la iglesia debe vivir y predicar diciendo que ya está presente, pero se consumará en el futuro, al final de los tiempos (Grau, 1997).

Por otra parte, algunos teólogos que abordaron el significado del reino de Dios llegaron a conclusiones diferentes: Para Ritschl, el reino estaba delimitado por el orden social emergente y constituido por quienes participaban en este orden. Para Harnack, el reino pertenecía a todo aquel que, convencido de la Paternidad de Dios y del valor infinito de la persona humana, fuera sensible a la percepción de Dios dentro del funcionamiento interno del alma. Para Weiss, Jesús vio el reino compuesto por sus discípulos cercanos que permanecieron fieles en medio de la tribulación que se acercaba. Estos tres eruditos tienen algo de razón, pero comparten el error de abandonar el aspecto Cristológico del reino (Perrin, p. 33, 2019).

A las propuestas descritas, Purkiser responde que el debate histórico sobre sus diversos enfoques y la discusión si el reino es presente o futuro, ha sido insípido. Las dimensiones presente y futura están suficientemente sustentadas en las Escrituras, esencialmente en el Nuevo Testamento para afirmar que el reino posee un "aquí y ahora", así como un "más allá en el futuro" (Purkiser, 1988).

Ahora, se comprende que, si la escatología ha sido excluida de un lugar predominante en la historia de la teología, entonces no debe extrañarnos que la doctrina del reino de Dios haya sido descuidada abiertamente hasta hoy dentro de la escatología misma. Es un fallo indigno porque es un tema focal en la predicación y la enseñanza de Jesús de Nazaret.

El reino de Dios no es un lugar, es un estado

Jeremías explica que para la mentalidad judía el reino no es un lugar primariamente, sino un estado. Es una realidad activa que desemboca en el dominio de Dios, del poder de Dios sobre el mundo: "Consta con seguridad que, para el oriental, la palabra *malkuth* tenía un sonido distinto al de la palabra «reino» para el occidental. Porque, en el Antiguo Testamento solo muy escasas veces designa *malkuth* a un reino en sentido local, un territorio. Sino que designa casi siempre el poder de gobernar, la autoridad, el poderío de un rey. Pero no se entiende nunca el *malkuth* en sentido abstracto, sino siempre como algo que se está realizando. Por consiguiente, el reino de Dios no es ni un concepto espacial ni un concepto estático, sino un concepto dinámico" (J. Jeremías, 1974).

Jeremías continúa exponiendo que el reino no es un simple objeto de palabras, sino también de acciones: en las curaciones la salvación es salud; en los exorcismos el mundo esclavizado por Satanás ve ya su liberación. Cuando Jesús dice que *el reino ha llegado, el reino está entre ustedes*, perfectamente se puede sustituir en la interpretación por "El dominio de Dios ha llegado, Dios ha llegado, su poder, su soberanía su gobierno están presentes, actuando de manera poderosa y dinámica (J. Jeremías, 1974).

Cullmann aporta desde el punto de vista histórico sobre de reino escatológico, afirmando que la escatología se desplaza del final al centro de la historia, más como contrapartida escatológica el trecho histórico que discurre desde el centro hasta el final. En su vida, muerte y resurrección, Dios habría consumado definitivamente la revelación y comunicación de la salvación escatológica del reino; la historia cobra así en este punto crucial su nivel supremo; el designio divino para la historia se revela y se cumple aquí acabadamente (Cullmann, 2008).

Cullmann amplia sobre el concepto de la tensión escatológica del reino. Manifiesta que los dos modos de tiempo de hablar del reino, presente y futuro, es característico del Jesús histórico. La presencia del cumplimiento, lejos de relajar la tensión hacia el porvenir, la reactiva y viceversa; la cercanía del futuro confirma la actualidad del cumplimiento, Jesús parece poseer la certidumbre de que el reino va a venir porque tiene conciencia de que el tiempo se ha cumplido. La certeza del triunfo final del reino radica en la realidad de su presencia: el *todavía no*, se apoya en el *ya*. El juicio que llevará a cabo el hijo del hombre al final de los tiempos se basa en un juicio que se está produciendo ahora en la actitud de los hombres frente a Jesús. La comunidad escatológica se está fraguando ahora, no solo en la persona de Jesús, sino en las de sus discípulos, por cuanto estos lo representan hasta el punto de que el propio Jesús se identifica con ellos (Cullmann, 2008).

Un ejemplo claro de la consistencia del mensaje escatológico de Jesús es el reino de Dios. Está presente al inicio, durante y al final de su ministerio, es la genuina clave de la predicación de Jesús: "El tiempo se ha cumplido, y el reino de Dios se ha acercado. ¡Arrepiéntanse, y crean en el evangelio!" (Mr. 1:15).

La vivencia del reino durante su servicio: "… porque el reino de Dios está entre ustedes" (Lc. 17:21), "Pero si yo expulso a los demonios por el poder del Espíritu de Dios, eso significa que el reino de Dios ha llegado a ustedes" (Mt. 12:28).

La espera futura de la consumación del reino: "Yo les digo que, desde ahora, no volveré a beber de este fruto de la vid, hasta el día en que beba con ustedes el vino nuevo en el reino de mi Padre" (Mt. 26:29).

En síntesis, un tema central en los evangelios es el reino de Dios. Jesús revela el contenido escatológico del reino por medio de la parábola de las diez vírgenes; la parábola de los talentos, poniendo énfasis en el siervo inútil que no tuvo una perspectiva correcta que su Señor habría de venir a pedir cuentas; el siervo fiel y prudente; la separación de las ovejas y los cabritos; el juicio en base a las obras de misericordia al necesitado. Todo ello en el contexto escatológico de la segunda venida del Señor que vendrá a pedir cuentas.

Así la enseñanza, el mensaje y la obra de Jesús se condensan en el reino de Dios. De nuevo se observa que todo converge en Cristo en cuanto que Él es el anunciador del reino de Dios, pero al mismo tiempo es la personificación de ese reino. Cristo, el reino de Dios, ha irrumpido en el cumplimiento del tiempo y se da a conocer con la predicación y enseñanza del Evangelio. El escritor Lucas matiza en cuanto a la proclamación[15] del Evangelio[16] del Reino[17] y completa la frase con "de Dios", para que haya distinción entre la proclamación de una nueva noticia de un reino humano y el anuncio de la buena noticia que viene del reino de Dios, que no es de este mundo.

La enseñanza escatológica del reino de Dios está presente en el pensamiento del apóstol Pablo: Ro. 14:17: "porque el reino de Dios no es comida ni bebida, sino justicia, paz y gozo en el Espíritu Santo"; 1Co. 4:20: "Porque el reino de Dios no consiste en palabras, sino en poder", 1Co. 6:9: "… los injustos no heredarán el reino de Dios", 1Co. 6:10: "ni los ladrones heredarán el reino de Dios", 1Co. 15:24: "el fin, cuando entregue el reino al Dios y Padre", 1Co. 15:50: "… carne y sangre no pueden heredar el reino de Dios", Gá. 5:21: "… tales cosas no heredarán el reino de Dios", Ef. 5:5: "… tiene herencia en el reino de Cristo y de Dios", Col. 1:13: "… trasladado al reino de su amado hijo", Col. 4:11: "… me ayudan en el reino de Dios", 1Ts.

---

[15] Kerigma, se usaba en el sentido del que anunciaba los decretos del rey.

[16] En el sentido amplio se aplicaba a las nuevas noticias que llevaba el heraldo al pueblo de parte del Rey.

[17] El reino se podría referir a cualquier reino humano.

2:12: "Dios que los llamó a su reino y gloria...", 2Ts. 1:5: "Que sean tenidos por dignos del reino de Dios por el cual asimismo padecen", 2Ti. 4:1: "...Jesucristo, quien juzgará a los vivos y a los muertos en su manifestación y en su reino...", 2Ti. 4:18: "...Y el Señor me librará de toda obra mala, y me preservará para su reino celestial...". También está presente en Heb. 1:8, en las cartas universales: Stg. 2:5, 2Pe. 1:11, y en el libro de Apocalipsis en los versículos 1:9, 11:5, 12:10, 16:10, 17:12, 19.

El reino de Dios como historia de revelación y como final de la historia

La teología sistemática de Tillich el único tema que desarrolla en el apartado de la escatología es el del Reino de Dios. Le dedica casi doscientas páginas. Eso habla suficiente sobre lo esencial que resulta el tema dentro de la escatología cristiana.

A la pregunta y a la búsqueda del sentido a las ambigüedades de la vida, la respuesta es el reino de Dios, destaca Tillich. Ese reino tiene dos caras, una dentro de la historia y otra fuera de la historia. La primera ocurre en la historia de la revelación y tiene un impacto en la humanidad por medio de las iglesias locales que son las representantes del reino de Dios en la historia. La segunda se manifiesta en la esfera celestial del reino de Dios y se convierte en un símbolo, el más importante y el de más difícil comprensión del pensamiento cristiano (Tillich, Teología, 1984).

El reino de Dios se reveló en la historia de la salvación en el pasado por medio de la predicación y las señales realizadas por Jesús de Nazaret, y ese impacto transformó la sociedad, las naciones y conquistó el Imperio romano por medio de la iglesia visible. Y la otra cara es futura y se consumará en el futuro con la venida de Cristo, la resurrección de los muertos, la nueva creación de todas las cosas, la centralización de la adoración en la nueva Jerusalén, donde Dios y Cristo será todo en todos en el reino eterno.

En resumen, se entiende por reino de Dios, ese acontecimiento realizado de una vez por todas en Cristo y su obra; ese actuar de

Dios en los corazones de los arrepentidos y convertidos que esperan la consumación del reino, sabiendo que la voluntad de justicia y paz de Dios, crea en nuestra historia un espacio en sentido salvador, liberador y un futuro prometedor.

En ese sentido, Kehl manifiesta que el reino abre la puerta a la universalidad de la salvación por el amor de Dios comunicado en Cristo; supera la historia individual y colectiva en la resurrección de los muertos; reconforta la espera de su consumación, como superación definitiva de la historia humana presente en su dimensión individual, social y universal en la vida de Dios. La consumación del reino de Dios incluye la transformación de la vieja creación a una nueva creación: "la creación debe ser liberada de la servidumbre, de la corrupción para participar en la gloriosa libertad de los hijos de Dios" (Ro. 8:21). Esa consumación acontecerá en el instante escatológico del retorno del Señor (Kehl, *Escatología*, p. 219, 1992).

CAPÍTULO 6

Escatología de la creación

Las bases de la doctrina de la creación primera son un vasto e incomprensible misterio para la mente del hombre. Es una verdad dada a conocer por Dios mismo por medio de la revelación especial en ambos testamentos. Rodman la define así: "la creación del universo es traída a la existencia por Dios por su sola palabra, a partir de la nada. La creación es un llamado a la existencia de lo que no existía antes" (W. Rodman, 1992). La creación es un acto visible extraordinario de la gloria y el poder de Dios que lo aceptamos por la fe: Heb. 11:3: "Por la fe entendemos que Dios creó el universo por medio de su palabra, de modo que lo que ahora vemos fue hecho de lo que no se veía". Y es a partir de esta creación "buena", que luego fue afectada por el pecado, que ocurrirá la transición a la nueva creación, en el instante escatológico.

Moltmann define las bases de la Escatología de la Creación como la transición de la creación temporal a la nueva creación de un cosmos deificado o glorificado. Se fundamenta en el capítulo 21 del libro de Apocalipsis (Moltmann, La Venida, 2004).

6.1 Cielos nuevos y tierra nueva

El pasaje que describe la nueva creación es Ap. 21:1: "Después vi un cielo nuevo y una tierra nueva; porque el primer cielo y la primera tierra habían dejado de existir, y también el mar".

Transcribo el preludio que escribe este destacado autor sobre la doctrina de los cielos nuevos y tierra nueva: "Juan ha contado en esta escena lo incontable, diciendo para siempre, con símbolos judíos y fuerte experiencia cristiana, aquello que nos sobrepasa. Terminó lo que termina: Dragón y Bestias, Muerte y Hades (Ap. 20:10, 14). Aparece y se despliega para siempre, en perfección gozosa, aquello que Jesús ha ido asumiendo y realizando por su muerte en nuestra historia. Todo es nuevo, nada queda de lo antiguo, pues el mismo cielo y tierra del principio (Gn. 1:1). Han huido ante la faz de Dios (Ap. 20:11) y ya no pueden ser halladas (Ap. 22:1), no por destrucción, sino por trascendencia: *¡He aquí que hago nuevas todas las cosas!* (Ap. 21:5). Esta renovación cósmica, *cielo nuevo y tierra nueva* (Ap. 21:1), abierta al gozo humano en Dios ofrece una visión *compleja y* al mismo tiempo *muy sencilla* de la salvación" (Pikaza, p. 241, 2015).

Pese a que la nueva creación de todas las cosas es una de las revelaciones más importantes descrita en el libro de Apocalipsis, se ha descuidado en la escatología cristiana. Según Moltmann, entre otras razones porque a medida que las ciencias de la naturaleza fueron ganando terreno se enseñorearon del conocimiento del universo, los astros, el cielo y la tierra. Ello intimidó a la teología y la presionó para que abandonara el terreno de la cosmología[1] teológica (Moltmann, La venida, 2004).

Moltmann está en lo cierto al afirmar que la escatología cristiana es y debe ser escatología cósmica también. De lo contrario, la escatología sería una doctrina gnóstica de la redención del alma que se libera del cuerpo solamente, sin incluir la redención del mundo como creación; perdiendo de vista que cuando Dios redime al hombre de

---

[1] La cosmología, del griego κοσμολογία es la rama del conocimiento que estudia el universo en conjunto.
https://www.filosofia.org/enc/ros/cosmol.htm

su pecado, también promete redimir plenamente la creación que gime esperando ese tiempo.

Ruiz de la Peña va en esa línea cuando sostiene que la escatología se ha distanciado de la redención del cosmos, tildando de mala y de baja estima la tierra. Pero pierde de vista que la tierra, la creación, son parte de lo humano y que será redimida igualmente (Ruiz de la Peña, 1986).

La redención de los hombres es una redención escatológica en la resurrección de los muertos o resurrección de la carne en la vida del futuro. El redentor es el mismo creador.

Moltmann argumenta esta verdad de la siguiente manera: "Puesto que no existe ninguna alma que esté desligada del cuerpo, ni existe ninguna humanidad que esté desligada de la naturaleza de la vida, de la tierra y del cosmos, no existe tampoco ninguna redención de los hombres sin la redención de la naturaleza. La redención de la humanidad está orientada hacia una humanidad que, en su existencia, permanece vinculada con la naturaleza. Por tanto, no es concebible una salvación para los hombres sin "un cielo nuevo y una nueva tierra". No puede haber vida eterna para los hombres, sin cambio en las condiciones cósmicas de la vida (Moltmann, La Venida, 2004).

Moltmann, reconoce, con humildad, que no es el primero en reflexionar sobre la cuestión de la interrelación entre teología y cosmología. Menciona algunos teólogos que lo intentaron con sus propios matices: "Teilhard de Chardin sintetizó los dos ámbitos sirviéndose del concepto de la evolución y proyectó una metafísica finalista del "Punto Omega"; Alfred North, ofreció a teólogos y científicos una plataforma común desde la cual fuera concebible una escatología del proceso del mundo"; Ernest Block amplió su principio esperanza, que había estado orientado históricamente para que tuviera en cuenta a la naturaleza como sujeto, luego desarrolló la enseñanza de la naturaleza, expuesta con anterioridad por F. Schelling".

En consecuencia, la escatología Moltmanniana se esfuerza por comprender la transición de la creación temporal a la creación eterna, a fin de entender la creación en la consumación eterna: "La escatología cósmica se halla en el marco del recuerdo de esa esperanza de Cristo: por medio de la muerte y la resurrección del universo se llega a la esperada nueva creación de todas las cosas y el cielo nuevo y la nueva tierra". Considero que la escatología sin la cosmología bíblica desliza en el mito gnóstico del redentor que desemboca en la apariencia fantasmal y el subjetivismo.

Comparto un texto que respalda esa realidad de la transformación de la vieja creación a la nueva creación: Ro. 8:19-23: "Porque el anhelo ardiente de la creación es el aguardar la manifestación de los hijos de Dios. [20] Porque la creación fue sujetada a vanidad, no por su propia voluntad, sino por causa del que la sujetó en esperanza; [21] porque también la creación misma será libertada de la esclavitud de corrupción, a la libertad gloriosa de los hijos de Dios. [22] Porque sabemos que toda la creación gime a una, y a una está con dolores de parto hasta ahora; [23] y no solo ella, sino que también nosotros mismos, que tenemos las primicias del Espíritu, nosotros también gemimos dentro de nosotros mismos, esperando la adopción, la redención de nuestro cuerpo".

A mi parecer la Escritura contiene suficientes fundamentos con relación a la escatología cósmica. En la visión de la apocalíptica neotestamentaria se observa la consumación del proceso creador y como Dios lleva a cabo el cumplimiento de habitar entre su pueblo y con su pueblo en la nueva creación: Ap. 21:3: "Entonces oí una gran voz que decía desde el trono: He aquí, el tabernáculo de Dios está entre los hombres, y Él habitará entre ellos y ellos serán su pueblo, y Dios mismo estará entre ellos".

Si se analiza con detalle, el texto no afirma categóricamente que solo el cielo será el único lugar en que habita Dios, sino que es en los nuevos cielos y la nueva tierra en los que morará. En la consumación ha de cumplirse con una dimensión universal la habitación oculta y anticipadora de Dios en el templo y en el pueblo. Su creador no permanece fuera o frente a su creación, sino que entra en ella hasta traspasarla toda. Eso implica la aniquilación de todos los poderes destructivos, y simultáneamente se da la nueva creación de todas las cosas. El hombre es redimido y glorificado, participando de la gloria de Dios, pero junto con él la creación entera se ve libre de su esclavitud y de su vanidad a las que fue sujetada por causa del pecado original y originante. Así el hombre y la creación redimidos y glorificados son limitados, pero ya no mortales, temporales o caducos. Ya la doctrina de la *theosis*[2] de la Iglesia antigua intentó penetrar en ellos mirando la vida del Cristo resucitado y transfigurado. Y estos pensamientos no resultan insólitos (Moltmann, El futuro, 1979).

En la nueva creación los cristianos ya participan de la naturaleza divina como dice el apóstol Pedro, pero no solo en la esperanza como lo afirma: 2Pe. 1:3-4: "Pues su divino poder nos ha concedido todo cuanto concierne a la vida y a la piedad, mediante el verdadero conocimiento de Aquel que nos llamó por su gloria y excelencia. 4 Por ellas Él nos ha concedido sus preciosas y maravillosas promesas, a fin de que ustedes lleguen a ser partícipes de la naturaleza divina,

---

[2] Esta antigua doctrina se enseña primero en la región oriental y luego en la occidental. Enseña que el hombre participa de la naturaleza divina. La palabra *theōsis* es una transliteración de una palabra griega, significa deificación. Esa participación de la naturaleza divina es por medio de la vida de Dios en Cristo recibida por el creyente. Es la adquisición de la salvación por la unión con Dios. Algunos teólogos contemporáneos la han señalado de herejía. Pero otros exégetas y teólogos afirman que hay conceptos y palabras en el Nuevo Testamento que son sinónimas y describen la *theōsis*: adopción, redención, herencia, glorificación, santidad y perfección. Es en Jesucristo, por medio de la fe, por gracia, y por la acción del Espíritu Santo que se recibe la *theōsis*. Es un acto del amor increado e infinito de Dios. Comienza aquí en la tierra por medio del nuevo nacimiento y avanza en una progresión abierta sin interrupciones a través de toda la eternidad. Afirman también que esa enseñanza era creída en la Iglesia del principio, en la época apostólica.

La consumación de la theōsis acontecerá en la resurrección del creyente. Pero aquí en la tierra comienza cuando el pecador y el pagano, se vuelven a Dios. Desde ya es derrotado el poder del pecado, del mundo y de Satanás por la muerte y la resurrección de Cristo.

(https://www.apologetica.com.ar/theosis/).

Es interesante que Lutero retome la doctrina antigua de la theosis a tal grado que la expresión clásica de la theosis aparezca en mayor número de pasajes de sus escritos que su fórmula predilecta theologia crucis, como eje central de su hermenéutica para la interpretación de las doctrinas. De ahí la consideración del grado de importancia atribuido a la doctrina de la deificación de parte de Lutero. "Feliz intercambio entre las naturalezas humana y divina", "la unión entre Cristo y el cristiano por las virtudes de la fe, el amor y la esperanza", "la fuerza de la fe cristiana que se manifiesta en la capacidad de hacer presente a Cristo en el creyente", son expresiones que reflejan la enseñanza luterana de la theosis.

SCRIPTA THEOLOGICA 32 (2000/3) pp. 757-799 «christus in fide adest». Cristo presente en el creyente o la teología de la deificación en Lutero.

habiendo escapado de la corrupción que hay en el mundo por causa de los malos deseos".

En el libro de Apocalipsis se describe la consumación de estas promesas en conexión con algunos pasajes proféticos tales como:

Is. 25:8: "Dios el Señor destruirá a la muerte para siempre, enjugará de todos los rostros toda lágrima, y borrará de toda la tierra la afrenta de su pueblo. El Señor lo ha dicho".

Ap. 21:4: "Dios enjugará las lágrimas de los ojos de ellos, y ya no habrá muerte, ni más llanto, ni lamento ni dolor; porque las primeras cosas habrán dejado de existir".

En resumen, el mensaje que contiene el libro de Apocalipsis, independientemente de los distintos sistemas de interpretación, que se usan para entenderlo, es que la soberanía de Dios se manifiesta al destruir para siempre todas las formas del mal por medio de sus definitivos e imparciales juicios. El mensaje habla de que hay esperanza basada en la resurrección de Jesucristo, porque Dios controla toda la historia, la vida, la muerte, la resurrección de los muertos y la eternidad. La manifestación gloriosa y triunfadora de Jesucristo en todo el libro, produce esperanza de seguridad espiritual completa a los que confían en Cristo. El culmen en adoración y alabanza en el festejo eterno que describe al final, enseña que el gozo, la libertad y la felicidad provenientes del Dios trino permanecerán para siempre (Lockyer, p. 21, 1988).

El libro de Apocalipsis inicia y termina con el nombre humano y terrenal del redentor: Jesucristo. Ese estupendo nombre se relaciona con su encarnación y unión con la humanidad para consumar la redención y suministrar la felicidad eterna en las mansiones celestiales a su pueblo (Gilberto, 2001).

6.2 ¿Nueva creación? o ¿restauración de la vieja?

La escatología de la restauración de todas las cosas es una doctrina occidental que enseña más bien una escatología de la restauración de la creación primera que fue creada de la nada y afectada por el pecado. Moltmann cuestiona este enfoque porque, según él, sitúa el énfasis en la redención del pecado y sus devastadoras consecuencias, la salvación del alma, el cielo y el reino de Cristo, pero desatiende la redención plena de toda la creación. Es una comprensión restauradora de la escatología, es un hablar de un retorno al paraíso perdido y luego recuperado. Es como decir que el pecado trastorna la creación buena, la gracia redime al hombre y la creación, al final la creación vuelve a estar allá donde estuvo originalmente: "He aquí que todo es muy bueno" sería la expresión justa. Pero esta forma de pensar es caer en el mito del "eterno retorno". Es la regeneración de lo viejo y arruinado en el que "el final corresponde al principio", pero eso no lo enseña en ninguna parte la Escritura. Es como regresar al punto de partida. Si así fuera entonces lo que suceda al final no puede ser sino la restauración del principio. Esta manera de pensar es igual a la cosmología estoica e hindú (Moltmann, La Venida, 2004).

6.3 La escatología de la nueva creación de todas las cosas

Esta es una de las doctrinas centrales de la escatología. Posee la singularidad definitiva de la historia de Cristo, que se expresa en el "de una vez por todas" escrito por Pablo en Ro. 6:10: "Porque en cuanto murió, al pecado murió una vez por todas; más en cuanto vive, para Dios vive". Esta verdad descarta la idea del eterno retorno de lo mismo.

Moltmann expone que, para mantener esta finalidad en la cosmología, tiene que experimentarse tanto en sentido individual como en sentido cósmico un valor añadido, por el pecado que excluye la siguiente caída en el pecado después de la redención de la creación. Si esto es así, entonces la esperanza fundamentada en la experiencia de la liberación no se orienta hacia la restauración de la creación original creada de la nada, sino hacia su definitiva consumación que ocurre en la nueva creación a partir de la vieja creación, *ex vetere*[3] (Moltmann, La Venida, 2004).

Según Moltmann, la meta de la escatología es precisamente llegar a la consumación en la que se dice "He aquí que hago todas las cosas nuevas", nuevos cielos y nueva tierra, un nuevo cosmos, en los cuales el Señor dice "Yo soy su Dios, habito en ustedes, con ustedes, y ustedes son mi pueblo". Ello conduce a la consumación de la creación, más allá de la redención que libra del pecado. La escatología cristiana abarca tanto lo cósmico que incluye la redención del mundo como la creación. Él redimirá todo lo creado: el ser humano, la tierra, el universo, y él así convertirá el todo en todo: "Y cuando todo haya quedado sometido a Cristo, entonces Cristo mismo, que es el Hijo, se someterá a Dios, que es quien sometió a él todas las cosas. Así, Dios será todo en todo" (1Co. 15:28).

Moltmann pregunta: ¿qué es lo que diferencia el primer cielo y la primera tierra, de la nueva creación del cielo nuevo y la tierra nueva? A lo cual responde: la diferencia es la presencia activa e íntima del creador con sus criaturas. En la creación de Gn. 2, la presencia, el reposo del creador la lleva a cabo el Shabat. Dios bendice todas las obras de su creación descansando en ellas al séptimo día, y todas las criaturas están creadas para esa fiesta del Señor. Pero la nueva creación es hecha para que sea acogida la nueva Jerusalén, y se convierta en el hogar de la gloria de Dios (Is. 65, Ez. 37, Ap. 21). El Señor en la primera creación quiso habitar en el monte de Sión, la Jerusalén terrenal, pero en la nueva creación habitará en la nueva Jerusalén celestial: Sal. 132:13: "¡El Señor ha escogido el monte Sión! ¡Lo ha elegido para vivir allí!" (Moltmann, La Venida, 2004).

---

[3] La obra de Dios como creador continúa hasta la creación ex vetere. Dios crea a partir de lo viejo. En otras palabras, Dios redime a las personas humanas y a toda la creación. Esto es lo que significa la profecía en Apocalipsis, cuando Dios crea un cielo nuevo y una tierra nueva. A través del amor redentor de Dios, los pecadores se transforman en nuevas criaturas. Son resucitados a la vida eterna por medio del poder del amor inquebrantable de Dios.
SCRIPTA THEOLOGICA 40 (2008/2), p. 645.

Apocalipsis dice que en la nueva creación el Señor habitará con su Iglesia y menciona específicamente que será en la nueva Jerusalén: "Y vi la ciudad santa, la nueva Jerusalén, que descendía del cielo, de Dios, preparada como una novia ataviada para su esposo, ³ entonces oí una gran voz que decía desde el trono: el tabernáculo de Dios está entre los hombres, y Él habitará entre ellos y ellos serán su pueblo, y Dios mismo estará entre ellos" (Ap. 21:2-3).

Me maravillo del amor de Dios y su insistencia de habitar entre su pueblo. Él quiso desde el principio habitar siempre junto a su pueblo, lo expresó primeramente al pueblo de Israel diciéndole: "yo seré su Dios y ustedes serán mi pueblo y habitaré entre ustedes" (Lv. 26:12), su presencia los acompañó durante la travesía en el desierto hasta llegar a la tierra prometida y permaneció con ellos. Luego anunció por medio del profeta Isaías (Is. 7:14) como viviría entre su pueblo y el evangelio de Mateo (Mt. 1:23) describe ese cumplimiento de manera radical, esa maravillosa presencia junto a su pueblo en la encarnación de su hijo "Y le llamarás su nombre Emanuel, que traducido es: Dios con nosotros". Es extraordinario que el Dios hecho hombre habitara físicamente con el pueblo de Israel y la incipiente iglesia, pero esa progresión escatológica alcanza el culmen aquí en la tierra cuando el Señor declara a todos los creyentes de todas las épocas y naciones "Ustedes son templo del Dios viviente", "Ustedes son templo del Espíritu", de esa manera Dios va con nosotros y en nosotros los cristianos todos los días de nuestra vida. Más, así, el cumplimiento definitivo y eterno será en la nueva creación de todas las cosas.

Pero todo ello es posible por Jesucristo, a través de su ministerio, muerte y resurrección, preparando así el camino para el "He aquí hago nuevas las cosas" de la consumación. Cristo no arregló el viejo pacto, ni lo restauró, por ello lo sustituyó por el Nuevo Pacto en su sangre, e introdujo un nuevo corazón, un nuevo nacimiento, una nueva adoración, una nueva humanidad y el nuevo hombre, todo como un anticipo escatológico de lo nuevo y eterno que vendrá.

En la primera creación, en el cumplimiento del tiempo, Dios se hace hombre en Jesús de Nazaret, es la encarnación de Dios, la gloria de Dios viene a su pueblo en el Emanuel, como lo expresé, en el Hijo del Hombre y en el crucificado. Pero el Cristo resucitado habla ya del cumplimiento del tiempo en la nueva creación en la que el Cordero será la lumbrera, en la nueva Jerusalén, en la cual habitará el Dios trino y se hallará presente de manera específica y universal, con su amada Iglesia, con su nuevo pueblo en plena unión por la eternidad.

6.4 ¿Aniquilación o consumación del mundo?

Moltmann enseña que, con respecto a la doctrina de qué pasará con el mundo —cosmos— finalmente como creación, existen tres posturas: transformación, aniquilación y glorificación o deificación (Moltmann, La Venida, 2004).

Transformación. Es la postura de la Iglesia medieval antigua y la tradición reformada, impulsada graníticamente por Ireneo, Agustín, Gregorio Magno, siguiendo la línea hasta Tomás de Aquino en la Iglesia antigua. Según Moltmann, esta doctrina la retoma la tradición reformada apoyándose en la constante fidelidad de Dios a su creación y a las leyes que la rigen. La aniquilación total del mundo como creación sería contradictoria al carácter de Dios. Para él lo que corresponde es la transformación, porque es claro que Dios quiere destruir al mundo, como sistema, someterlo a juicio y transformarlo en un mundo nuevo, sin tacha.

La postura de la transformación del mundo incluye, la destrucción del mundo en el sentido que lo he explicado, él declara que la identidad de ese mundo no se pierde, aunque se transforme. La tradición reformada, ve una continuidad en la gracia de Cristo experimentada en la historia a la gloria de Cristo, que ocurrirá en la consumación y será una transformación de la transitoriedad en la eternidad. Ello se demuestra en Ap. 5:21 en la acción del verbo en cuanto que no dice "He aquí creo" —en hebreo *bara*— sino "Yo hago", ello implica modelar lo que ya "está creado". Es transformación, no aniquilación.

Según Moltmann, dicha transformación no es clara en cuanto a que si será una transformación total de los fundamentos y las condiciones sustanciales de este mundo creado.

Aniquilación. Moltmann indica que esta es la postura de la ortodoxia luterana que afirmó durante un siglo, en acuerdo total, que el destino sobresaliente del mundo como creación es indefectiblemente la aniquilación, no la transformación, luego esta postura se diluyó, pero se sigue manteniendo. Afirma que después del juicio final es cuando acontece la aniquilación de la tierra, con excepción de los ángeles y los hombres. Todo lo que pertenece a este mundo será arrasado y dejará de existir. Toma apoyo bíblico de 2Pe. 3:10: "Pero el día del Señor vendrá como ladrón en la noche; en el cual los cielos pasarán con grande estruendo, y los elementos ardiendo serán deshechos, y la tierra y las obras que en ella hay serán quemadas". Pero yerran porque en algunos manuscritos antiguos dicen en la última parte "serán descubiertas"[4] en lugar de "serán quemadas". Otras versiones traducen "sometidas a juicio" en lugar de "serán quemadas". Si vamos al argumento teológico de peso encontramos que "el mundo, como creación, carece de bienaventuranza" y que los hombres serán redimidos en la consumación con cuerpo, pero olvidan que hay promesa que la tierra en la cual el hombre fue creado, el cosmos, la creación, también será redimida en la consumación. Pues habrá cielos nuevos y tierra nueva. Ellos solo ven que el cielo subsistirá, pero la tierra dejará de ser para siempre. El problema es que confunden los esquemas de este mundo, sus criterios corrompidos a causa del pecado y su vanagloria, con la creación misma. Confunden también el cuerpo redimido por la crucifixión y por la resurrección, con la carne de pecado, la *sarx*, la naturaleza pecaminosa que será destruida en su totalidad, pero el cuerpo no, el cuerpo es para la glorificación.

Si la ortodoxia luterana tuviera razón entonces tendríamos que considerar, que esa creencia no es apocalíptica cristiana sino un fatalismo exterminista, afirma acertadamente Moltmann: "Aquel que enseñe escatológicamente la aniquilación del mundo, ese tal lo que quiere es abolir la creación y parece hallarse fascinado más por la nada que por la existencia".

---

[4] Nota pie de página de la traducción nueva Biblia de las Américas. Lacueva traduce en su Interlineal griego español del Nuevo Testamento "quedarán al descubierto".

Glorificación o deificación. Es la postura de la teología ortodoxa y oriental. Es una ampliación de la doctrina de la Iglesia antigua llamada "doctrina de la redención física". Uno de los primeros axiomas sobre esta doctrina es el de Atanasio: "Dios se hizo hombre para que nosotros los hombres fuésemos deificados". Pero esa deificación no es que nosotros lleguemos a ser como Dios, como lo prometió la serpiente mintiéndole a Eva en el paraíso. Lo que significa es que los que estamos en Cristo llegamos a participar de la naturaleza divina, es la adopción real de hijos que realiza el Padre con los que confían en Cristo. No es la transformación de los hombres en dioses, sino la participación en las cualidades divinas: participamos ya de la vida eterna, de la vida Zoé, de la vida de Dios que se perfeccionará en la resurrección de los muertos; la comunión real e íntima que tenemos con el Dios Hombre Jesucristo. En la carta a los Romanos vemos que la glorificación de los creyentes va de la mano con la glorificación de la creación. Además, si el Espíritu Santo se derrama con toda potencia desde Cristo sobre aquellos que creen en él, los llena, los vivifica y los hace limpios y transparentes para lo celestial, también transforma la naturaleza para entrar a los nuevos cielos y la nueva tierra, la nueva creación.

En la Biblia el ser creado a la imagen de Dios se asocia siempre con la gloria de Dios, por eso, resulta claro que el hombre no redimido está destituido de la gloria de Dios (Ro. 3:23). Con la redención retorna la gloria de Dios al hombre creyente. Si con la redención del pecado de los creyentes se restituye la gloria, también se asocia a la redención de la tierra, del cosmos, porque este fue afectado por el pecado del hombre, entonces entran ambos a la luz de la verdad de Dios y participan también de la naturaleza divina. Es inaceptable una redención de los creyentes, sin la creación que gime esperando la redención de los hijos de Dios.

Resumo. ¿Cuál es la postura que refleja la obra y el resultado de la crucifixión y la resurrección de Cristo? Moltmann afirma que la postura luterana ortodoxa tiene solo la perspectiva unilateral de la cruz, que aniquila el pecado y la contaminación que este produce. Pero la doctrina de la deificación ve la perspectiva unilateral de la resurrección.

La postura reformada de la transformación es más equilibrada, aunque no profundiza lo suficiente. Afirma Moltmann.

A la sazón de lo puntualizado, la tesis más aceptada es la de la nueva creación de la tierra, pero a partir de la vieja tierra. La primera creación fue hecha de la nada, la nueva creación será hecha nueva a partir de la que existe. Así como Cristo nos transforma en nuevas criaturas a partir de lo que somos en esta tierra, también ocurrirá la plenitud del cuerpo, creando un nuevo cuerpo glorificado a partir del cuerpo que poseíamos en la resurrección de los muertos. En estas facetas se refleja la magnífica obra de Cristo en su crucifixión y su resurrección de entre los muertos.

6.5 El fin del tiempo y la eternidad de Dios

Desde la perspectiva bíblica, Moltmann afirma que el apóstol Pablo describe el final del tiempo cronos en 1Co. 15:52, con el concepto de instante escatológico, "en un instante, en un abrir y cerrar de ojos", al toque final de la trompeta. Pues sonará la trompeta y los muertos en Cristo resucitarán con un cuerpo incorruptible y nosotros seremos transformados. Se piensa en aquel instante de la eternidad en que todos los muertos serán resucitados a la vez desde el primero hasta el último, es exactamente lo que también se llama "el día del Señor". Lo apoya con Ap. 10:6: "y juró por el que vive por los siglos de los siglos, que creó el cielo y las cosas que están en él, y la tierra y las cosas que están en ella, y el mar y las cosas que están en él, que el tiempo no sería más".[5] Desde el punto de vista teológico, estos dos cronos están dentro del contexto del tiempo de la historia, ahora el tiempo de la creación brotó de la eternidad del creador.

Hay que recordar que el misterio de Dios es la realización y la extensión del señorío de Dios sobre todo el mundo. Es la consumación de la historia y de la creación para construir el reino de la gloria en el que Dios mismo mora con toda su creación. Y luego Moltmann razona: "Si Dios mismo se manifiesta en su creación,

---

[5] Valga recordar que esta tesis es opuesta a la de Cullmann que afirma una sucesión de tiempo cronos indefinido por la eternidad después de la segunda venida de Cristo.

entonces su eternidad se manifiesta en el tiempo y su omnipresencia en el espacio de la creación, así se deduce que la creación temporal será transformada en la creación eterna". De manera deductiva escribe, además: "Si el Dios eternamente vivo destruirá eternamente la muerte: Is. 25:8a: "Él destruirá la muerte para siempre…"; Ap. 21:4: "… y ya no habrá muerte" entonces todo lo temporal, incluyendo el tiempo cronos, pasará por siempre. Es comprensible que ya no habrá tiempo. Ese tiempo será suprimido y transformado por la eternidad de la nueva creación. Se trata de la eternidad relativa de la creación, relativa porque tuvo un comienzo y que pronto participará de la eternidad absoluta de Dios.

a. El tiempo de la creación. Moltmann plantea la pregunta ¿el mundo fue creado en el tiempo o el tiempo fue creado juntamente con el mundo? ¿El comienzo en el que Dios creó el cielo y la tierra tiene lugar en el tiempo o la eternidad? Luego dice que la comprensión correcta, cristiana, es que la eternidad de Dios es cosa diferente de la simple negación de la temporalidad, entonces puede concebirse en la eternidad una apertura para el tiempo y la respuesta puede darse en dos modelos:

i) La idea de la decisión divina de crear siendo diferente de su ser divino y de un tiempo diferente de la eternidad divina, eso determina la creación del mundo juntamente con el tiempo. Esta conclusión a la que llega ya se encontraba en ciernes en el pensamiento de Agustín que se inclina sin titubeos por la creación simultánea, de lo contrario se atribuye a Dios sucesión y temporalidad. Por eso pide a los lectores de su comentario que entiendan, si pueden, que "la repetición de los siete días de la creación tuvo lugar sin intervalos y espacios temporales. Dios hizo todas las cosas a la vez, el tiempo y la creación" (Canet, 2004).

ii) La idea primordial de la autorestricción de Dios. Dios en su omnipresencia concede un espacio para su creación, retirando su presencia de ese espacio primordial, para concederle tiempo y libertad a su creación. Concluye que el tiempo primordial reside antes de la creación del mundo y del tiempo, en la autodeterminación de Dios de ser el creador.

Luego del momento primordial del tiempo de la creación procede el momento primordial del tiempo de las criaturas. En el acto de la creación, el tiempo emerge de la eternidad y se disgrega en un antes y en un después.

Bíblicamente hay que distinguir aquí entre el comienzo en el que Dios creó el cielo y la tierra Gn. 1:1 y el comienzo del tiempo terreno: "Pasó una tarde, una mañana, un día", Gn. 1:5. Así la descripción, para el cielo y los que en el habitan hay un tiempo eónico.[6] Pero para la tierra y los que en ella habitan hay un tiempo transitorio. Y la diferencia radica en la muerte, la cual es solo terrenal, no divina. Tiempo eónico es un tiempo eterno sin comienzo ni fin, sin antes y sin un después. Pero para la forma terrenal del tiempo es la flecha del tiempo, el futuro llega a ser presente y el presente llega a ser pasado.

A diferencia de la creación celestial, la creación terrenal se halla en el horizonte de esta forma temporal del tiempo. Por eso, el tiempo terreno es el tiempo de la promesa que se cumplirá en el tiempo cronos y una vez cumpliendo la promesa de la resurrección es para el eón de la eternidad. Por tanto, la esperanza no mira solo hacia arriba, hacia Dios que hará nuevas todas las cosas, sino que también mira y contempla la llegada de un "tiempo nuevo", de aquel "eón permanente" de una "vida imperecedera" que la Escritura le llama vida eterna, 1 Jn. 1:2, en la que el *cronos* ya no existe, no actúa porque ha dejado de ser, Ap. 10:6: "Y juró por el que vive para siempre, el que hizo el cielo, la tierra, el mar y todas las cosas que hay en ellos. Dijo: *Ya no habrá más tiempo*".

b. Los tiempos de la historia

–*Presente*. Moltmann se refiere al tiempo del presente como aquel en el que se distinguen diferentes modos de ser: un antes, un hoy y un después. Es como un punto de tiempo en una línea de tiempo, como

---

[6] Eón del griego que significa un "tiempo indefinido e incomputable".

un punto que no solo diferencia, sino que también une el pasado con el futuro. El presente es mudable porque este punto de tiempo pasa con el tiempo. Se halla temporalmente entre el futuro y el pasado, y se halla simultáneamente con el pasado y el futuro porque los diferencia, por eso, afirma que el presente es el final y comienzo de todos los tiempos.

-*El pasado, futuro*. El pasado es lo que no puede pasar, por lo tanto, pertenece al ámbito de lo real. Lo posible corresponde completamente al futuro que pertenece al ámbito de lo posible.

En cada caso: pasado, presente y futuro, surge lo irreversible de la flecha del tiempo "De la posibilidad llega a ser la realidad, al igual que el futuro llega a ser el pasado, todos estos modos del tiempo de la historia son irreversibles, irrepetibles. Cuando se introduce el sujeto en la experiencia del tiempo surgen los fenómenos particulares del tiempo histórico.

-*La plenitud del tiempo*. Es un error de la escatología actual, considerar el *kairós* presente con el instante escatológico ignorando la diferencia.

Dos pasajes contrastan el tiempo *kairós* con el tiempo escatológico: Ro. 13:12: La noche ha avanzado, y se acerca el día. Por tanto, desechemos las obras de las tinieblas, y revistámonos de las armas de la luz.

2Co. 6:2: Porque él dice: «En el momento oportuno te escuché; en el día de salvación te ayudé». Y este es el momento oportuno; este es el día de salvación.

Estos textos han sido analizados desde distintas perspectivas y en consecuencia resultan diferentes conclusiones sobre el tiempo. Varios teólogos confunden el instante teológico con el *kairós* de Dios que es el tiempo favorable, la hora de salvación, el día de visitación, del favor de Dios y la oportunidad en el contexto de la salvación aquí en la tierra por medio del evangelio y la respuesta de fe. Mientras que el instante escatológico es un momento en el que se termina la historia.

-*La eternidad*. Pero en 1Co. 15:52: "en un instante, en un abrir y cerrar de ojos, cuando suene la trompeta final. Pues la trompeta sonará, y los muertos serán resucitados incorruptibles, y nosotros seremos transformados".

Se refiere a la presencia de la eternidad en la cual el tiempo se detiene, cuando deja de ser y eso es lo que habla este grandioso texto de 1Co. 15:52, ¡la repentina transformación de los cronos en la eternidad!

La eternidad de Dios ocurre cuando la creación se convierte en el templo de la eterna gloria de Dios, la creación temporal se convertirá en una creación eterna. Esta sale del tiempo para entrar en el eón de la gloria en el momento de la resurrección de los muertos, terminando con la muerte de una vez y para siempre. Y si no hay muerte, entonces ya no hay tiempo, la muerte se ha transformado en la victoria de la vida eterna. Los distintos tiempos de la historia se enrollarán como el rollo de un libro según lo da a entender Ap. 6:14: "El firmamento desapareció como cuando se enrolla un pergamino, y todas las montañas y las islas fueron removidas de su lugar".

El último día es a la vez el comienzo de la eternidad, un comienzo sin fin, el tiempo *eónico*, el tiempo henchido por la eternidad, es el tiempo en plenitud. El tiempo de la nueva creación se define por una nueva presencia de Dios en ella.

6.6 El templo espiritual de toda la nueva creación: la Jerusalén celestial

La magnificencia del templo celestial de toda la creación y de la ciudad jardín se describen bellamente en Ap. 21:2-3: "Y vi la ciudad santa, la nueva Jerusalén, que descendía del cielo, de Dios, preparada como una novia ataviada para su esposo. Entonces oí una gran voz que decía desde el trono: He aquí, el tabernáculo de Dios está entre los hombres, y Él habitará entre ellos y ellos serán su pueblo y Dios mismo estará entre ellos".

Para apreciar la belleza de la descripción magnífica de la ciudad de la Nueva Jerusalén hecha por Juan, es pertinente observar el contraste de la concepción de la Jerusalén terrenal desde la óptica del pueblo, los profetas, Jesús, los primeros cristianos y del apóstol Pablo. Israel vio desde el principio a la Jerusalén terrenal como la ciudad de Dios dada a su pueblo. El templo lo consideraban como el lugar donde el cielo y la tierra se unían. Para los religiosos significaba el lugar de la máxima autoridad religiosa sobre todo Israel, para los profetas y Jesús era la ciudad que apedreaba y mataba a los profetas enviados del Dios verdadero, era la ciudad corrompida, endurecida, que no conocía el *kairós* de Dios, el tiempo favorable del Señor, su visitación. La corrupción alcanzó el templo de Jerusalén convirtiéndolo en cueva de ladrones.

Cuando los cristianos pensaban en Jerusalén a su mente venían imágenes de oposición, persecución y muerte, pero también en un lugar de esperanza por causa de la resurrección de Cristo escribe Moltmann: "Para los primeros cristianos la Jerusalén terrenal tenía un significado ambivalente. Jerusalén era la ciudad de la crucifixión de Cristo y de sus apariciones de pascua junto al sepulcro, Jerusalén era el lugar del terror y de la conjura de los pobres y de los poderes impíos contra el Mesías de Dios. Ahí Jesús fue abandonado, rechazado por las autoridades judías y su pueblo. Pero Jerusalén era también el lugar de la esperanza, ahí el resucitado se había aparecido a las mujeres que le habían acompañado desde Galilea y que habían permanecido junto a su Cruz cuando los discípulos habían huido. Esas mujeres escucharon el mensaje *él no está aquí ha resucitado*" (Moltmann, La Venida, 2004).

A Pablo le es revelado el significado espiritual de Agar y Sara, relacionándolo con la naturaleza de la Jerusalén terrenal y la escatológica nueva Jerusalén celestial. Lo describe en Gá. 4:21ss. Agar es un símbolo de esclavitud, de la carne, de lo terrenal y del pacto de Sinaí en Arabia, que corresponde a la Jerusalén terrenal la cual da hijos para esclavitud, por lo que tanto ella como sus hijos están en esclavitud. Sara, es símbolo de la libertad, de la promesa y representa a la Jerusalén de arriba, la celestial, la cual es madre de todos los creyentes y da hijos de libertad. Pablo revela que los creyentes aquí en la tierra ya pertenecemos a la Jerusalén celestial, nuestra patria celestial, somos ciudadanos del reino futuro de Dios, esa es la razón por la que andamos en esta tierra como extranjeros y advenedizos. El escritor de la carta a los hebreos revela que vamos de paso hacia nuestro definitivo lugar: Heb. 13:14: "Porque no tenemos aquí una ciudad permanente, sino que buscamos la que está por venir".

Beale interpreta que el cielo y la tierra nueva y el templo-ciudad-jardín posiblemente se refieren a la misma realidad de todo el cielo y la tierra nuevos. Y retoma la idea de que la base de la naturaleza que abarca el mundo de la nueva ciudad-templo se halla en el concepto del Antiguo Testamento de que el templo era un tipo microcósmico para todo el cielo y la tierra. El templo del Antiguo Testamento era la vivienda delimitada de la presencia de Dios en la tierra. En el sentido de que estaba reservado a ser un símbolo de la creación en su conjunto, señalaba a la meta del tabernáculo de Dios en el tiempo del fin en toda la creación (Beale, 2015).

El esplendor y la magnificencia de la nueva Jerusalén, la ciudad santa y el templo universal, como el nuevo paraíso, llena todas las cualidades para la felicidad eterna; Juan las describe con bellas metáforas: contiene el agua de vida y el árbol de la vida (Ap. 22:1-2) y da gratuitamente la vida eterna. Como ciudad santa satisface el ideal de la antigua ciudad de ser el lugar donde el cielo y la tierra se unen. Son asombrosos los detalles que describe Juan de la nueva Jerusalén: la ciudad desciende sobre un monte alto, pero este se alza a inmensa altitud, esta ciudad se convierte en el lugar donde habita la presencia de Dios y donde se ve el rostro de Dios. Desde allí el Señor irradiará su gloria e iluminará el universo por eso es correcto que se le llame el tabernáculo espiritual universal en el que está el trono de Dios.

Los detalles de los materiales que describe la nueva Jerusalén, simbolizan la pureza, la santidad, la hermosura, lo permanente, lo cristalino, lo luminoso, la gloria de Dios. Algunos de estos materiales se mencionan en Ez. 37 y 38. Es la ciudad dorada, de color oro. Es obvio que las medidas de la nueva Jerusalén son simbólicas, porque una superficie de 2 000 a 4 000 kilómetros y las murallas de apenas 66 metros físicos en el globo terráqueo son nada y en el cielo inconmensurable, menos: "La mensura de la ciudad como una revelación de perfección… Juan está expresando por medio de símbolos la vastedad, la simetría perfecta y el esplendor de la nueva Jerusalén. Estas dimensiones no deben ser interpretadas como si brindaran información arquitectónica en cuanto a la ciudad. Debemos pensar, más bien que ellas son teológicamente simbólicas del cumplimiento de todas las promesas de Dios" (Newport, p. 301, 1989).

Es la ciudad jardín. En la visión aparece la plenitud de la vida y la belleza del jardín del edén antes del pecado, pero ahora hecho de nuevo. Eso nuevo es un símbolo inigualable de la armonía, belleza, perfección del Creador y del gozo de sus nuevas criaturas.

En la ciudad luminosa ya no se necesita de un sol, porque la gloria de Dios la ilumina juntamente con Cristo: Ap. 21:23: "La ciudad no necesita ni sol ni luna que la alumbren, porque la gloria de Dios la ilumina, y el Cordero es su lumbrera".

Otro detalle sobresaliente es el que en la ciudad permanente no hay un templo. Ya no hay religión, ni culto ritualista. No son necesarios porque toda ella y su pueblo están llenos de la presencia de Dios, es un estar cara a cara en una unión perfecta. Es la consumación del reino de Dios y su Cristo con su pueblo y su nueva creación.

Juan describe la novedad de la nueva Jerusalén, la belleza, y la nueva comunión plena de Dios con su Iglesia. La perfección en contraste con la ausencia de lo malo, frágil, perecedero y pecaminoso. El mal con todas sus consecuencias ha terminado para siempre (Eller, p. 243, 1991).

El punto focal de la visión de la nueva Jerusalén, es la habitación inmediata, omnipresente y eterna de Dios y de Cristo, el Dios trino, con su nuevo pueblo, en la nueva creación del nuevo cielo y de la nueva tierra.

Con la visión de la nueva Jerusalén, la profecía de Juan está completa. El epílogo consiste en una serie de exhortaciones y afirmaciones ligadas ligeramente que autentican la profecía, afirman la certeza de la venida del Señor y advierten a sus lectores que tomen en cuenta las palabras de esta profecía (Eldon, p. 246, 1990).

CAPÍTULO 7

Escatología de la gloria divina

7.1 La glorificación de Dios, meta suprema

El Catecismo Menor de Westminster, plantea la pregunta sobre cuál es el propósito fundamental del hombre y luego responde que es vivir para la gloria de Dios. Literalmente lo escribe así: *¿Cuál es el fin principal del hombre? El fin principal del hombre es glorificar a Dios y disfrutar de él para siempre.*[1]

Fue el puritano Thomas Watson (ca. 1620–1686) quien afirmó: "La gloria de Dios es una parte tan esencial de Su ser, que Él no puede ser Dios sin ella",[2] y el gran teólogo Emil Brunner fue quien destacó la frase *Soli Deo Gloria*, Solo a Dios la Gloria.

Pero lo que han hecho los escritores de las dogmáticas reformadas y los teólogos que enseñan sobre la gloria y la glorificación de Dios es tomarlo de las Sagradas Escrituras. En algunos pasajes del

---

[1]   Catecismo Menor de Westminster - Iglesia Reformada http://www.iglesiareforma-da.com

[2]   Soli Deo Gloria: toda la gloria al único digno de gloria https://esclavosdecristo.com › soli-deo-gloria-

Antiguo Testamento, la búsqueda de la gloria de Dios está presente: "Señor muéstrame tu gloria". También del disfrute y el gozo del Señor: "Deléitate asimismo en el Señor y él te concederá las peticiones de tu corazón", "Gustad y ved que es bueno el Señor", "Me gloriaré en el Señor", "Los cielos cuentan la Gloria de Dios", "No a nosotros oh Jehová, sino a tu nombre da gloria"; en el Nuevo Testamento es Pablo quien condensa dicha verdad y la enuncia así: "… háganlo todo para la gloria de Dios". Y ello obedece cabalmente al hecho de que Dios nos creó a los seres humanos para su gloria, aunque su gloria es suficiente en sí misma.

Moltmann ve como Juan el apóstol muestra claramente el proceso de glorificación de Dios por medio de la interacción en la Trinidad, comenzando con la obediencia de Jesús de Nazaret, como modelo para que la Iglesia comprenda que ella también participa en la glorificación de Dios y en la santificación de su nombre por medio de la obediencia plena. Es Jesucristo como el hombre verdadero que, en plena obediencia en el camino de la cruz, regresará a la gloria que tenía antes con el Padre por medio de la resurrección: Jn. 17:1, 4-5, 22, 24: "Estas cosas habló Jesús, y alzando los ojos al cielo, dijo: Padre, la hora ha llegado; glorifica a Tu Hijo, para que el Hijo te glorifique a Ti, 4 Yo te glorifiqué en la tierra, habiendo terminado la obra que me diste que hiciera. 5 Y ahora, glorifícame Tú, Padre, junto a Ti, con la gloria que tenía contigo antes que el mundo existiera", 22 "La gloria que me diste les he dado, para que sean uno, así como nosotros somos uno", 24 "Padre, quiero que los que me has dado, estén también conmigo donde yo estoy, para que vean Mi gloria, la *gloria* que me has dado; porque me has amado desde antes de la fundación del mundo".

Jesucristo va hacia la meta de la glorificación del Dios y Padre por medio de su obediencia. Pero es una gloria que se da libremente a la trinidad y está abierta a la Iglesia, el pueblo de Dios. Jesús ruega al Padre que él lo glorifique como su hijo amado. Describe que de esa gloria que recibe del Padre, les da a los discípulos y por extensión a todos los creyentes. Cristo glorifica al Padre en obediencia y ello implica santificar su santo nombre, porque es así como la voluntad de Dios se consumará en la llegada plena del reino de Dios. Pero hay que recordar que, según Juan, es en la resurrección del que fue crucificado en obediencia, que Cristo regresará a la gloria que poseía junto al Padre antes de hacerse hombre. Así como la muerte de cruz es la expresión de la máxima humillación, la gloria de la resurrección incumbe a aquella gloria original del Hijo junto al Padre.

En consonancia en esta interacción trinitaria de glorificación al Padre, el Espíritu Santo glorifica a Jesucristo, Jn. 16:14: "Él me glorificará, porque tomará de lo Mío y se lo hará saber a ustedes". Así el paráclito glorifica a Cristo difundiendo las palabras y la verdad enseñada por Cristo: "Él los guiará a toda verdad", "él les recordará todas las cosas". Esta interpretación trinitaria y escatológica de la glorificación de Dios en la historia, recuperada por Moltmann,[3] es inclusiva, abierta a la Iglesia y a los creyentes en lo individual. Afirma que el proceso de la glorificación del Padre se da así: al comienzo la creación, al final el reino, al comienzo Dios en sí mismo, al final Dios es todo en todo (Moltmann, 2004).

En la historia de la teología fue Agustín de Hipona quien redescubrió el propósito especial del hombre: glorificar a Dios y disfrutar de él. En su libro Confesiones abundan los pasajes en los que expresa esa verdad singular: "Había descubierto que había disfrute en Dios, pero el mundo me arrastraba todavía para disfrutar lo pecaminoso". En ese párrafo se observa que todavía no se había convertido o estaba esclavizado por la ley del pecado. Pero en una de sus oraciones de gratitud por la liberación de sus vicios pecaminosos se percibe su conversión: "Oh Señor, mi Ayudador y Redentor ahora diré y confesaré para la gloria de tu nombre cómo me libraste de los grilletes de la lujuria que me mantenían fuertemente esposado"; luego expresa: "qué dulce fue para mí de repente verme libre de esos gozos estériles que una vez había temido perder, tú lo sacaste de mí, tú que eres el gozo soberano y verdadero, lo sacaste de mí. Ocupaste su lugar tú que eres más dulce que todos los placeres" (Agustín, Confesiones, 1996).

---

[3] Descrita ampliamente en su obra *Trinidad y reino de Dios*, Sígueme, Salamanca, 1986.

Trapé dice que Agustín testifica que el medio para disfrutar de la gloria y la presencia del Señor es en Cristo: "Buscaba el camino para procurarme la fuerza suficiente para gozarte, pero no la había encontrado hasta que no me aferrase al mediador entre Dios y los hombres, el hombre Cristo Jesús, puesto que el Verbo se ha hecho carne para que tu sabiduría con la que creaste el universo se convirtiera en leche para nuestra infancia" (Trapé, 1987).

Uno de los cinco postulados de la Reforma Protestante enuncia la glorificación de Dios como el propósito de todos los creyentes. A ese postulado se le llama en latín *Soli Deo Gloria* o *Solus Deus*, significa "Solo a Dios la gloria". Esta expresa la suficiencia y la gloria de Dios para salvación en relación al hombre incapaz de salvarse a sí mismo. Afirma que como cristianos debemos glorificarle siempre y debemos vivir todas nuestras vidas ante la presencia de Dios, bajo la autoridad de Dios y disfrutar de su gloria solamente (Gómez-Heras, 1972).

Esta verdad quedó resaltada de tal manera que se inscribió en manuales, libros, catecismos: "El fin principal y más alto del hombre es el de glorificar a Dios y gozar de Él para siempre".[4]

Maravilloso es que nosotros los creyentes ya podemos vivir para la gloria de Dios aquí en la tierra, imperfectamente sí, pero hemos saboreado de su gloria. Y se nos dio un anticipo del disfrute del Señor, por medio del Espíritu Santo. Nos gozamos y nos deleitamos en él, porque "Cristo en vosotros la esperanza de gloria" (Col. 1:27). Ropero expresa que lo grandioso de la revelación de Dios en Cristo es que la imagen de Dios, en la que originalmente fuimos creados y que fue arruinada por la desobediencia, es restaurada y recuperada para el creyente por el mismo Señor Jesucristo, el Dios hecho hombre, a cuya imagen fuimos hechos por creación, y recuperada por redención: "A quienes Dios conoció de antemano, los destinó también desde el principio a reproducir la imagen de su Hijo" (Ro. 8:29). Pues Cristo el Mesías y Redentor es a la vez el segundo Adán,

---

[4] Catecismo de Westminster de 1647 p. 3, es la respuesta a la pregunta. ¿Cuál es el fin principal y más alto del hombre?
https://www.iglesiapactoeterno.com/wp-content/uploads/2017/12/02-Catecismo-Mayor-Weminster.pdf

el cabeza de la nueva humanidad. Con eso se cumple el plan o propósito de Dios para la humanidad y comienzan los tiempos escatológicos que un día culminarán con la presencia visible de Cristo, cuando todos seremos transformados a su imagen perfecta, y Dios será todo en todos, sin mediaciones de ningún tipo[5] (1Co. 15:28) (Ropero, p. 74, 2016).

Es en la venida de Cristo que los creyentes experimentarán la gloria de Dios a plenitud en el reino de Dios. Y glorificar a Dios así, significa amarle por ser él quien es y disfrutar de Dios como él es en sí mismo. En esta nueva dimensión se glorifica a Dios no con finalidades morales, utilitaristas o egoístas, sino para la alabanza de su gloria por ser significativa en sí misma. La glorificación de Dios de parte de su pueblo acontece por la misma existencia de Dios.

Si aquí en la tierra los creyentes hemos contemplado algo de la gloria de Dios, quedaríamos anonadados, si se nos concediera lo que Moisés pidió: "Señor muéstrame tu gloria", ¡Cuánto más quedaremos maravillados en el encuentro sin barreras que tendremos cuando Cristo venga y acontezca la resurrección de los muertos! Allí, nuestra glorificación al Dios trino, el todopoderoso, será total, sin reservas y ello nos llenará de gozo. La plenitud de la "glorificación de Dios" acontecerá en la nueva Jerusalén, con la nueva creación del cielo y la tierra y su nuevo pueblo. Todo el universo glorificará a Dios en plenitud. Esa es la consumación de su reino.

Es claro que siendo creyentes ya hemos sido reconciliados con Dios por medio de Jesucristo. En el sentido forense espiritual ya hemos sido redimidos por la sangre de Cristo. Pero mientras peregrinemos aquí en la tierra, seguimos en camino a la redención plena de los hijos de Dios que se consumará cuando llegue el instante escatológico eterno, "en un abrir y cerrar de ojos" y Cristo venga, "entonces los muertos en Cristo resucitarán primero y luego los que estén vivos seremos transformados" para glorificar a Dios por la eternidad.

---

[5] Para profundizar sobre el plan de la obra de Cristo en la vida terrenal de los cristianos y en la dimensión escatológica de la vida eterna, léase Ropero, Alfonso, *La vida del cristiano centrada en Cristo*, CLIE, Barcelona 2016.

7.2 La autosuficiencia de la gloria de Dios

¿La gloria de Dios es suficiente para él mismo? ¿Necesita Dios la gloria que le dan los hijos de Dios y la creación hecha por él? ¿Necesita el Señor la gloria que le reconoce su Iglesia?

Para responder esas preguntas, Moltmann parte de la soberanía de Dios revelada en la Escritura: 1Cr. 29:11: "Tuya es, oh SEÑOR, la grandeza y el poder y la gloria y la victoria y la majestad, en verdad, todo lo que hay en los cielos y en la tierra; tuyo es el dominio, oh SEÑOR, y tú te exaltas como soberano, sobre todo". Así, la gloria misma de Dios es suficiente para él mismo. La tenía antes de que la creación fuera hecha: Jn. 17:5: "Y ahora, glorifícame tú, Padre, junto a ti, con la gloria que tenía contigo antes que el mundo existiera".

El Señor, en su soberana voluntad, decidió crear a los seres humanos, el cielo y la tierra: "El Dios que hizo el mundo y todas las cosas que hay en él, es Señor del cielo y de la tierra. No vive en templos hechos por los hombres, [25] ni necesita que nadie haga nada por él, pues él es quien nos da a todos la vida, el aire y las demás cosas" (Hch. 17:24-25); "Porque en Él fueron creadas todas las cosas, *tanto* en los cielos *como* en la tierra, visibles e invisibles; ya sean tronos o dominios o poderes o autoridades; todo ha sido creado por medio de Él y para Él. [17] Y Él es antes de todas las cosas, y en Él todas las cosas permanecen" (Col. 1:16-17).

El Señor Dios todopoderoso se basta a sí mismo. La autosuficiencia de Dios consiste en la gloria de Dios en sí mismo. Dios existe por sí mismo, es feliz en sí mismo, por eso Dios no necesita de su creación, el hombre, la tierra, los seres vivos, el cielo, pero su creación sí lo necesita a él. La creación no existe por sí misma, su nueva creación, su pueblo encuentra su existencia únicamente en Dios. Nada de lo creado es suficiente en sí mismo y por eso encuentra solo en Dios su suficiencia, nada de lo creado puede ser feliz en sí mismo. Dios mismo es la felicidad eterna de sus hijos, su pueblo, su nueva creación, cielos nuevos y tierra nueva. Dios mueve todas las cosas sin moverse a sí mismo porque por ser la belleza perfecta atrae hacia sí el amor de todos sus amados. Dios es perfecto en su divinidad y en sí misma suficiente y feliz. El amor de sí mismo es un amor perfecto, suficiente (Moltmann, 2004).

La autosuficiencia de Dios es estable, perfecta y bellamente se muestra en el amor desinteresado de la decisión de crear a otro distinto de él. Eso solo puede ser el resultado de un Dios trino autosatisfecho, sin egoísmo, que se goza de su creación y desea por su buena voluntad que ella se goce también. Es claro que Dios es infinitamente feliz en su relación intratrinitaria: "Las tres divinas personas se aman mutuamente con amor completamente desinteresado, en virtud de su amor, el Padre está enteramente en el Hijo y el Hijo está enteramente en el Padre y el Espíritu Santo está enteramente en el Padre y en el Hijo mediante su entrega recíproca constituyen juntos la vida perfecta que se comunica a sí misma por medio de la entrega" (Moltmann, 2004).

7.3 La glorificación de Dios y la glorificación de los creyentes

Para Moltmann, la gloria perfecta de Dios y la glorificación de los creyentes en la nueva Jerusalén tiene su trasfondo en la misma creación. Si la gloria de Dios es autosuficiente, si su autoglorificación es parte de su esencia, parte de esa gloria es su voluntad en relacionarse con los hombres de su pueblo de manera íntima. Eso es parte de la respuesta a la pregunta ¿Por qué Dios siendo "el totalmente otro" creó la tierra, el cielo, los seres vivos y al hombre? La respuesta ampliada es: porque él quiso hacerlo, es su voluntad, es su soberanía. Eso sí, crear al hombre a su imagen y semejanza es algo único en cuanto que no creó al universo, el cielo, la tierra, los animales, las plantas, las aves, a su imagen; solo el hombre fue creado a su imagen legalmente en sentido espiritual. Por eso, no es de extrañar que haya realizado un pacto con el hombre, pero, aun así, es justo preguntarse ¿El único Dios todo poderoso autosuficiente en su gloria, realiza un pacto con su criatura finita? ¡Sí! Y ¿un pacto incondicional? ¡Sí! Eso es asombroso, irracional a la mente humana. El pacto de Dios con Abraham es el ejemplo maravilloso de que Dios con toda su gloria suficiente, decide realizarlo con el hombre pecador, frágil, finito, desconocido en la tierra, llamado Abram. Y algo más: lo convierte en socio de su pacto, su amigo. Esa es la gloria del Dios altísimo, que se autorevela y comparte con su pueblo. Dios es perfecto y completo en su gloria, no necesita del hombre para tener más gloria, es por su amor, bondad y libre decisión que lo hace. La creación del hombre, el perdón, la restauración, la redención y la promesa de la glorificación es algo ultraextraordinario de parte del Señor. Es el resultado de su gran amor.

Es interesante y puntual lo que Moltmann afirma respecto del origen de esa decisión de la iniciativa de Dios de convivir con su pueblo: "La creación, la reconciliación y la redención proceden de la libre voluntad no de la esencia eterna de Dios y, sin embargo, no son arbitrariedades divinas, porque Dios quiere y hace lo que le agrada, y lo que constituye su beneplácito es aquello que Dios quiere. Él está en consonancia con su propia ciencia. Dios es fiel, él no puede negarse a sí mismo, así que no es por la necesidad interna, sino por su amor. Dios sale de sí mismo y quiere la existencia de un ser distinto no divino que esté en consonancia con su gozo divino mediante el gozo de esos seres en su existencia" (Moltmann, 2004).

Después de que Dios hizo la creación se quedó comprometido en amor de tal manera, que no puede desentenderse de ella porque es su proyecto de amor y ese proyecto no puede fallar, porque si fallara estarían en juego su gloria, honor y majestad. Y Dios quedará realizado solo hasta que se haya consumado la nueva creación, se haya unido eternamente con ella y su Iglesia.

Moltmann insiste en que es la soberanía de Dios, su amor y su autosuficiencia las que hacen posible que se arriesgue en un proyecto de libertad con un ser creado diferente de él: "Si Dios crea algo que no es igual que él, sino distinto de él mismo y no obstante le corresponde plena y enteramente a él, entonces Dios sale de sí mismo y se expresa en eso que no es otra cosa que él mismo. A ese otro le comunica existencia, vida, conciencia y hace que el mundo de ese otro sea parte de su existencia, vida y conciencia, en consecuencia, la historia de su pueblo de la salvación de la creación se convierte en el propio transcurso de su ser" (Moltmann, 2004).

Lo que expresa Moltmann, no debe conducir a un panteísmo, porque el Dios trino infinito divino, siempre será diferenciado de su pueblo humano finito, pero se complementan en la realización plena de parte de su pueblo y por su propia parte del Dios glorioso y creador. Hay que recordar que ya la divinidad tomó forma humana en la encarnación de Dios y que el Cristo resucitado posee un cuerpo glorificado eterno. Así, los creyentes con un cuerpo glorificado participamos de la naturaleza divina y el Señor encuentra alegría, realización plena en esa unión y comunión eternas. Mientras tanto, el Dios autosuficiente en gloria espera que llegue ese instante.

Por nuestra parte, los cristianos esperamos ese instante escatológico que da paso a la eternidad, puesto que Dios nos ha reconciliado con él por medio de Cristo y también la creación que gime esperando la manifestación gloriosa de los hijos de Dios; es el Dios en camino a la consumación de su propia gloria, hacia la nueva creación de todas las cosas.

7.4 La plenitud de la gloria de Dios y gozo eterno

La plenitud de Dios descrita y anhelada, se refleja en varios pasajes bíblicos:

Ef. 3:19: "Y de conocer el amor de Cristo que sobrepasa el conocimiento, para que sean llenos hasta la medida de toda la plenitud de Dios".

La palabra griega *pleroma* traducida por plenitud, significa "algo que está lleno", en Ef. 3:19: "Dios en la integridad de su ser" (Vine, 1989).

Col. 2:9: "Porque toda la plenitud de la Deidad reside corporalmente en Él".

Jn. 1:16: "Pues de su plenitud todos hemos recibido, y gracia sobre gracia".

Si la integridad de Dios reside en Cristo, entonces nosotros los cristianos hemos recibido un anticipo de la plenitud de Dios a través de Cristo según Jn. 1:16. Estamos saturados de gozo, de gracia y de vida, por tanto, nos gloriamos en el Señor, celebramos, damos gracias, alabamos, cantamos al Dios y Padre en Cristo por el Espíritu Santo. Estas acciones resultantes de la comunión con Dios aquí en la tierra son un eco débil de lo que será en la nueva Jerusalén.

La plenitud de Dios es la superabundante plenitud de la vida divina, la vida *Zoé*.[6] Es una vida que se comunica así misma de manera libre, bella, creativa; una vida que fluye de manera que es capaz de dar vida a los muertos espirituales y a los muertos físicamente. Es una vida que nutre, vitaliza, que reboza de gozo inagotable y produce un resultado de acción de gracias, con deleite, júbilo, en todos aquellos que hemos visto su gloria y que hemos bebido de la fuente de agua de vida.

La plenitud de Dios es su pueblo y toda la nueva creación. Esta resplandece con una luz divina que irradia todo el universo. La gloria de Dios se manifiesta en la pródiga comunicación de su plenitud de vida y reside en el día eterno de la resurrección. La gloria de Dios es la fiesta del eterno gozo, es el mensaje constante en pasajes de los evangelios y en las parábolas del reino que describen el encuentro del esposo con las vírgenes, con una fiesta de bodas, el banquete espléndido.

La plenitud de la gloria de Dios se describe como celebración y júbilo. Y la consumación del eterno gozo y el *pleroma* de Dios escatológico se muestra en la imagen de las bodas del Cordero en conectividad con la Jerusalén celestial como lo describe bellamente Juan en Ap. 21:2: "Vi además la ciudad santa, la nueva Jerusalén, que bajaba del cielo, procedente de Dios, preparada como una novia hermosamente vestida para su prometido".

El deleite de la plenitud de vida en la que su pueblo recibe gracia sobre gracia, se percibe con alegría. La Iglesia vive una vida festiva en medio del sufrimiento de la vida con la esperanza de participar en el

---

[6] La vida que no perece, la vida de Dios, la vida eterna, la vida llena de gozo.

banquete y la fiesta escatológicos del gozo eterno, que acontece en el instante escatológico, "en un abrir y cerrar de ojos", con la segunda venida de Cristo y la resurrección de los muertos. Allí se consumará en los nuevos cielos y nueva tierra, en la nueva Jerusalén con el Dios trino toda la creación y su pueblo, entonarán cánticos de alabanza y adorarán al Dios trino, al tres veces santo. Así, la nueva creación y el nuevo pueblo de Dios participarán en la fiesta del eterno disfrute en la plenitud de la gloria de Dios.

CAPÍTULO 8

La escatología, inseparable de la misión de la Iglesia

8.1 La escatología precede a la misión

Una misión de la Iglesia desprovista de la orientación escatológica degenera en un discurso sin futuro, sin esperanza, sin una ética coherente en la vida diaria. La enseñanza del futuro desconectada de la misión de la Iglesia, resbala en la especulación, en el sensacionalismo e incluso, en la ficción. Pero el equilibro entre la escatología y la misión, conforma un mensaje y una esperanza sanos, que son productivos en todas las áreas de la misión de la Iglesia y de la escatología. No quiero repetir el error de escribir sobre escatología y perder de vista la misión de la Iglesia. Ambas se nutren recíprocamente, pero es la escatología la que precede a la misión; es por eso que, los primeros discípulos, pertenecientes a la Iglesia primitiva, se lanzaron a la arena de la misión por la fuerza del anticipo escatológico de la resurrección de Cristo. Se entiende, además, que, el anuncio de su retorno, la inauguración de la nueva era, y la vida eterna en el cielo, fueron el secreto de su fuerza y de su actuar.

El mensaje que predica la Iglesia, con los apóstoles a la cabeza, es un mensaje escatológico: "Pero ustedes negaron al Santo y Justo, y pidieron que se les entregara un homicida. Fue así como mataron al autor de la vida, a quien Dios resucitó de los muertos. De eso nosotros somos testigos" (Hch. 3:14-15). La iglesia tenía presente que Cristo regresaría por segunda vez: "Mientras miraban al cielo y veían cómo él se alejaba, dos varones vestidos de blanco se pusieron junto a ellos y les dijeron: Varones galileos, ¿por qué están mirando al cielo? Este mismo Jesús, que ustedes han visto irse al cielo, vendrá de la misma manera que lo vieron desaparecer" (Hch. 1:10-11), "Porque nuestra ciudadanía está en los cielos, de donde también ansiosamente esperamos a un Salvador, el Señor Jesucristo" (Fil. 3:20).

Los apóstoles de Jesús y los discípulos sabían de la exaltación del Señor Jesucristo: "Jesús fue llevado al cielo y ahora está a la derecha de Dios. El Padre, según su promesa, le dio el Espíritu Santo. Jesús lo ha derramado sobre nosotros; eso es lo que ustedes ven y oyen ahora" (Hch. 2:33). Pero no se hubieran atrevido a predicar, si Cristo no hubiese resucitado. Tampoco hubieran realizado la misión solo porque escucharon las enseñanzas de Jesús y vieron los milagros que él realizó. La predicación, la evangelización, el testimonio, la enseñanza y el discipulado de la Iglesia del principio fueron el resultado directo del encuentro con el Cristo resucitado. Ese maravilloso anticipo escatológico era la potencia de la misión de la Iglesia. No fueron suficientes por sí mismos, la enseñanza, los mandamientos y los milagros realizados por Jesús de Nazaret para que los discípulos fueran y cumplieran la tarea encomendada.

La narración bíblica resalta que los discípulos huyeron ante el arresto de Jesús. El miedo les cubrió como un manto y se escondieron creyendo que todo había terminado con la crucifixión de su maestro y Señor; Pedro el apóstol, regresó a su antiguo oficio de pescador.

8.2 La conciencia escatológica de la Iglesia del principio

Las distintas apariciones de Jesús el Cristo resucitado produjeron una transformación asombrosa. Los apóstoles ya no tenían miedo a la persecución, tortura, cárcel, ni a la muerte. Siguieron diligentemente la orden de Cristo de esperar el derramamiento del Espíritu Santo en el aposento alto, para que se cumpliera la predicción del profeta Joel y fueran llenos de la fuerza del Espíritu. Cumplida la investidura de poder fueron a la tarea encomendada. Comenzaron en Jerusalén donde apedreaban y mataban a los profetas, la impregnaron del evangelio y el resultado fue sorprendente: multitudinarias conversiones acompañadas de milagros. De resultas, tres mil se convirtieron en la primera predicación de Pedro (Hch. 2:41), cinco mil en la segunda (Hch. 4:4). Los convertidos aumentaron, los apóstoles no se daban abasto predicando y sirviendo las mesas, por ello, llamaron a otros para que se sumaran al servicio, a los cuales les llamaron diáconos, es decir, los que hacen tareas humildes, polvorientas por amor a Jesucristo su Señor. La Iglesia creció y la misión avanzó, se extendió a Judea, luego a Samaria y finalmente hasta lo último de la tierra conocida en ese entonces. Pablo y sus compañeros de misión llevaron el evangelio a todas las naciones. Ellos afirmaron que los "últimos tiempos" habían comenzado, por tanto, el tiempo apremiaba, era imperioso llegar hasta "lo último de la tierra". Pero, otra vez, es el anticipo escatológico que despertó la conciencia de servicio y catapultó la misión.

Pannenberg, también valida la conciencia escatológica en la misión de la iglesia en el llamado a la apostolicidad como uno de los fundamentos de la Iglesia, escribe: "La conciencia escatológica del cristianismo primitivo, que vive ya el fin de los tiempos, debería mantenerse en la comprensión del ministerio del apóstol y del concepto de "apostolicidad". Agrega que la Iglesia se llama apostólica no solo porque ha sido fundada de una vez por todas en el mensaje de los apóstoles, sino también porque participa del Espíritu y de la misión de los apóstoles. De aquí que los motivos rectores del apostolado primitivo hayan de encontrar su prolongación en la misma apostolicidad de la Iglesia" (Pannenberg, 1969).

Por lo explicado, creo que es suficiente para afirmar que la misión de la Iglesia del principio está entretejida, sostenida e impulsada por la escatología. Es el futuro glorioso que espera a los que se convierten a Cristo, lo que impulsa a los que ya conocen al Cristo resucitado y esa poderosa esperanza es la que mueve a la Iglesia para que cumpla con la misión a cabalidad.

8.3 La escatología equilibrada impulsa una misión equilibrada

Roldán expone que una Iglesia que predica el evangelio del reino de Dios consciente de la realidad escatológica, conecta con la venida del fin y con el que ha de venir, sin perder de vista el aquí y ahora: "Si la escatología es lo que marca la teología cristiana desde sus comienzos apostólicos, no debe sorprender entonces que la misión de la Iglesia deba inspirarse en la parusía de Cristo, así como nos reunimos en la cena del Señor para proclamar su muerte hasta que él venga, 1Co. 11:26 y así como concebimos la vida cristiana como un estar alertas porque somos hijos de luz, y nuestra salvación final está más cerca de concreción que cuando creímos (Ro. 13:11, 1Ts. 5:9-11) (Roldán, 2002).

Pienso que una correcta perspectiva escatológica de la Iglesia es la que mira hacia atrás, al punto que condensa la obra de salvación: la muerte de Cristo en la cruz y su resurrección, pero también mira hacia adelante, expandiéndose hacia el futuro, a la consumación de plenitud de la salvación: la segunda venida de Cristo. Entre la una y la otra, en "el mientras tanto", la iglesia realiza la misión.

La escatología comprendida correctamente produce una misión equilibrada de la Iglesia. No se fuga del mundo en un trascendentalismo vertical predicando una futurología que rueda en el sensacionalismo y el fatalismo, de tal modo que se olvida del aquí y ahora, del "mientras tanto".[1] Aprovecha el aquí y el ahora en las acciones coherentes en la Iglesia, la familia, la comunidad, la sociedad, la nación. Ello es el resultado de la convicción que en el día del juicio se pondrá todo en claro. Tampoco la misión se queda anclada con los asuntos de este mundo tratando de cambiar todos los aspectos políticos, sociales y económicos, perdiendo pie en el secularismo religioso, en sociologismos, politiqueismos, moralismos, que no le corresponden.

La misión de la Iglesia en correlación con el mensaje escatológico equilibrado, sabe que vive en el "ya pero todavía no", en el "mientras tanto", va en camino todavía en el contexto de la vieja creación y sigue caminando hacia el destino de la nueva creación. Los cristianos sabemos que ya somos nuevas creaturas aquí en la tierra, pero esa novedad no llega a la plenitud aún. En la misión, somos los carteros que llevamos el mensaje recorriendo el camino de la peregrinación hacia la meta que el Señor nos trazó. Recordamos el pasado donde ocurrió nuestra liberación en la muerte y resurrección de Cristo, pero no quedamos absortos en el pasado. Somos conscientes de nuestra tarea del presente, yendo hacia el futuro de la reconciliación plena de la creación, de la Iglesia, con el Dios eterno, soberano y glorioso, con quien nos encontraremos en la nueva Jerusalén y celebraremos la fiesta eterna.

8.4 La escatología y la misión integrativa de la Iglesia

Definición de misión integrativa:

"Misión integrativa es aquella que responde desde el evangelio, la Escritura, el Cristo crucificado y resucitado de modo apropiado y

---

[1] Frase que acuño con tinte escatológico en el sentido del peregrinaje de nuestra vida en el presente, entre el "ya pero todavía no", con la mirada en la esperanza cristiana. Mientras llega la gloria y la vida eterna consumadas, realizamos la misión y vivimos de acuerdo a las instrucciones de la Palabra de Dios, en medio de las pruebas y el sufrimiento.

eficaz a las necesidades espirituales, afectivas, sociales, epistemológicas, económicas, de los seres humanos; dentro del contexto histórico y cultural que le toca vivir" (Gálvez, 2021). Esta resulta de usar el método integrativo que propongo en otro escrito.[2]

La necesidad primaria que satisface la misión integrativa es la espiritual

A mi juicio es la más importante. Mt. 16:26 afirma: "De nada vale tener todo el mundo y perder la vida. Nadie puede pagar lo suficiente para recuperar su vida". Jesús pronunció estas palabras en el contexto espiritual: ¿de qué sirve al hombre tener todo el dinero, la salud física, bienestar social, político, fama y todo lo demás que ofrece el mundo temporal, si finalmente pierde su vida? de nada. A la sazón, la salvación en Cristo es lo más valioso que el ser humano puede recibir. Lo demás es añadidura. Aun la misión de la Iglesia inicia hasta que recibe la investidura de poder espiritual en el aposento alto. Lo espiritual es de orden primario, pero no es pretexto para rodar en el espiritualismo futurista, porque arrastra a la apatía de la vida bella terrenal que Dios planeó. Dios se tomó el tiempo para diseñar y crear el planeta tierra para que el hombre lo habitara, lo gobernara y se sirviera de él para que fuera feliz, en comunión con su Dios. Por ello, aquí en la tierra durante el "mientras tanto", la vida de la Iglesia y de los cristianos debe vivirse de manera activa: trabajar,

---

[2] Expongo una propuesta metodológica integrativa en mi libro *Para Entender la Teología*, pp. 82-88, CLIE, Barcelona, 2015, sus 4 grandes pilares son: *a) Al encuentro con Dios:* condiciones previas, iniciativa divina y respuesta de fe. *b) Conocimiento revelado no normativo*: revelación en misterio, método paradójico, Cristo crucificado. *c) Conocimiento investigado:* diálogo bíblico, método inductivo; diálogo teológico, método deductivo, dialéctico de opuestos y teológico; diálogo cultura y sociedad, método analítico, y mediación hermenéutica; diálogo y comunicación, método comunicativo. *d) Conocimiento Proyectado*, situación vital e impacto social, método vivencial: a. Compromiso: proclamación, evangelización, enseñanza-discipulado. b. Testimonio: integridad ante Dios, ante sí mismo, ante la Iglesia, ante el mundo. c. Servicio: a la Iglesia local y a la comunidad de acuerdo a los dones recibidos. d. Amor: consideración, valoración, justicia y respeto al prójimo. e. Misericordia: ayuda social a los pobres, a los huérfanos, a las viudas, y los necesitados en general.

amar, servir, hacer justicia y misericordia, llevar a cabo la misión. Es verdad que el anuncio de que Cristo vendrá otra vez es real, es una instrucción, una esperanza gloriosa y una solemne advertencia; pero no esperemos cautivados en el más allá, vivamos rectamente en el más acá, llevando a todos lados la esperanza cristiana.

La misión integrativa suple las necesidades afectivas

Muchos seres humanos son marginados ya sea por su raza, posición social, origen, pobreza, errores, pecados o equivocaciones. La misión del evangelio no es solo salvar "almas", es suplir la necesidad de pertenencia a una comunidad solidaria, donde recibe aceptación sin importar su pasado y sus fracasos. Hoy más que nunca el mundo necesita consuelo, solidaridad, aceptación y escuchar una escatología de la auténtica esperanza cristiana en medio de pandemias y guerras. Necesita recibir respuestas de fe ante la destrucción de la economía mundial y los grandes desafíos de los proyectos políticos, sistemas sanitarios y muerte de millones de seres humanos. A todo esto, la respuesta precisa de la escatología bíblica es ¡La esperanza! sí, otra vez ¡la esperanza! que tiene nombre propio: "Cristo en ustedes es la esperanza de gloria"; el Cristo crucificado que resucitó anticipándonos la victoria definitiva sobre la muerte y la esperanza de que Él hará nuevas todas las cosas en su segunda venida. Y la Iglesia es la portadora de ese mensaje y de ese apoyo afectivo. El que se siente atendido y amado incondicionalmente por la comunidad, es confortado y animado a integrarse. Y eso se traduce en bienestar emocional, lo que a su vez influye en su familia, en la sociedad. Su vida tiene sentido "mientras tanto" llega al cielo.

La misión integrativa configura lo social

El que cree en Jesucristo y recibe el poder transformador del evangelio influye directa o indirectamente en lo social. Se convierte en un mejor hijo, esposo, padre, trabajador, empresario y ciudadano. Cuando Jesús sanó al endemoniado gadareno, lo mandó a que fuera a contar a su familia, a los de su pueblo, a la sociedad, la transformación que experimentó. Este testimonio fue tan poderoso que impactó a los de su pueblo. Un caso parecido es el de la conversión de la samaritana y la transformación de miles de samaritanos que creyeron en Jesús por el testimonio y el anuncio de ella. El modo de vivir diferente es un facilitador para que otros cambien.

En esa dirección, la Iglesia con su misión integrativa se convierte en un actor social potente que toca las estructuras de la sociedad, de la nación y hasta de imperios. Por su identidad propia, su mensaje singular poderoso y por sus valores superiores a los del mundo pagano, llega hasta los cimientos y desmorona lo que ya está viejo. Un ejemplo concreto atestiguado por la historia universal, judía y cristiana es la conquista espiritual del Imperio romano por el cristianismo en solo tres siglos. La Iglesia sin usar una sola arma humana conquistó y transformó todas las naciones de dicho Imperio. De resultas, aconteció una transformación social sin precedentes. Esto se repitió a lo largo de la historia, solo que más visible en algunas épocas y regiones geográficas que otras. Es innegable la transformación espiritual, afectiva, social y económica de la mayor parte de la Europa Occidental después de la Reforma Protestante de la Iglesia. Luego llegó a las Américas causando grandes impactos y transformaciones en lo social (Gálvez, Historia de la Iglesia, 2017).

La misión integrativa de la Iglesia lleva conocimiento

Donde llega la misión de la Iglesia llega el conocimiento espiritual e intelectual. Intelectual porque el teólogo, pastor maestro o creyente que estudian formalmente la escatología utilizan las Ciencias Bíblicas, la Historia, la Arqueología bíblica y otras, para interpretar correctamente el contenido del mensaje de la Biblia, con el fin de que estos instruyan a otros. La historia registra que donde llegó el evangelio impulsó la educación, la alfabetización, las ciencias, las artes, la industria, el mejoramiento de la agricultura, el desarrollo de las lenguas e idiomas, fundación de escuelas, institutos, academias y universidades a partir de la Reforma Protestante (Gálvez, Art. Repercusión de la Reforma, 2020). La misión de la Iglesia debe

retomar esa perspectiva de ser un actor social y epistemológico ale-
jándose del evangelio especulativo. Muchos son los perjuicios que
han sufrido creyentes e incrédulos al recibir mensajes apocalípticos
que anuncian terror, fatalismo, tragedia, juicios inmisericordes, el fin
catastrófico del mundo, el anticristo y su dominio mundial, en lugar
de recibir el mensaje de la esperanza cristiana.

El conocimiento escatológico académico correctamente interpretado y comunicado lleva esperanza a la sociedad que vive atemoriza-
da por la destrucción y el fin del mundo, creyendo en la aniquilación
total. El conocimiento escatológico lleva consuelo porque anuncia
que hay oportunidad todavía, que hay manera de escapar de las realidades últimas dolorosas. Trae calma porque clarifica el mensaje a los
que escuchan explicando que la Escritura utiliza figuras, metáforas,
analogías, imágenes que enseñan verdades espirituales maravillosa
reales, tales como "el agua de vida, el árbol de la vida, la ciudad jardín,
la nueva Jerusalén" en la que ya no habrá muerte, llanto, dolor, triste-
za, angustia, sufrimiento, sino vida, luz, paz, gozo y libertad eternas.

Ese conocimiento en la escatología hace fuerza para que se tenga
la certeza de que las creencias populares apocalípticas atemorizantes
deben ceder lugar a las doctrinas centrales de la escatología cristiana.
Y destacar, además, la esperanza cristiana que apunta a la manifestación gloriosa de los hijos de Dios, a la revelación de Jesucristo en su
gloriosa segunda venida, al mensaje de que la verdadera vida está por
venir, que todo lo viejo pasará y vendrá la nueva creación de todas
las cosas en la vida eterna con la glorificación plena de nuestro Dios
trino. Ese conocimiento capacita para ver que es imprescindible reafirmar que el fin de todas las cosas es el comienzo de todo, donde
Dios en Cristo será todo en todos.

La misión integrativa de la Iglesia conlleva bienestar económico

Una misión integrativa busca una teología equilibrada de bienestar
que incluye el área económica, sin desviarse por el camino de "pseu-
doteología de la prosperidad" o del "ascetismo" que resalta el voto
de pobreza. Busca el camino del contentamiento, del trabajo digno,

de la buena administración, de la siembra de la cosecha. Sabe que el Dios y Padre de Jesucristo le dará la comida, el vestido y el techo: "Por eso les digo: No se preocupen por su vida, qué comerán o beberán; ni por su cuerpo, cómo se vestirán. ¿No tiene la vida más valor que la comida, y el cuerpo más que la ropa? [26] Fíjense en las aves del cielo: No siembran ni cosechan ni almacenan en graneros; sin embargo, el Padre celestial las alimenta. ¿No valen ustedes mucho más que ellas? [27] ¿Quién de ustedes, por mucho que se preocupe, puede añadir una sola hora al curso de su vida? [28] ¿Y por qué se preocupan por la ropa? Observen cómo crecen los lirios del campo. No trabajan ni hilan; [29] sin embargo, les digo que ni siquiera Salomón, con todo su esplendor, se vestía como uno de ellos. [30] Si así viste Dios a la hierba que hoy está en el campo y mañana es arrojada al horno, ¿no hará mucho más por ustedes, gente de poca fe? [31] Así que no se preocupen diciendo: "¿Qué comeremos?" o "¿Qué beberemos?" o "¿Con qué nos vestiremos?". [32] Los paganos andan tras todas estas cosas, pero el Padre celestial sabe que ustedes las necesitan. [33] más bien, busquen primeramente el reino de Dios y su justicia, y todas estas cosas les serán añadidas" (Mt. 6:25-33).

El cristiano sabe por experiencia propia, que solo por el hecho de su conversión, trae cambios financieros a su vida. Se vuelve un hombre responsable en su trabajo, ya no gasta su dinero en juergas, ni en lo superficial y por eso prospera. Descubre el deber y la alegría de ser generoso con el necesitado.

Sabe que no hay contradicción entre la fe y la abundancia. La Escritura dice que: "Abraham era riquísimo en ganado, plata y en oro" (Gn. 13:2), y lo describe también como el padre de la fe. Así que no estoy en contra de la prosperidad equilibrada e integral en todas las áreas: espiritual, económica, familiar, ministerial, comunitaria, social y otras, sino a favor de entender que no hay que poner corazón y amor al dinero que es la raíz de todos los males. Los creyentes saben que todo eso viene por recompensa y por añadidura al seguir el camino de las leyes, principios y verdades de la vida, la obra y las enseñanzas de Jesús el Cristo, que encarna el verdadero triunfo.

La misión de la Iglesia se ocupa de enseñar y apoyar el bienestar financiero del individuo, el matrimonio, la familia, la comunidad y la nación, sin distanciarse de la esperanza cristiana de la resurrección de los muertos y la vida eterna. Porque la Iglesia está sabida que los que creen en Jesús irán al cielo, pero "mientras tanto no puede dejar morir al necesitado".

8.5 La escatología inseparable de la misión de la Iglesia

La base de este principio se registra en los siguientes pasajes:

Mt. 24:14: "Y este evangelio del reino se predicará en todo el mundo como testimonio a todas las naciones, y entonces vendrá el fin".

Mt. 28:19-20: "Por tanto, vayan y hagan discípulos en todas las naciones, y bautícenlos en el nombre del Padre, y del Hijo, y del Espíritu Santo. Enséñenles a cumplir todas las cosas que les he mandado. Y yo estaré con ustedes todos los días, hasta el fin del mundo. Amén".

Estos dos textos concentran el contenido de la gran comisión que Cristo dio a la Iglesia. En ellos se perfila la fuerza escatológica que sirve de plataforma al mensaje de esperanza que la Iglesia es llamada a proclamar. Se conjugan dos conceptos: el tiempo y el espacio. El primero apunta al final de la historia, hacia el futuro: "… Entonces vendrá el fin", "… hasta el fin del mundo". El segundo se circunscribe al espacio: "… Se predicará en todo el mundo", "… A todas las naciones…", "al mundo habitado". Se correlacionan de tal manera que el uno no debe darse sin el otro. Porque la predicación y la enseñanza que opacan el sentido de la esperanza escatológica se vuelven un discurso moralista, de entretención o de sensacionalismo, dejan de ser un mensaje de la palabra de Dios. Si la misión de la Iglesia se decanta sobre las creencias apocalípticas y mal interpretadas para complicarle la vida al oyente, pierde pie y cae en la especulación aterradora y se diluye la esencia de su mensaje. Otra desviación recurrente es la de enfocarse únicamente en el estudio de las doctrinas escatológicas apocalípticas lejos de la vivencia eclesial y de la misión. En este caso se pierde interés en la misión de la Iglesia[3] y se queda en el puro ejercicio racional. Stam asevera que: "existen muchos libros de escatología que estudian los diversos temas del futuro, pero generalmente no lo incorporan al conjunto del sentido de la fe y casi nunca con la misión de la Iglesia. Recíprocamente, los libros de misionología hacen poca referencia a la escatología... puesto que la misión es inseparable de la dimensión escatológica de la fe, toda desviación en cuanto al fin del tiempo distorsiona inevitablemente nuestro enfoque misionológico" (Stam, 1999).

8.6 La esperanza escatológica, la ética y la misión de la Iglesia

Uno de los pasajes que concentran la esperanza escatológica, la ética y la misión de la Iglesia de manera sorprendente es 1Pe. 3:8-17. En todos estos versículos se marcan los aspectos éticos: el no devolver mal por mal, no maldecir cuando nos maldicen. Se incluye practicar la justicia, el retirarnos del mal, hacer el bien, porque el Señor está en contra de los que viven el mal. Así nuestra conciencia limpia fortalecerá el testimonio de nuestra esperanza y tapará la boca de los escarnecedores. En el versículo 15 ordena que los cristianos santifiquen a Cristo como Señor y que se preparen para demostrar con razones la

---

[3] La misión de la Iglesia en el Nuevo Testamento viene del verbo *apostello*, se relaciona con las instrucciones específicas dadas por Jesús a la Iglesia y constituyen en esencia su misión. Esta misión se convierte en obra en las siguientes acciones: a) el *kerigma* o la proclamación del evangelio del reino de Dios; b) el *Matheteuo* o el discipular; c) la *Terapeia* o sanar toda enfermedad y dolencia; d) *Daimonía exérchomai* que significa echar fuera demonios; e) la *Didaskalía* o el enseñar; f) la *Martiría* o dar testimonio; g) la *Diakonía* que se refiere al ministerio, servicio, contribución, ayuda, asistencia y; h) la evangelización viene de la palabra *euvangelizesthai*. Todas estas acciones misionológicas deben estar engarzadas por el amor a Dios y al prójimo para que no degeneren en activismo puro (Gálvez, *Autocritica*, 2018).

esperanza cristiana de buena manera y con respeto: "sino santifiquen a Cristo como Señor en sus corazones, estando siempre preparados para presentar defensa ante todo el que les demande razón de la esperanza que hay en ustedes. Pero háganlo con mansedumbre y reverencia" (1Pe. 3:15). Aquí se habla de una estrategia para alcanzar a los no convertidos. Comienza con nuestra condición espiritual, honrando al Señor en lo íntimo de nuestro ser, en nuestro corazón. Luego viviendo con los principios del evangelio y preparándonos para dar razón de lo que creemos, pero concretamente de la esperanza cristiana: "Específicamente, los cristianos deben comprender a fondo la lógica de las expectativas escatológicas que son nuestra esperanza. Esto presupone que los grandes acontecimientos futuros que la Biblia anuncia, no son meros acontecimientos espectaculares ni ocurrencias exóticas y extrañas a la lógica del proceso histórico, al contrario, son la más profunda revelación del sentido de la historia y la coherencia de la salvación" (Stam, 1999).

La escatología bíblica es en esencia el evangelio llevado a su última expresión. La exhortación de Pedro admite que los acontecimientos esperados tienen sentido como para estar bien preparados para explicar la fe cristiana a todo el que se interese o pregunte.

Moltmann tiene la certeza de que la escatología no es para que discurramos solamente sobre los eventos del final de la historia y la gloria futura plena, sino para que se catapulte la predicación y la evangelización, en un contexto de ética y justicia. Por ello, los cristianos somos llamados a ser hacedores de justicia y del bien porque "Solo la justica crea futuro" afirma Moltmann y, precisamente, uno de los puntos que aborda es la justicia desde la perspectiva del Sermón del Monte. Asevera que hoy resulta oportuna esa enseñanza porque es el arma más potente para la liberación de la fuerza y la superación de la hostilidad, especialmente por la tensión mundial, la crisis política, las guerras, la escalada nuclear. El secreto del poder de esa enseñanza de la montaña, es que devela la sabiduría de "cómo la paz triunfa sobre la violencia, aboliendo el mal y la ley del talión que permite devolver mal por mal. La actitud no violenta y el devolver bien por mal son los signos distintivos del evangelio. Solo la justicia, que consiste en amar de modo creativo, trae al mundo una paz duradera" (Moltmann, La Justicia Crea Futuro, 1989). He aquí el modo de que la misión sea efectiva: dando ejemplo de una vida cristiana auténtica.

8.7 El impacto social de la escatología, la misión y la ética

La Escritura muestra que la Iglesia es el grupo de los creyentes que por el Espíritu Santo se unen a Jesucristo y se gozan de una particular pertenencia a Él. Su lugar está en el mundo, para cumplir la misión de ser "sal", "luz", "carta abierta", "mensajera" y "embajadora" de su rey y Señor. Por tanto, la Iglesia nace con el propósito de vivir y anunciar la esperanza cristiana para la transformación de los seres humanos, sus familias y sus naciones. Aunque esta se rige por las leyes y principios del reino de Dios, también deben concretarse en las distintas esferas del mundo: la familia, el gobierno civil, la educación, la economía, los medios de comunicación, las artes, espectáculos y deportes, para configurarlos y transformarlos.

La Iglesia verdadera desde su fundación es un pueblo, grupo o asamblea visible, real, localizable, identificable, tal y como lo señala el apóstol Pablo cuando se refiere a la Iglesia que está en Roma, Corinto, Galacia, Éfeso, Tesalónica. No es una "ciudad platónica" o algún reino imaginario en el que los cristianos están ligados de manera interior o invisible. En toda la Escritura no hay un solo versículo claro que hable de una "Iglesia invisible". Así que podemos hablar con toda propiedad de la Iglesia iberoamericana, la Iglesia latinoamericana, la Iglesia guatemalteca.

La misión primaria de la Iglesia es "id y predicad este evangelio a toda criatura", "... Id haced discípulos a todas las naciones", ello exige que esta sea necesariamente visible, junto con sus obras, su conducta y la responsabilidad social con la ayuda a las viudas, huérfanos, extranjeros y necesitados.

Esta grande y diversa tarea requiere de la Iglesia que tenga presencia en el mundo, pero no con palabras persuasivas de humana sabiduría, sino con una demostración de poder, con un buen testimonio y con una influencia positiva. Así, el desafío de la misión, la Iglesia debe mostrarse poderosa, impactante, desafiante, santa, unida, con un mensaje pertinente para el "aquí y ahora" y un mensaje escatológico de esperanza para el "más allá".

La Iglesia del libro de los Hechos, por ejemplo, es una Iglesia visible, no escondida, ni fugada del mundo. Comenzó con los doce apóstoles y luego se convirtió en una comunidad que provocó agitación visible y pública. Sacudió a todos con el mensaje de la cruz y el Cristo resucitado, acompañado de señales y milagros. Su testimonio de unidad y solidaridad no pasó desapercibido ante el Imperio romano, el gobierno local, los grupos religiosos, las ciudades, las aldeas, las familias y los individuos.

En la Iglesia del principio todos hallaban espacio: los pecadores, los hambrientos, las viudas, los huérfanos, los enfermos, los recaudadores de impuestos, los ricos y los pobres. Además, lo singular de su misión, su fundamento escatológico y su meta: la consumación del reino de Dios, son de talante único y el modelo a seguir.

Esas características son las que distinguen a la Iglesia de todos los demás grupos sociales. La Iglesia verdadera a lo largo de la historia ha permanecido firme a esos postulados. La Iglesia de hoy no puede ignorarlos y tampoco alterar su esencia. Aunque haya muchas iglesias y denominaciones con diferencias periféricas, todas con algunas debilidades y errores, el Señor de la Iglesia con la fuerza del Espíritu la guiará, la reorientará y la purificará.

Es necesario que la Iglesia persevere con el mensaje de la gloria y la vida eterna futuras consumadas, que repercute acá en la tierra. El evangelio debe continuar haciendo presencia en todas las clases sociales.

La vocación de la Iglesia no es política, social o económica, pero es necesario que cause un impacto en esas esferas. Muchos cristianos en Norteamérica y América Latina ocupan cargos de elección popular: ministros, diputados, alcaldes, gobernadores o jefes de dependencias del Estado. El asunto es que se comporten a la altura, testificando con palabras y hechos de la esperanza que poseen.

La misión de la Iglesia debe seguir incidiendo en la educación secular. Universidades, colegios e institutos trabajan con nombres cristianos y con una orientación cristiana, pero se espera que no sea de manera supuesta. Ese es el desafío. Sé que un porcentaje significativo de rectores, decanos, profesores y alumnos son cristianos en el contexto de América Latina y Norteamérica. Aunque la mayoría de la educación es legislada como laica, ello no impide que vivan como cristianos y que a nivel personal compartan su fe.

En el ámbito cívico es pertinente que la Iglesia siga con el cambio de actitud que ha ocurrido en los últimos años, donde participa ejerciendo el voto para los cargos de elección popular, sin ser partidista.

Para que la Iglesia sea un instrumento de una verdadera transformación social, sin perder de vista la razón de su esperanza cristiana; necesita mantenerse fiel a la misión definida claramente en las Escrituras. No debe desviarse de la meta, la esperanza de la resurrección de los muertos y de la vida eterna. Tiene que demostrar la santidad disposicional que se deriva de la santidad forense, que tiene en Cristo Jesús; sin dejar de fomentar y practicar la responsabilidad social con la ayuda a los desamparados, a los damnificados y a los marginados.

Es importante, además, que la iglesia permanezca en la ética cristiana que, sin duda, es superior a cualquier ética o código deontológico humano;[4] porque va más allá de lo que exige la ética secular. Por ejemplo, la ética secular dice, no hagas el mal, la ética cristiana dice no hagas el mal y agrega "haz el bien" incluso, al que te hace el mal. La ética cristiana no empieza por una reflexión, sino que empieza por un escuchar. Repiensa lo que Dios ha pensado antes para el hombre respecto de la conducta humana. Y esto se encuentra en la palabra de Dios. Dios hace algo especial por el hombre, pero luego el hombre es llamado para hacer algo de su parte. El llamamiento de la

---

[4] La Ética Cristiana es el conjunto de normas de conducta que se derivan de la revelación cristiana y de manera específica del ejemplo de forma de vida, carácter y conducta de Jesús de Nazaret, de los apóstoles y de la Iglesia del principio. Estas reglas y principios los registra el Nuevo Testamento. Ello resulta en una manifestación de vida piadosa que muestra al individuo, la sociedad, de los pueblos y del mundo, la singularidad de la vida y la ética cristiana.

ética cristiana es repetir lo que ha escuchado y visto de parte de Dios en sus preceptos, en las enseñanzas de Jesús y su conducta. Es hacer un llamado a los cristianos para que el comportamiento de ellos corresponda al comportamiento y a la acción de Dios en la historia, en la vida y obra de Jesús de Nazaret. Dios, el hijo, se hizo hombre en Jesús de Nazaret, habitó entre los hombres, para enseñarles a vivir y actuar en las diferentes circunstancias de la vida con superioridad ética (Gálvez, Teología de la Comunicación, 2001).

Cuando la escatología anuncia la segunda venida de Cristo, la resurrección de los muertos, el juicio final, la recompensa de los creyentes, la consumación del reino, la vida eterna para su pueblo y la condenación para los que rechazan el evangelio, es un llamado implícito a la integridad. Por esa esperanza, los cristianos nos purificamos interna y externamente. Si no creyéramos esa esperanza gloriosa, viviríamos la vida del mundo igual que los incrédulos. Nos concentraríamos en disfrutar los placeres de este mundo. Nuestro corazón y nuestra mente nos llevarían a pensar y a vivir únicamente en los asuntos de la tierra, porque todo se acabaría con la muerte. Si así fuera, entonces haríamos exactamente lo que dice Pablo: "Comamos y bebamos porque mañana moriremos". Pero sabemos que la verdadera vida está por venir, que nuestro hogar definitivo es el cielo y que todo lo que hagamos aquí en la tierra será evaluado por Jesucristo el Juez justo, entonces nuestra ética cristiana es la que rige nuestra vida. Sabemos que la Palabra de Dios y el Señor mismo, nos demandan vivir una vida diferente, sobria, hacedora del bien.

Con buenas razones bíblicas y teológicas Stam hace un llamado a los cristianos a que impriman su esperanza escatológica en las estructuras sociales del mundo. Lo cual significa configurar el terreno social, dejando de ser creyentes conservadores que piensan solo en los asuntos futuros del cielo. En esa dirección, cita a Metz: "El ser humano espera la justicia y la paz en cuanto procura su realización de manera anticipada. La ortodoxia de su fe debe acreditarse constantemente en la ortopraxis de su acción orientada escatológicamente". Para reforzar su argumento cita a Barth: "La esperanza vive en la realización del próximo paso", y a Kerstiens: "La esperanza cristiana es la fuerza propulsora de todas las esperanzas intramundanas, las penetra con todos sus esfuerzos y les da nueva vida con la confianza en la misericordia y en la omnipotencia de Dios cuando ellas han llegado al límite de su propia fuerza" (Stam, 1999).

8.8 El encargo de la misión escatológica

La tarea de la misión escatológica de la Iglesia la describo así:

Id y enseñad al mundo enfermo de muerte la promesa de que habrá cielos nuevos y tierra nueva, para el que cree en Cristo.

Id y anunciad que habrá un juicio universal para los incrédulos y una recompensa para los creyentes que amen a Dios y al prójimo con acciones concretas de ayuda y misericordia.

Id y recordad a toda la Iglesia peregrina que va en camino a la nueva Jerusalén, la ciudad celestial, su verdadero hogar, *mientras tanto* que siembre la semilla de la Palabra.

Id y recordad a todos que el sufrimiento, el dolor, el lloro, el miedo, la angustia, la desesperación, el hambre, la pobreza, la esclavitud, la enfermedad, la vejez y la muerte física, no tienen más la última palabra, pues todas estas cosas pasarán de una vez por todas.

Id y proclamad a todos la buena noticia que se acerca el tiempo en que se oirá la voz que dice: "Y el que está sentado en el trono dijo: He aquí, yo hago nuevas todas las cosas. Y añadió, escribe, porque estas palabras son fieles y verdaderas" (Ap. 21:5).

Id y anunciad a todos que llegará el nuevo tiempo en que la gloria de Dios iluminará el universo y Dios se autoglorificará con la unión de su pueblo en la nueva creación.

Id y promulgad a todos que todo será transformado en gozo, deleite, en la magnífica gloria de Dios, en el tabernáculo espiritual universal de la nueva Jerusalén, en comunión con su pueblo, los cielos nuevos y tierra nueva, dando alabanza y adoración al Dios trino en fiesta perpetua.

He condensado lo esencial de la misión de la escatología, y si usted observa querido lector, es precisamente centrarse en la enseñanza escatológica de la esperanza cristiana y no en la apocalíptica deformada que abunda. Es claro que hay que tratar con justa dimensión los pequeños y breves temas apocalípticos que se describen en Mt. 24, Lc. 21 y Mr. 13, y otros pasajes aislados en el libro de los Hechos, la 2ª carta de Pedro y el libro de Apocalipsis. No es misión de la escatología abundar en descifrar, descubrir e interpretar los acontecimientos apocalípticos catastróficos, con abundantes creencias basadas principalmente en un pasaje de Daniel, influenciados por las apocalípticas seculares y una errónea interpretación del Apocalipsis. Por el contrario, el mensaje central del libro de Apocalipsis es la manifestación gloriosa de Jesucristo y su victoria final sobre el mal.

Creo que también es parte del encargo de la misión escatológica revelar los propósitos eternos de Dios, conocer la profecía y explicarla; aclarar los eventos previos al fin y la consumación del reino de Cristo. Investigar el orden de los eventos previos y los que suceden durante la segunda venida del Señor y el desenlace, sustentándolo todo en la Escritura; comunicar la esperanza cristiana de la eternidad a los anhelos seculares humanos que buscan trascender a lo terrenal; para que descubran los seres humanos que hay respuesta a lo que por naturaleza el hombre teme: la muerte y la creencia de la aniquilación total. Y permanecer ajena al pensamiento de las futurologías y la idea del progresismo porque son una vana ilusión.

Según Lindhardt, parte de la misión de la escatología es desarrollar la enseñanza sobre los últimos tiempos conciliándola con el cumplimiento futuro de la profecía bíblica e interpretar la historia y la manera de relacionarse como sujeto en los acontecimientos de la actualidad (Lindhardt, 2018).[5]

Pannenberg pide de la escatología que aclare sin miedos y sin complejos, qué significa para nuestra vida humana la unión con Dios más allá de la muerte. (https://es.scribd.com/doc/102713479/Pannenberg-Wolfhart-Escatologia-Cristiana).

---

[5] Martin Lindhardt, *El fin se acerca. Historia y escatología en el pentecostalismo, "tradicional" chileno*, Vol. VIII/ nº 1/enero-junio 2014/pp. 242-261, Universidad de Copenhague 2018, p. 242.

Para Ruiz de la Peña, la escatología debe tener claro que la salvación corresponde al hombre, al mundo y su historia, que es su contexto, no debe despreciar la creación y la temporalidad en la que vive, en cuanto que son las que definen lo humano. Su misión es evitar que estas verdades sean rápidamente desplazadas por varios y similares desvíos idolátricos del futuro absoluto: el progreso, el reino de Dios en la tierra, el paraíso de la no contradicción. En ese sentido, la escatología también es antropología. La fe cristiana, en fin, se cree hacedora de la aleación de antropología y fe para dar una respuesta a los desafíos de los proyectos humanos del futuro, confiando a su vez que estos tomen en consideración sus respuestas a las eternas cuestiones del adónde y para qué del sentido último de la existencia humana y de la realidad en que se mueve y a la que pertenece (Ruiz de la Peña, 1996).

A mi juicio, la misión de la escatología se condensa en dar esperanza al hombre, a las naciones, a la vieja creación y al universo, basada en la muerte, la resurrección de Cristo y su segunda venida. Esa esperanza conduce a la espera gozosa de la nueva creación de todas las cosas y la consumación del reino de Dios en Cristo con su pueblo. Como Iglesia, como creyentes, conocedores de la escatología cristiana, llevamos sobre nosotros esa responsabilidad de comunicar las buenas noticias del futuro prometedor, confiados que se realizarán. Caminamos con justicia y libertad aquí en esta vida terrenal con la mirada puesta en la vida eterna, sabiendo que hay un *Bimá*[6] para los creyentes donde se recompensarán sus obras con justicia y plenitud. La escatología cristiana sabe que la salvación no termina en la liberación del pecado aquí, sino con la consumación del reino sin fin de Jesucristo.

La importancia de la misión de la escatología radica en que bien entendida impacta la manera de pensar y actuar. Con razón se dice convenientemente "¿Dime cuál es tu escatología? Y yo te diré cuál es tu conducta". La escatología cristiana debe buscar el equilibro. No ha de caer en los brazos de la hipnosis levitando en un escatologismo

---

[6] Es el tribunal de Cristo donde premiará a sus creyentes fieles.

espiritualista que ignore el compromiso ante la Iglesia, ante el mundo, ante la sociedad, ante el hombre doliente, pensando solo en el más allá, sin miramientos sobre la justicia y misericordia en el más acá. La fe tampoco debe andar por el camino resbaloso del antropologismo, ni el escatologismo espiritualista futurista, ni el antropologismo socialista presentista, porque estos extremos la apartan de la legítima esperanza cristiana que se manifiesta de manera paradójica en el "ya pero todavía no", en *el mientras tanto*, que es sinónimo de equilibrio entre inmanencia-trascendencia, presente-futuro, hasta la consumación del reino de Cristo.

8.9 La singularidad de la misión del Cristo resucitado, frente a las religiones

"El evangelio es poder de Dios para salvación al judío primeramente y también al griego", "la palabra de la cruz es poder de salvación al que cree", "pero ahora Cristo ha resucitado de entre los muertos". La resurrección de Cristo es el poder de la esperanza cristiana de que no todo acaba con la muerte y que tras esa muerte física del creyente acontece la verdadera vida, plena, perfecta y eterna. Esa verdad focal del cristianismo es la singularidad potente, real, que lo hace el único camino de salvación frente a las distintas opciones de otras religiones y de la teología de las religiones. La escatología, en unión a la misión, es llamada a proclamar la singularidad de esta salvación "hasta lo último de la tierra", llevando la palabra "a todas las naciones" y ello implica a todos los seguidores de las diversas religiones.

En el cristianismo del principio se sostiene la perspectiva del exclusivismo de Cristo en la salvación para toda la humanidad. El único Dios soberano creador decide revelarse salvíficamente única y plenamente en Jesucristo. Nada más. En el contexto del Nuevo Testamento los religiosos y los paganos de todas las naciones, tanto judíos como gentiles deben llegar a Dios por medio de Jesucristo.

En los evangelios se distingue sin perplejidades que la salvación de todos los pueblos acontece solo por Jesucristo. En ese sentido,

Mateo muestra que el evangelio está abierto a todas las naciones: unos magos del lejano oriente, extranjeros y paganos acuden a adorar al niño (Mt. 2). Al volver de Egipto, el niño Jesús y sus padres se instalan en la Galilea, nombrada un poco más adelante como la tierra de los gentiles. El evangelio de Lucas, escrito por un cristiano de origen pagano, se presenta sin inconvenientes a todos los pueblos. Juan Bautista había preparado el terreno, los paganos acudían a escucharle. La predicación se dirigía a todos. La urgencia de la conversión frente a la cólera de Dios se dejaba sentir para cada uno, sea cual fuere su situación socio-religiosa.

Para Jesús de Nazaret el reino de Dios y el banquete escatológico al final de los tiempos, estaba abierto a las naciones paganas: "Llegarán muchos de oriente y de occidente a ocupar un sitio en el banquete con Abraham, Isaac, y Jacob en el reino de los cielos" (Mt. 8:11). El proyecto de Jesús es de alcance universal en cuanto a tiempo y extensión de su objeto, pero singular. Se deja entrever que él no espera que se realice en una generación, ni dos, sino en cientos y él sabe que su cumplimiento pleno es escatológico. Su esperanza trasciende su propia muerte (Gálvez, Para entender la teología, 2015).

En esa misma línea, Moltmann observa la reconciliación, la redención y la justicia como fruto de los sufrimientos singulares de Jesucristo. Ve también el alcance cósmico de la salvación, de la nueva creación para la glorificación de Dios. Esto puede acontecer solo por el camino de Jesucristo en su resurrección. Esa resurrección que ha traído "reconciliación con miras a la transformación y nueva creación del mundo y rehabilitación de los pecadores con miras a un mundo justo para todos los seres" (Moltmann, El Camino de Jesucristo, 1993). Según esta perspectiva nada de esto ocurre desde las religiones. Se deja entrever un exclusivismo de salvación y la centralidad de Jesucristo en la justicia, en la reconciliación de los hombres y de la creación de Dios.

Emil Brunner sigue la línea de la centralidad de Cristo para la salvación. Hace un matiz al distinguir entre revelación y salvación. Habla que es posible una revelación entre los gentiles, una revelación que es parte de la revelación original. Así, da lugar a una revelación fuera del cristianismo que no sería el resultado de ideas humanas, sino que representaría, en alguna medida, una acción a través de su Espíritu (Morales, 2008).

Pannenberg destaca el carácter absoluto del cristianismo frente a la pluralidad de religiones. Pasa lista a las diferentes épocas, sus teólogos, filósofos y sociólogos representativos en relación a la concepción de la religión y religiones frente al cristianismo. Su aproximación es cautelosa. Pannenberg concluye su apartado sobre la religión y cristianismo aseverando que "la finitización de lo infinito, característica de la relación religiosa del hombre con Dios, ha sido superada en el cristianismo; no, ciertamente, desde el comportamiento cúltico de los cristianos, pero sí en el acontecimiento de la revelación de Dios". Es así como coloca a las religiones como pretensiones de verdades que son superadas por el cristianismo (Pannenberg, 1992).

Para Neill la singularidad de la misión cristiana frente a las religiones radica en los fundamentos únicos: muerte y resurrección de Jesucristo y su segunda venida. Toda la profecía y la revelación apunta a dichos fundamentos: la revelación judeo-cristiana, las Sagradas Escrituras, la justificación, la redención, la salvación, la edificación de la Iglesia, la consumación del Reino. Neill ve la conexión imprescindible del acontecimiento histórico Jesucristo, fundamento de la Iglesia y la subsecuente, necesaria e importante misión. Lo expresa así: "Sencillamente como historia, el evento de Jesucristo es único. La fe cristiana va muchísimo más allá en su interpretación de ese evento. Sostiene que en Jesús la única cosa que se requería que ocurriese ha ocurrido de tal manera que no se necesita nunca más que ocurra otra vez. Haciendo semejantes aseveraciones, los cristianos estaríamos obligados a afirmar que todos los hombres necesitan el evangelio. Para la enfermedad humana, existe un remedio específico y es este" (Neill, 1970). No hay otro. Por lo tanto, el evangelio tiene que ser proclamado hasta los confines de la tierra y hasta el fin del mundo. La Iglesia no puede comprometerse poniendo en peligro su tarea misionera sin dejar de ser la Iglesia.

La esperanza escatológica en unión con la misión de la Iglesia de la proclamación y la evangelización, espera que la Iglesia sea testimonio de justicia y paz en la práctica dentro de este mundo habitado, frente a las religiones. Así la Iglesia en su misión tiene esperanza, pero trabaja en rectitud en su caminar diario. La singularidad del Cristo resucitado y la ética cristiana son genuinamente el motor de la misión "a toda criatura", "a todas las naciones", "a todas las religiones" por medio de la proclamación, la enseñanza, el discipulado, el evangelismo y el testimonio. Y la Iglesia lo realiza en la sociedad porque se sabe así misma liberada de las potestades y dominaciones de la presente era, es libre, es firme y da el ejemplo. Su convicción la empuja a vivir hasta las últimas consecuencias.

La escatología en unión con la misión, es un poder transformador que proclama el evangelio y testifica con su modo de vida. Pero la escatología en desunión de la misión de la Iglesia es como un árbol sin fruto. Sucumbe en el mundo de la especulación sin una finalidad clara. Es una raíz secundaria que no es capaz de llevar suficiente savia a la planta del evangelio. En el sentido opuesto, una misión sin una escatología sana, confusa, resulta en un activismo sin corazón. Estoy seguro que la misión de la Iglesia embebida de la esperanza cristiana está consciente del pasado donde ocurrió nuestra salvación: la cruz, la muerte de Jesús de Nazaret, su resurrección. Vive alerta en el presente, sin divagar, consciente de la necesidad de anunciar de palabra y de hecho la salvación en la época que le toca vivir y de la generación que le toca enfrentar, en medio de un pluralismo religioso creciente. Pero, eso sí, también pone su mirada en la ciudad celestial, en la ciudadanía del cielo, en la nueva ciudad, los cielos nuevos y tierra nueva; porque sabe que en esa dirección llegará a la meta final, a la consumación de la vida eterna y del reino de Dios en Cristo en la nueva creación de todas las cosas.

BIBLIOGRAFÍA

Agustín, Aurelio, *La inmortalidad del alma*, Editorial Verbum, Madrid, 2018.

Agustín, *Confesiones*, Paulinas, Bogotá, 1986.

Agustín, *La ciudad de Dios*, Porrúa, México, 2006.

Alfaro, Juan, *Revelación cristiana, fe y teología*, Verdad e Imagen, Sígueme, Salamanca, 1985.

Almeida, Abraao de, *Israel, Gog y el anticristo, 666*, Vida, Miami, 1981.

Álvarez Miguel, VA., *El rostro hispano de Jesús, hacia una hermenéutica esperanzadora*, Universidad para líderes, Honduras, 2009.

Alviar J. José, *Escatología*, EUNSA, Pamplona, 2017.

Anderson, Robert, *El príncipe que ha de venir*, Portavoz, Gran Rapids, 1980.

André, Paul, *Periodo Intertestamentario*, Verbo Divino, España. 1978.

Aquino, Tomás, *Summa teológica*, I-II, q. 103, art. 4, Editorial Católica, S.A., Madrid, España, 1988.

Aranda Pérez, Gonzalo; Martínez Florentino, P. Fernández; *Literatura judía intertestamentaria*, Estella, EVD, 1996.

Arenhoevel, Diego, *Así nació la Biblia, problemática del Antiguo Testamento*, Ediciones Paulinas, Madrid, 1980.

Bancroft, Emery, *Las últimas cosas, en fundamentos de teología bíblica*, Portavoz, Michigan, 1986.

Barclay, William, *Apocalipsis*, Aurora, Argentina, 1975.

Barth, Karl, *Ensayos teológicos*, Herder, Barcelona, 1978.

Barth, Karl, *Epístola a los romanos*, BAC, Madrid, 1998.

Beale, G. K., *Apocalipsis, un comentario breve*, Apologetic Center, Michigan, 2015.

Blackstone, W. E., *Jesús viene*, CLIE, Barcelona, 1983.

Bloch E., *El principio esperanza I*, Aguilar Madrid, 1980.

Boff, Leonardo, *Hablemos de la otra vida*, Sal Terrae, Santander, 1985.

Bonilla, Yatency, *Cristo y el cristianismo dos grandes enemigos*, Cámara Ecuatoria del Libro, Quito, Ecuador, 2007.

Bover, José, *Teología de san Pablo*, BAC, Madrid, 1967.

Bullinger, E.W., *Cómo entender y explicar los números de la Biblia*, CLIE, Barcelona, 1990.

Bultmann, Rudolf K., *Creer y comprender* II, Studium, Madrid, 1976.

Bultmann, Rudolf K., *Teología del Nuevo Testamento*, Sígueme, Salamanca, 1987.

Buswell, Oliver, *Teología sistemática tomo 4, Escatología*, Logoi, Miami, 2005.

Byers, Marvin, *La victoria final ¿en el año 2000?* EE.UU., 1999.

C. Lamadrid González, *Historia, narrativa, apocalíptica*, Verbo Divino, Estella, 2000.

Calvino, Juan, *Institución de la religión cristiana*, Feliré, Rijswijk, 1986.

Canet, Vicente, *San Agustín, 1650 Aniversario de su nacimiento*, CTSA, Madrid, 2004.

Carballosa, Evis, *Apocalipsis, la consumación del plan eterno de Dios*, Portavoz, Gran Rapids, Michigan, 1997.

Carballosa, Evis, *Daniel y el reino mesiánico*, Portavoz, 1979.

Chafer, Lewis, *Escatología, teología sistemática II*, Publicaciones Españolas, 1986.

Chilton, David, *Días de retribución: una exposición del libro de apocalipsis*, libre de dominio, Tyler, Texas, 1988.

Clouse, Robert, *¿Qué es el milenio? cuatro enfoques para una respuesta*, CBP, El Paso, Texas. 1997.

Cohn, Norman, *En pos del milenio, revolucionarios milenaristas y anarquistas*, Editorial Alianza, Madrid, 1981.

Cullmann, Oscar, *Cristo y el tiempo*, Estela, Barcelona, 2008.

Cullmann, Oscar, *Una teología de la historia de la salvación*, Estela, Barcelona, 1966.

De la Fuente, Tomás, *Claves de interpretación bíblica*, Casa Bautista de Publicaciones, El Paso, Texas, 1992.

Delumeau, Jean, *El miedo en occidente*, Taurus, Madrid, 1989.

Diestre Gil, Antolín, *El sentido de la historia y la palabra profética*, 2 vols. CLIE, Barcelona, 1995.

Diez Macho, Alejandro, *Apócrifos del Antiguo Testamento, introducción general*, Madrid, Eds. Cristiandad, 1984.

Dodd, C.H., *Las parábolas de reino*, Cristiandad, Madrid, 1974.

Ediciones, Semilla, Guatemala, 1991.

Eldon, George, *El Apocalipsis de Juan, un comentario*, Caribe, Miami, 1990.

Eldon, George, *El evangelio del reino*, Vida, Miami, 1985.

Eller, Vernard, *El apocalipsis, el libro más revelador de la Biblia*,

Enríquez, Sergio, *Compendio escatológico*, Ediciones Ebenezer, 2000.

Erb, Paul, *El alfa y la omega*, Biblioteca Menno, 2014.

Faibarn, Patrick, *La profecía, su naturaleza, función e interpretación*, CLIE, Barcelona, 1985.

Fanning, Doon, *Hermenéutica, las reglas para la interpretación bíblica*, CreateSpace Independent Publishing Platform, 2018.

Fischl, Johann, *Manual de historia de la filosofía*, Herder, Barcelona 1994.

Flavio, Josefo, *Las guerras de los judíos*, CLIE, Barcelona, 1990.

Frose, Arno, *Preguntas más frecuentes sobre la profecía*, obra Misionera, Llamada de Media Noche, Guatemala 2005.

G. Widengren, *Fenomenología de la religión*, Cristiandad, Madrid, 1976.

Gálvez, Rigoberto, *Autocrítica a la religiosidad popular evangélica*, CLIE, Barcelona, 2018.

Gálvez, Rigoberto, *El Espíritu del Señor está sobre mí, un estudio sobre la misión del Espíritu en el creyente*, Ediciones Fortaleza, Guatemala, 2009.

Gálvez, Rigoberto, *Historia de la Iglesia, un recorrido abreviado desde el primer siglo hasta el siglo XXI*, Ediciones Fortaleza, Guatemala, 2017.

Gálvez, Rigoberto, *Para entender la teología, una introducción a la teología cristiana*, CLIE, Barcelona, 2016.

Gálvez, Rigoberto, *Teología de la comunicación, un acercamiento bíblico al uso de los medios masivos de comunicación*, CLIE, Barcelona, 2001.

García, Daniel, *Escatología*, impresión digital, Argentina, 2019.

Gentry, Kenneth, *Un estudio sobre el apocalipsis, la verdadera revelación, The Book of Revelation Made Easy*, American Visión, 2008.

Gilberto, Antonio, *Daniel y Apocalipsis*, Editorial Patmos, Florida, 2001.

Gómez-Heras, José, *Teología protestante, sistema e historia*, BAC, Madrid, 1972.

Gonzaga, Javier, *Concilios*, International Publications, MI, EE. UU., 1966.

González, Lamadrid, *Historia, narrativa, apocalíptica*, Verbo Divino, Estella, 2000.

Grau, José, *Escatología, final de los tiempos*, CLIE, Barcelona, 1977.

Greenet, P., *Historia de la filosofía antigua*, Herder, Barcelona, 1992.

Grudem, Wayne, *Teología sistemática*, Vida, Miami, 2007.

Hagee, John, *Principio del fin, el asesinato de Yitzhak Rabí y la llegada del anticristo*, Betania Nashville, TN, 1996.

Haskell, Rob, *Hermenéutica, interpretación eficaz hoy*, Editorial CLIE, Barcelona, 2009.

Hendriksen, William, *La Biblia el más allá y el fin del mundo*, Desafío, MI, 2002.

Hendriksen, William, *La Biblia sobre la vida venidera*, T.E.L.L. EE.UU, 1987.

Hendriksen, William, *Más que vencedores*, Libros Desafío, Grand Rapids, Michigan, 2005.

Hodge, Charles, *Escatología, en teología sistemática*, CLIE, Barcelona, 1991.

Hoekema, Anthony, *La Biblia y el futuro*, Libros Desafío, MI, EE.UU, 2008.

Hoff, Pablo, *Teología evangélica*, Vida, Miami, 2005.

Horton, Stanley, *Nuestro destino, enseñanzas bíblicas, sobre los últimos tiempos*, Vida, Miami, 2005.

Ice, Gentry, *The Great Tribulation, ¿Past or Future?: Two Evangelicals Debate the Question*, Kregel Publications, 1999.

Jeremías, Joachim, *Teología del Nuevo Testamento*, Sígueme, Salamanca, 1974.

Jolón, Luis, *Literatura y su influencia judía en el Nuevo Testamento*, Vile, Guatemala, 2016.

Kehl, Medard, *Escatología*, Sígueme, Salamanca, 1992.

Kistemaker, Simón, *Apocalipsis, comentario al Nuevo Testamento*, Desafío, Michigan, 2004.

Kung, Hans, *¿Vida eterna?* Cristiandad, Madrid, 1983.

Kuzmic, Peter, *Historia y escatología*, en VA, *Al servicio del reino*, Editorial Visión Mundial, San José, 1992.

La Haye, Tim, *El comienzo del fin*, Unilit, Miami, 1972.

Lacueva, Francisco, *Curso práctico de teología bíblica*, CLIE, Barcelona, 1998.

Lacueva, Francisco, *Escatología II, Curso de formación teológica evangélica*, CLIE, Barcelona, 1990.

Lacueva, Francisco, *Espiritualidad trinitaria*, CLIE, Barcelona, 1990.

Lockyer, Herbert, *Apocalipsis; el drama de los siglos*, Vida, Miami, 1988.

Lonergan, Bernard, *Método en teología*, Sígueme, Salamanca, 1988.

Malgo, Win, *50 Respuestas sacadas de la palabra profética*, Llamada de Media Noche, Guatemala, 2003.

Malgo, Win, *El control total 666*, Llamada de Media noche, Montevideo, Uruguay, 1989.

Marchadour, Alain, *Vida y muerte en la biblia*, Editorial, Verbo Divino, Navarra, 1980.

Martínez, Luis, *Los caminos de la teología, historia del método teológico*, BAC, Madrid, 1998.

Metz, J. B., Memoria *Passions, Una evocación provocadora en una sociedad pluralista*, Sal Terrae, Santander, 2007.

Metz, J. B., *Por una cultura de la memoria*, Anthropos, Barcelona, 1999.

Míguez Bonino, J., Prólogo a Rubem Alves, *Religión: ¿opio o instrumento de liberación?* Montevideo, Tierra Nueva, 1970.

Míguez Bonino, J., *Rostros del protestantismo latinoamericano*. Buenos Aires, Nueva Creación-Eerdmans, Grand Rapids, 1995.

Millard, Erickson, *Christian Theology*, Baker Academic, Michigan, 2017.

Moltmann, Jürgen, *¿Qué es teología hoy?* Sígueme, Salamanca, 1992.

Moltmann, Jürgen, *Dios en la creación*, Sígueme, Salamanca, 1987.

Moltmann, Jürgen, *El camino de Jesucristo*, Sígueme, Salamanca, 1993.

Moltmann, Jürgen, *El Dios crucificado*, Sígueme, Salamanca, 1975.

Moltmann, Jürgen, *El futuro de la creación*, Sígueme, Salamanca, 1979.

Moltmann, Jürgen, *La justicia crea futuro*, Sal Terrae, Bilbao, 1989.

Moltmann, Jürgen, *La venida de Dios, Escatología Cristiana*, Sígueme, Salamanca, 2004.

Moltmann, Jürgen, *Teología de la esperanza*, Sígueme, Salamanca, 1981.

Moltmann, Jürgen, *Teología política, ética política*, Sígueme, Salamanca, 1987.

Moltmann, Jürgen, *Trinidad y reino de Dios*, Sígueme, Salamanca, 1982.

Morales, José, *Teología de las religiones*, Rialp, Madrid, 2008.

Myer Pearlman, *Teología bíblica y sistemática*, Vida, Miami, 1990.

Neill, S. C., *Christian Faith and Other Faiths*, OUP, N.Y., 1970.

Newport, John, *El león y el cordero, un comentario sobre el apocalipsis para el día de hoy*, CBP, Texas, 1989.

Núñez, Emilio, *Vida y obra, una autobiografía*, Punto Creativo, Guatemala, 2013.

Pannenberg, Wolfhart, *En pascua y el hombre nuevo*, Sal Terrae, Santander, 1983.

Pannenberg, Wolfhart, *Teología sistemática I*, Upco, Madrid, 1992.

Pannenberg, Wolfhart, *Teología y reino de Dios*, Sígueme, Salamanca, 1974.

Pentecost, Dwigth, *Eventos del porvenir, estudios de escatología bíblica*, Vida, Miami, 1984.

Pérez de Antón, Francisco, *Cisma sangriento, el brutal parto del protestantismo: un alegato humanista y seglar*, Taurus, Madrid, 2017.

Perrin, Nicholas, *The Kingdom of God, A Biblical, Theology*, Zondervan, Michigan, 2019.

Pikaza, Xavier, *Apocalipsis*, Verbo Divino, Estella, 2015, 3ª edición.

Pozo, Cándido, *Teología del más allá*, BAC, Madrid, 1991.

Prévost, Jean Pierre, *Para terminar con el miedo*, Ediciones Paulinas, Madrid, 1987.

Purkiser, W. T., *La consumación final, en explorando nuestra fe cristiana,* CBP, Texas, 1988.

Ramm, Bernard, *Diccionario de teología contemporánea,* CBP, El Paso Texas, 1990.

Ramos, Felipe, *Escatología existencial, simbolismo del templo en el cuarto evangelio,* Universidad de Salamanca, 1963.

Ratzinger, Joseph. *Escatología, curso de teología dogmática,* Herder, Barcelona, 2007.

Richard, Pablo, *Apocalipsis, reconstrucción de la esperanza,* DEI. San José, Costa Rica, 1994.

Robertson, A. T. *Comentario al texto griego del Nuevo Testamento, tomo I, Mateo y Marcos,* CLIE, Barcelona 1993.

Rodríguez Yolanda; Ferrer, Gabriel, *Escatología bíblica: doctrina de los últimos tiempos.* Universidad del Atlántico, Barranquilla, 2010.

Roldán, Alberto, *Escatología,* Buenos Aires, Kairós Ediciones, 2002.

Roldán, Alberto, *Teologías en debate, hermenéuticas del reino y el fin de la historia,* Kerigma, Oregón, EE.UU., 2020.

Ropero, Alfonso, *La vida del cristiano centrada en Cristo,* CLIE, Barcelona, 2016.

Ruiz de la Peña, Juan Luis, *La otra dimensión escatológica cristiana,* Sal Terrae, Bilbao, 1986.

Ruiz de la Peña, *La pascua de la creación,* Escatología, BAC, 1996.

Ryrie, Charles, *Dispensacionalismo, hoy, la historia y principios básicos del dispensacionalismo contemporáneo,* Portavoz, Grands, Rapids, Michigan, 1992.

Ryrie, Charles, *La Biblia y las noticias del mañana, lo que dice la Biblia acerca de los últimos tiempos,* Ediciones las Américas, México, 1995.

Ryrie, Charles, *La campaña del Armagedón, La cuenta regresiva al Armagedón,* Portavoz, Michigan, 2000.

Salvati G. M., en F. P. Fiorenza – JB. Metz, *El hombre como unidad del alma y cuerpo,* Darmstadt, 1979.

Saravi, Fernando, *La profecía de las setenta semanas, otro punto de vista,* Editorial Preparad El Camino, Argentina, 2021.

Sayés, José, *Escatología,* Ediciones Palabra, España, 2006.

Stam, Juan, *Apocalipsis y profecía, las señales de los tiempos y el tercer milenio*, Kairós, Buenos Aires, 1998.

Stam, Juan, *Escatología bíblica y la misión de la Iglesia, hasta el fin del tiempo y los fines de la tierra*, Semilla, Guatemala, 1999.

Sweet, John, *Revelation*, WPC Philadelphia, Westminster, 1979.

Tamayo, J. J., *Para comprender la escatología*, Verbo Divino, Navarra, 1993.

Taylor, Preston, *Apocalipsis: pasado, presente y futuro*, Unilit, Miami, 1991.

Tillich, Paul, *Teología sistemática, III*, Sígueme, Salamanca, 1984.

Tozer, A. W., *¡Prepárate para el regreso de Jesús!* compilado y editado por J. Snyder, Portavoz, Michigan, 2016.

Trapé, Agostino, *San Agustín, el hombre, el pastor, el místico*, Porrúa, México, 1987.

VA., *El apocalipsis: la fuerza de los símbolos*, Verbo Divino, Navarra, 2006.

VA., *Las religiones del mundo*, Ed. Mundo Hispano, El Paso, Texas. 1970.

Vallejo, Fernando, *La puta de Babilonia*, Editorial Planeta Colombiana, 2007.

Vena, Oswaldo, *Apocalipsis*, Elca, EE.UU., 2006.

Vila, Samuel, *Cómo explicar el credo*, CLIE, Barcelona, 1983.

Vilanova, E., *Historia de la teología cristiana I, de los orígenes al siglo XV*, Herder, Barcelona, 1987.

Von Bathasar, H., *Ensayos teológicos* I, Verbum Caro, Guadarrama, Madrid, 1964.

Von Rad, *Teología del Antiguo Testamento II, teología de las tradiciones proféticas de Israel*, Sígueme, Salamanca, 1972.

Walvoord, John, *El rapto previo a la tribulación*, en *La cuenta regresiva al Armagedón*, C, Ryrie, consultor, Portavoz, Michigan, 2000.

Walvoord, John, *Profecía en el nuevo milenio*, Llamada de Media Noche, Guatemala, 2003.

Williams, Rodman, *Renewal, Theology, Sistematic Theology from a Charismatic Perspective*, Zondervan, MI, 1996.

Winling, Raymond, *La teología del siglo XX, la teología contemporánea*, Sígueme, Salamanca, 1987.

Woodrow, Ralph, *Babilonia misterio religioso, antiguo y moderno*, Evangelistic Association Riverside, California, EE.UU., 2008.

Zaldívar, Raúl, *Apocalipticismo, creencia, duda, fascinación y temor sobre el fin del mundo*, CLIE, Barcelona, 2012.

Zoller, John, *El cielo*, CLIE, Barcelona, 1989.

Obras Generales

Barclay, William, *Comentario al Nuevo Testamento, 17 tomos en 1*, CLIE, Barcelona, 2006.

Douglas-Hillyer, *Nuevo diccionario bíblico*, Certeza Unida, Barcelona, Buenos Aires, La Paz, Quito, 1982.

Funk - Wagnalls. *Enciclopedia judía, dominio público*, 1941, vol. VI.

Harrison, Everett, *Diccionario de teología*, T.E.L.L. MI, EE.UU., 1985.

Henry, Matthew, *Comentario bíblico, obra completa*, CLIE, Barcelona, 1999.

Layman, Fred, en *Diccionario teológico Beacon*, CNP., Kansas, 1995.

Millos, Samuel, *Comentario exegético a texto del Nuevo Testamento*, Editorial CLIE, Barcelona, 2014.

Robertson, A. T. *Comentario al texto griego del Nuevo Testamento, obra completa, 6 tomos en 1*, CLIE, Barcelona, 2003.

Ropero, Alfonso, *Gran diccionario enciclopédico de la Biblia*, CLIE, Barcelona 2013.

Ryken, Wilhoit, Longman, *Dictionary of Biblical, Imagery*, IVP Academic, Illinois, 1987.

Serrano-Schokel, *Diccionario terminológico de la ciencia bíblica*, Cristiandad, Madrid, 1979.

Smith, Wilbur, *World Crisis and the Prophetic Scriptures*, Moody, Illinois, 1951.

Strong, James, *Nueva concordancia exhaustiva de la Biblia*, Caribe, Nashville, TN, 2002.

Taylor, Grider, *Diccionario teológico Beacon*, Kansas, 1995.

VA., *Diccionario de historia de la Iglesia*, Caribe, Miami, 1989.

Vaucher, Alfredo, *El anticristo*, Asociación Publicadora Interamericana, VA. países, 1990.

Vine, W., *Diccionario expositivo de palabras del Antiguo y Nuevo Testamento, exhaustivo*, Caribe, Nashville, TN, 1999.

Vine, W., *Diccionario expositivo de palabras del Nuevo Testamento*, CLIE, Barcelona, 2001.

Revistas

Alviar, José, *La escatología como dimensión de la existencia cristiana, tendencias en la escatología contemporánea*, 1998.

Lindhardt, Martin, *El fin se acerca. Historia y escatología en el pentecostalismo, "tradicional" chileno*, Vol. VIII/ nº 1/enero-junio 2014/ pp. 242-261, Universidad de Copenhague 2018.

SCRIPTA THEOLOGICA 32 (2000/3) *«christus in fide adest». Cristo presente en el creyente o la teología de la deificación en Lutero.*

Artículos

Alviar, José, *La escatología como dimensión de la existencia cristiana, tendencias en la escatología contemporánea*, 1998.

De León Barbero, *Tiempo circular y tiempo lineal en la civilización occidental*. Conferencia presentada en el Día Mundial de la Filosofía, Departamento de filosofía, Facultad de Humanidades, Universidad de San Carlos de Guatemala, el 16 de noviembre de 2017.

Escobar, Samuel, *El reino de Dios, la escatología y la ética social y política en América Latina*, en http://congresoiberoamericanoporlavidaylafamilia.org/ 2019.

Gálvez, Rigoberto, *La repercusión social, política, económica y cultural de la Reforma Protestante del Siglo XVI*, Guatemala, 2020.

Glé, Jean Marie, *El retorno de la escatología, Le retour de l'eschatologie*, Recherches de Science Religieuse 84 (1996) 219-25.

González Gaviria, L. (2019*). La recuperación de la dimensión escatológica de la historia. Una lectura de la Conferencia de Medellín para el siglo XXI*. Cuestiones Teológicas, 46 (105), 29-73.doi: http://dx.doi.org/10.18566/cueteo.v46n105.a02

Graham, Will, *Lo bueno y lo malo de la teología de Bultmann*, Art. En coalicióporelevangelio.org. 2017.

Hernández, Juan, The Rapture Begins, http://teocotidiana.com/2021/08/11/the-raptures-signs/ ☉

Izquierdo, Cesar, *Algunas reflexiones en torno al método teológico y la filosofía del lenguaje*, Scripta theologica 14 (1982/1) 347-354.

Jürgen Moltmann (1926) *Profesor: Ángel Cordovilla Pérez aula de teología*, 2 de febrero de 2010.

Ladaria, L. F., Articulo sobre *escatología en diccionario de teología fundamental*, Latourelle Fischella, Ninot, Paulinas, Madrid, 1990.

Marx & F. Engels *Manifiesto del Partido Comunista* (1848) Internet Archive por José F. Polanco, 1998.

Pannenberg, *Wolfhart, la Iglesia como realidad escatológica: su apostolicidad y catolicidad*, Istima, 1969.

Parra, Fredy, *La temporalidad a través del milenarismo lacunziano en* Teología y Vida, Vol. XLIV (2003).

E-Grafía

Babilonia la grande pdf onlinewebshop. nethttp://gevejonitu.onlinewebshop.net ›

Catecismo Menor de Westminster - Iglesia Reformada http://www.iglesiareformada.com

http://sallomo.es/cronologia-las-cartas-Pablo-tarso/

https:// sadici.unlp.edu.ar

https://dadun.unav.edu/bitstream/10171/5646/1/JOSE%20ALVIAR.pdf

https://datos.bne.es › resource) Dante Alighieri (1265-1321) - datos.bne.es – Bibliotheca.

https://es.istanbulseo.net/Timeline_of_the_history_of_the_region_of_Palestine

https://es.scribd.com/doc/102713479/Pannenberg-Wolfhart-*escatologia-cristiana.*

https://es.scribd.com/document/528467724/Apocalipsis

https://evangelio.blog/2018/01/10/7-razones-por-las-que-su-iglesia-debera-considerar-seriamente-la-escatologa/ Michael J. Vlach.

https://repositorio.uc.cl/handle/11534/16799, 1982 Garrido Jaime, artículo, *historia y escatología*. URI

https://www.clir.net/obras-escogidas-de-geerhardus-vos/

https://www.e- torredebabel.com/Biblioteca/Voltaire/alma-Diccionario-Filosofico.htm

https://www.e-torredebabel.com/Historia-de-la-filosofia/Filosofia-contemporanea/Nietzsche/Nietzsche-EternoRetorno.htm.

https://www.filosofia.org/enc/ros/cosmol.htm

https://www.iglesiapactoeterno.com/wp-content/uploads/2017/12/02-Catecismo-Mayor-Weminster.pdf

https://www.rtve.es/noticias/20110112/benedicto-xvi-purgatorio-no-lugar-del-espacio-sino-fuego_ interior/394518.shtml

John Nelson Darby, *Tercera conferencia* (Hechos 1): *La segunda venida de Cristo, la esperanza actual de la Iglesia.* Article #138887Book #5745Collection #22205-

Raúl Gabas, *"Escatología, Escuela protestante"*, en gran enciclopedia Rialp, 1991 (https://mercaba.org/Rialp/E/escatologica_escuela_protestante.htm).

Rusconi, Roberto, http://dx.doi.org/10.4067/S0049-34492003000200006 Teología y Vida, Vol. XLIV (2003), pp. 209-220 artículo, *La historia del fin, cristianismo y milenarismo.*

Soli Deo Gloria: toda la gloria al único digno de gloria https://esclavosdecristo.com › soli-deo-gloria-

Tratado de Lisboa - EUROPAhttps://www.europarl.europa.eu › treaty-of-lisbon

Biblias

Biblia de Estudio del mensaje profético y escatológico, Ropero, Alfonso, CLIE, 2022.

Dios habla hoy, Sociedades Bíblicas Unidas, 1966, 1970, 1979, 1983, 1996.

La Biblia de las Américas 1986, 1995, 1997 por The Lockman Foundation.

La Santa Biblia, Nueva Traducción Viviente, Tyndale House Foundation, 2010.

Nueva Biblia Viva, 2006, 2008 por Bíblica, Inc.

Palabra de Dios para Todos 2005, 2008, 2012, 2015. Centro Mundial de Traducción de La Biblia 2005, 2008, 2012, 2015. Bible League International.

Reina Valera Contemporánea 2009, 2011 por Sociedades Bíblicas Unidas.

Reina-Valera 1960, Sociedades Bíblicas en América Latina, 1960. Renovado Sociedades Bíblicas Unidas, 1988.

Reina Valera Revisada 1977 por Harper Collins Christian Publishing.

Santa Biblia, Nueva Versión Internacional, 1999, 2015 por Bíblica, Inc.

Traducción en lenguaje actual 2000 por United Bible Societies.